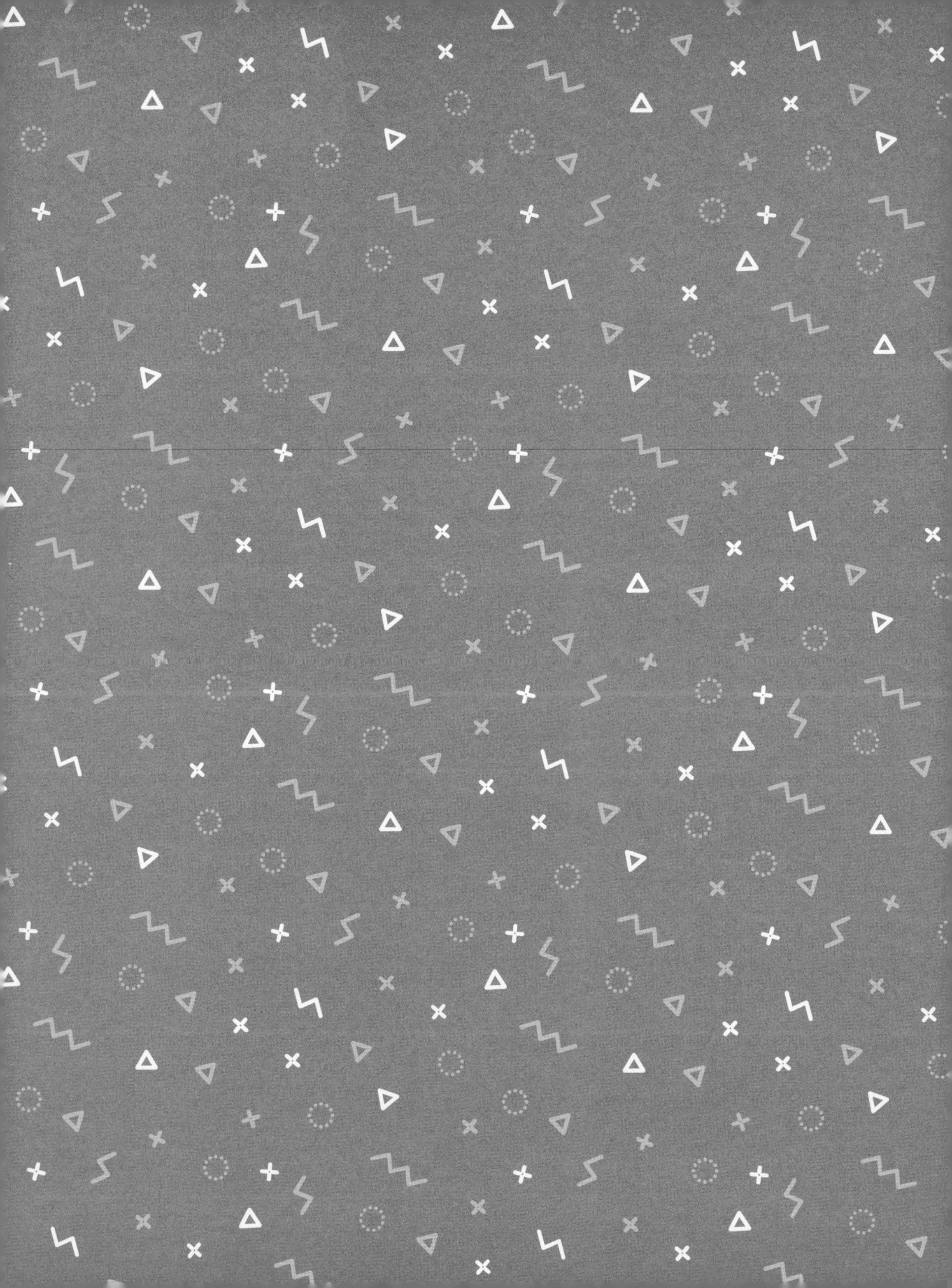

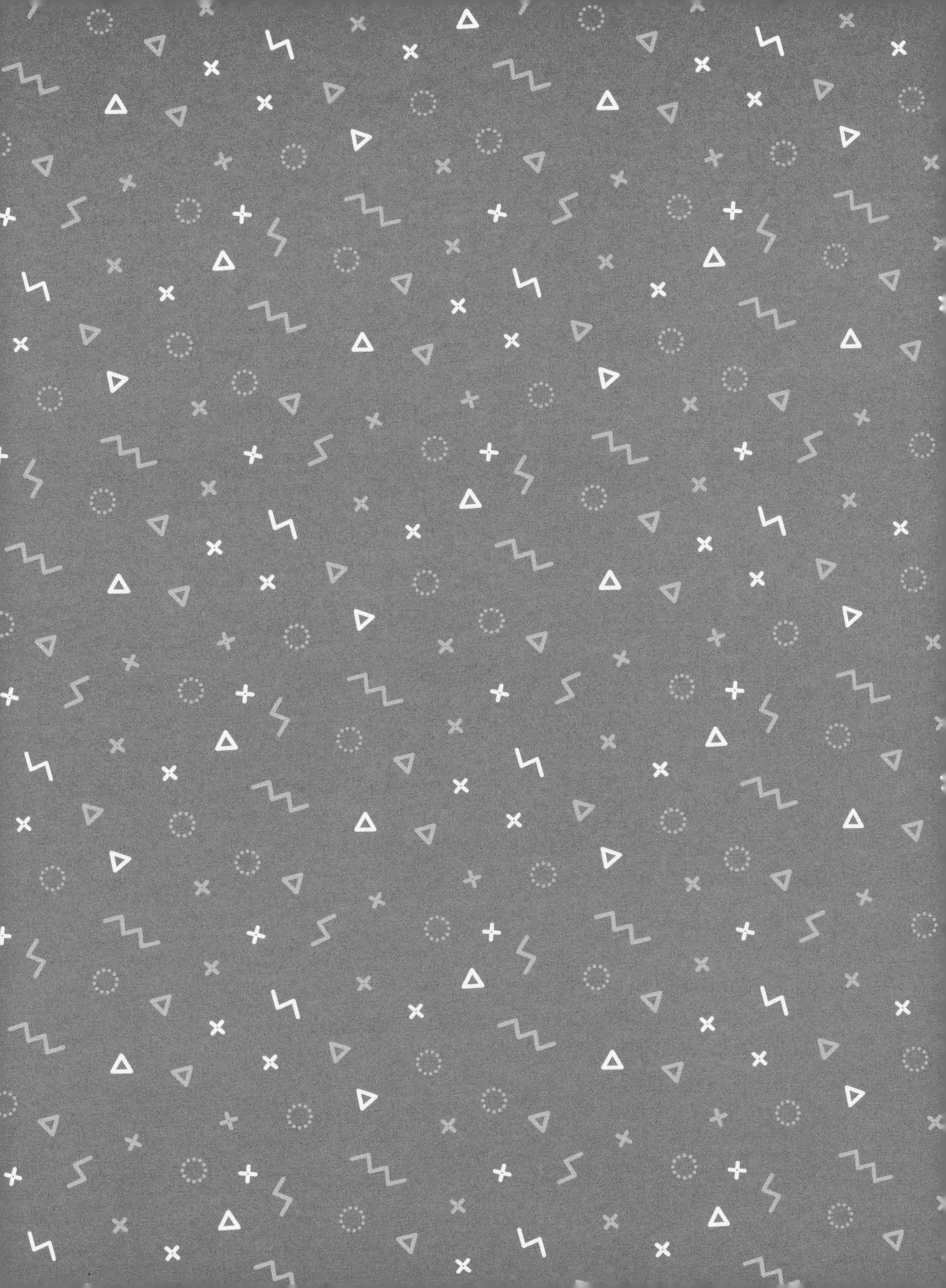

하루 3분

네트워크 교실

하루 3분

네트워크 교실

아미노 에이지 **지음**

김현주 **옮김**

YoungJin.com Y.
영진닷컴

네트워크 교실

3 PUN KAN NETWORK KISO KOZA by Eiji Amino

독자님의 의견을 받습니다.

이 책을 구입한 독자님은 영진닷컴의 가장 중요한 비평가이자 조언가입니다. 저희 책의 장점과 문제점이 무엇
인지, 어떤 책이 출판되기를 바라는지, 책을 더욱 알차게 꾸밀 수 있는 아이디어가 있으면 이메일, 또는 우편
으로 연락주시기 바랍니다. 의견을 주실 때에는 책 제목 및 독자님의 성함과 연락처(전화번호나 이메일)를 꼭
남겨주시기 바랍니다. 독자님의 의견에 대해 바로 답변을 드리고, 또 독자님의 의견을 다음 책에 충분히 반영
하도록 늘 노력하겠습니다.

ISBN 978-89-314-5472-7
등록 : 2007. 4. 27. 제16-4189호
이메일 : support@youngjin.com
주소 : 08507 서울특별시 금천구 가산디지털1로 128 STX-V 타워 4층 401호

STAFF

저자 아미노 에이지 | **역자** 김현주 | **감수** 장현수 | **총괄** 김태경 | **진행** 최영록
디자인·편집 최동연 | **인쇄** 예림인쇄

작가 소개

網野衛二 (아미노 에이지)

문과 대학을 졸업했지만, 우여곡절 끝에 컴퓨터 전문 학교의 강사가 되어 네트워크의 구축·관리 수업을 실시하고 있다. 또한 웹사이트 'Roads to Node'의 관리인으로서 "3분 Networking"이라는 인기 네트워크 강좌를 공개하고 있으며, 그 외에도 잡지나 웹사이트 등에서 네트워크에 관한 연재를 하고 있다.

저서

– 자신의 페이스에 맞추어 천천히 배울 수 있는 TCP/IP

– 3분 라우팅 기초강좌

– 3분 HTTP & 메일 프로토콜 기초강좌

– 3분 DNS 기초강좌(기술평론사)

머리말

이 책은 2007년 출판된 '3분 네트워크 기초강좌'의 개정신판입니다.

2007년에도 인터넷 보급에 따른 컴퓨터 네트워크 생활은 일상적인 것이었지만, 현재로써는 이제는 더 이상 '없어서는 안 되는 것' 중 하나가 되었습니다. 특히 휴대기기의 보급이 가속화됨으로써 그야말로 '컴퓨터 네트워크가 내 옆에 있는' 시대가 된 것입니다.

하지만 바로 가까이에 있는 컴퓨터 네트워크의 '매커니즘'에 관해서는 이용자는 물론 컴퓨터에 관한 프로라고 할 수 있는 엔지니어들조차도 '네트워크는 서툴다'거나 '네트워크는 어렵다'고 느끼는 경우가 많은 것도 사실입니다.

아마도 네트워크의 독특한 용어, 광범위한 취급 범위, 눈에 보이지 않는 서로 간의 작용 같은 부분 때문에 그렇게 느끼는 것 같습니다. 물론 그것은 사실입니다. 그렇지만 표면적으로는 어렵게 느껴지는 부분이 있어도 기초적인 부분은 생각보다 어렵지 않아서 제대로 단계를 밟아 학습을 하면 충분히 이해할 수 있습니다.

이 책에서는 일반적으로 언급되는 네트워크의 표면적인 부분이 아니라 네트워크의 기초 부분으로 좁혀서 설명합니다. 겉모습이 아니라 본질적인 부분, 다시 말해 네트워크 지식의 중요 핵심이라고 할 수 있는 기술을 철저하게 학습해서 앞으로 네트워크 응용에 관한 지식을 배우는데 도움이 되도록 구성하였습니다.

이 책의 특징은 선생님 역할을 하는 '박사'와 네트워크 초보자인 '조교'의 대화 형식이라는 점입니다. 특히, '조교'가 의문점이나 이해할 수 없는 부분에 대해 질문함으로써 어렵게 생각되는 점이나 모르는 부분을 명확히 밝힌 뒤에 풍부한 일러스트와 알기 쉬운 해설로 풀어 줍니다.

이 책을 통해 네트워크를 알아가는 즐거움을 느끼시기를 바랍니다.

등장인물 소개

인터넷 박사 (애칭 : 박사)

모 대학에서 정보처리기술을 가르치는 박사. 전공은 네트워크.
단 한 명 밖에 없는 제자인 넷군을 마구 부려먹는다.
수업은 알기 쉽게 하지만 독설가인 데다 필기를 많이 해서 평판은 나쁘다.

넷 조교 (애칭 : 넷군)

인터넷 박사의 단 한 명뿐인 제자. 네트워크 완전 무식자.
인터넷 박사의 제자가 된 것은 박사의 지식을 습득해서 언젠가는 평판이 나쁜 박사의
자리에 자신이 앉으려는 계략 때문이다.

하루

박사의 딸. 고등학생.
어릴 때부터 아빠의 방대한 지식에 노출되는 힘겨운(?) 어린 시절을 보낸 덕분에 네트워
크 지식이 풍부하다. 집안일에 능숙하고 밝고 씩씩하지만 아빠를 닮은 독설가이다.

목차

1장 : 네트워크 기초 지식

2장 : 신호의 전송과 충돌

3장 : IP 어드레싱

4장 : 라우팅

5장 : 커넥션과 포트 번호

1장

네트워크 기초 지식

* 네트워크를 공부하자

하루 3분 네트워크 교실 개강 !!

짠~짜잔~ ♪

이 수업은 네트워크 초보자인 넷군을 부족하게나마 IT 기술자라고 부를 수 있는 인간으로 속성 배양하는 것이 목적이다.

속성 배양이라뇨? 제가 무슨 후라이드 치킨용 닭인가요?

지금 이대로라면 후라이드 치킨 쪽이 맛있게 먹을 수 있다는 점에서 넷군보다 훨씬 낫다고 할 수 있지.

으으으… 닭보다 못하다니 이럴 수가….

앞으로 배우면 되니까 괜찮아. 그보다 먼저 묻고 싶은 것이 있는데. 이 수업이 3분 네트워크 기초 수업이니까 넷군은 네트워크를 배우러 온 게 맞지? 그렇다면 **네트워크란 뭐지?** 넷군이 지금 생각하는 걸 어디 한번 말해 볼까.

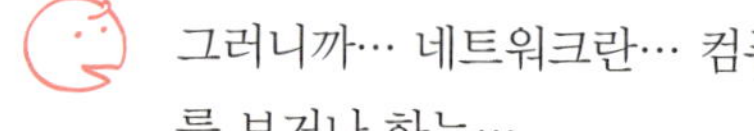
그러니까… 네트워크란… 컴퓨터하고 컴퓨터가 이렇게 메일 같은 걸 보내거나 홈페이지를 보거나 하는….

그렇군….

세계와 이어져서 '이것이 바로 인터넷이다.'같은 뭐 그런 거?

호오~ 넷군이 생각하는 '네트워크'란 그런 것이란 말이지. 그럼 '물류 네트워크'같은 데서 사용하는 '네트워크'는 넷군이 말하는 '네트워크'하고는 다른 말인가?

네? 아… 저기… 글쎄요. 같은 거 아닌가요?

하지만 '물류 네트워크'는 메일을 보내거나 홈페이지를 보거나 하지는 않는데?

쬐금은 보지 않을까요?

아니. 전혀. '네트워크'란 말은 넷군이 말한 '인터넷'은 물론 '물류', '신경', '도로', '전화'같은 데서도 사용되는 말이야. 그렇다면 이들의 공통점은 뭘까? (그림1-1)

공통점이라? 아~ 저는 이런 건 정말 몰라요. 물류, 신경, 도로…….

대답을 기다리다가는 날이 저물겠군. 'Network'라는 말은 망(Net)과 작업하다(Work)라는 말로 이루어졌는데….

망, 작업하다? 망이라… 그리고 보니 '물류망'이나 '신경망'이라든가 '도로망', '전화망'이라고 하네요.

그렇지, 맞았어. '물류'나 '신경' 등이 그물처럼 생겨서 '네트워크', 또는 '~망'이라고 불리는 거야.

그물처럼 생겼다구요? 뭐가요?

물류를 예로 들면 '물류 거점지'나 '배달처' 등이 '도로 위'에 그물망처럼 연결되어 있잖아? 다른 것은 어떻지?

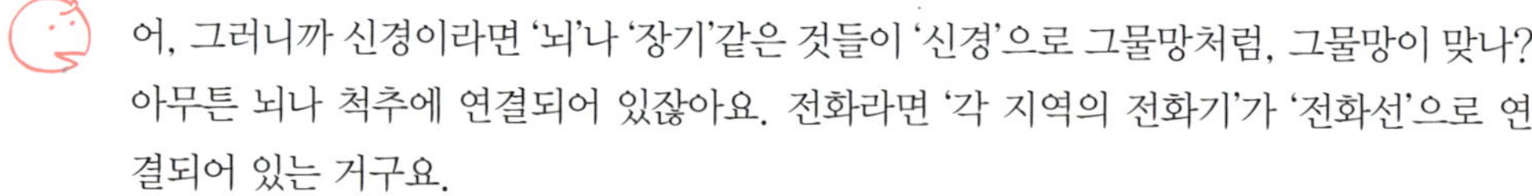

그림 1-1 다양한 네트워크

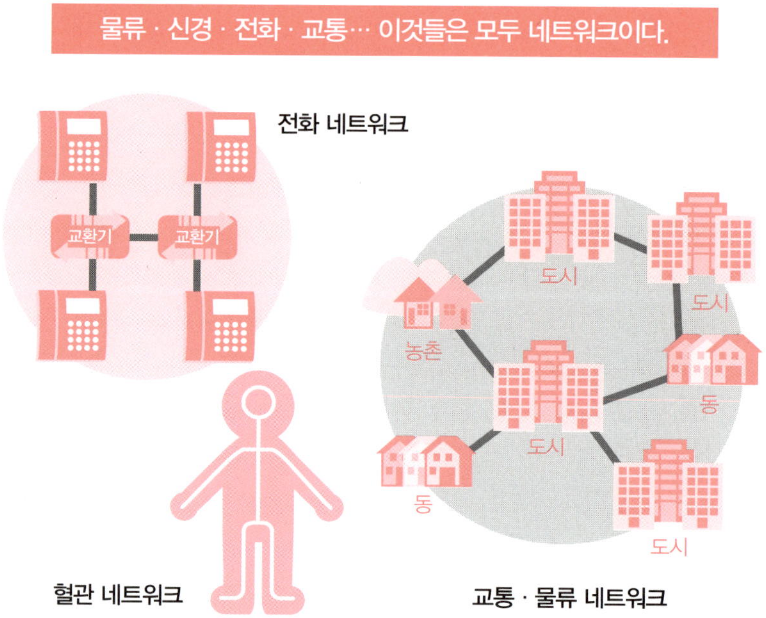

어, 그러니까 신경이라면 '뇌'나 '장기'같은 것들이 '신경'으로 그물망처럼, 그물망이 맞나? 아무튼 뇌나 척추에 연결되어 있잖아요. 전화라면 '각 지역의 전화기'가 '전화선'으로 연결되어 있는 거구요.

그렇지. **연결되어 있지.** 그러니까 네트워크란 **무언가와 무언가가 그물망처럼 무언가에 의해 연결되어있는 상태**를 말하는 거야.

무언가와 무언가가 그물망처럼 무언가에 의해 연결되어 있다? 너무 애매한 것 같은데요?

'점과 점이 선으로 그물망처럼 연결되어 있다'고 표현할 수도 있지. 물론, 점과 선은 경우에 따라 달라지는 거고. 예를 들어 철도망이라면 어떨까?

철도망이라면 점이 '역', 선이 '선로'인가? 그러니까 '점'하고 '선'인가요?

 어려운 말로 하면 점을 '노드(Node)', 선을 '링크(Link)'라고 하는데, 뭐 거기까지 외울 건 없고. 다시 말해 '네트워크란 무언가와 무언가가 무언가에 의해 연결되어 있는 것'을 가리킨다는 것만 기억하면 돼. (그림1-2)

 역과 선로, 물류 거점지와 도로, 장기와 신경, 전화와 전화선인 거네요.

✽ 주고받기

 다만, '무언가와 무언가가 무언가에 의해 연결되어 있다'는 것만으로는 사실은 네트워크라고 할 수는 없어. 여기에 '움직임'이 필요해. 그럼, 이들 네트워크는 무엇을 하고 있는 걸까?

 네? 그러니까… 물류 네트워크라면 짐을 운반하고, 신경 네트워크는 신경신호를 운반하고, 전화라면 목소리를 운반? 전달? 아 맞다! '운반'하는 거네요!! 박사님 어때요?

 호오~ 합격한 걸로 해주지. 네트워크란 '무언가와 무언가를 무언가에 의해 연결해서', **'무언가를 운반하기'** 위한 건데, '연결'과 '주고받기'가 네트워크라는 거야. (그림1-3)

 '연결'과 '주고받기'… 주고받기라는 말은 잘 모르겠는데요?

 '무언가를 상대에게 보내고', '상대로부터 무언가를 받기' 때문에 '주고받기'인 거야. 네트워크란 '연결'에 의해 무언가를 '주고받기' 위해 존재하는 거거든.

 아 그렇구나. 네트워크란 '연결'되어서 '주고받기'하는 거네요. 그런데 무슨 얘기하다 이 얘기가 나온 거죠?

 그야 네트워크에 대해 배우는 강좌니까 먼저 '네트워크란 무엇인가'에 대해 얘기한 거잖아. 자 이제 더 이상 '물류 네트워크'나 '소셜 네트워크'같은 얘기를 할 필요는 없겠지?

 네. 이제 인터넷이랑 홈페이지에 대해 가르쳐 주세요!!

음, 그러니까 **컴퓨터 네트워크**에 대해 알려달라는 거군. 요즘은 '네트워크'라고 하면 이 '컴퓨터 네트워크'를 가리키는 게 일반적이야.

그렇죠? 지금부터 그것에 대해서 가르쳐 주세요.

그림 1-3 무언가를 운반하는 네트워크

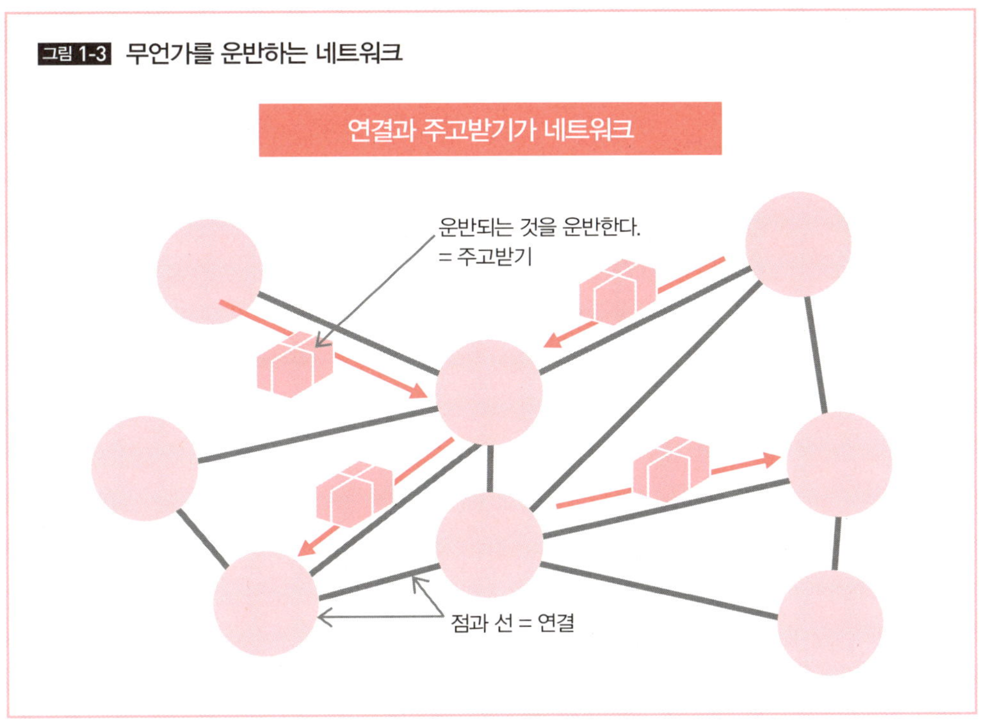

 그래. 소셜 네트워크에 대해 얘기하면 사회심리학자가 될 테니까. 아무튼 이제부터 **'네트워크=컴퓨터 네트워크'라고 정의**하고 강의한다. 그럼 이번에는 여기까지하고 다음 회부터는 본격적으로 얘기해 보자.

 예, 잘 부탁드리겠습니다. 하루 3분 네트워크 교실이었습니다~♪

넷군의 오늘의 **포인트**

* '무언가와 무언가가 무언가에 의해 연결되어서 무언가를 주고받는 것'이 네트워크이다.

* 네트워크라고 해도 컴퓨터 네트워크만 있는 것은 아니다.

* 이제부터 '네트워크'라고 하면 '컴퓨터 네트워크'를 가리킨다.

* 컴퓨터 네트워크란?

자, 시작해 볼까? 지난 회에 '네트워크란 무엇인가'에 대해 설명했었는데, 네트워크가 뭐였지?

'무언가와 무언가가 무언가에 의해 그물망처럼 연결되어서 무언가를 운반하는 것'이요. 그리고 지난 회는 보통 네트워크라고 하면 컴퓨터 네트워크를 가리키는 거라는 데서 끝났어요.

음 그렇군. 그럼 이번엔 '컴퓨터 네트워크란 무엇인가?'부터 시작해 볼까? '무언가와 무언가가 무언가에 의해 연결되어 무언가를 운반하는 것'이 네트워크라고 했지? 그럼 컴퓨터 네트워크의 경우 이 '무언가'에 들어가는 것이 뭘까?

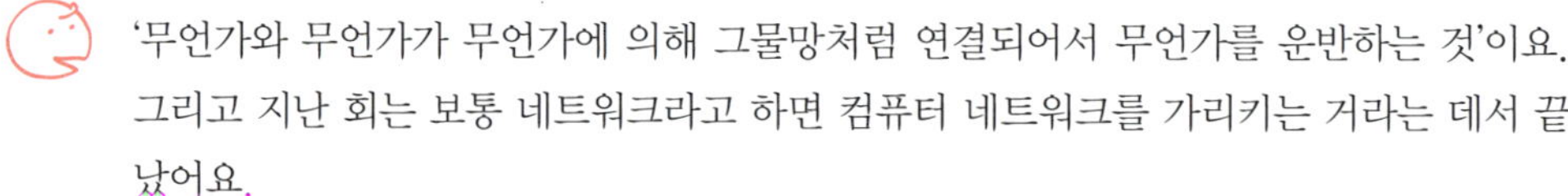

저… 그러니까 말이죠…. 먼저 '무언가와 무언가'는 'PC와 PC' 아닌가요?

PC는 퍼스널 컴퓨터라는 컴퓨터 종류 중의 하나니까 넓게 말하면 '컴퓨터와 컴퓨터'가 되겠군. 그럼 다음의 '무언가'는?

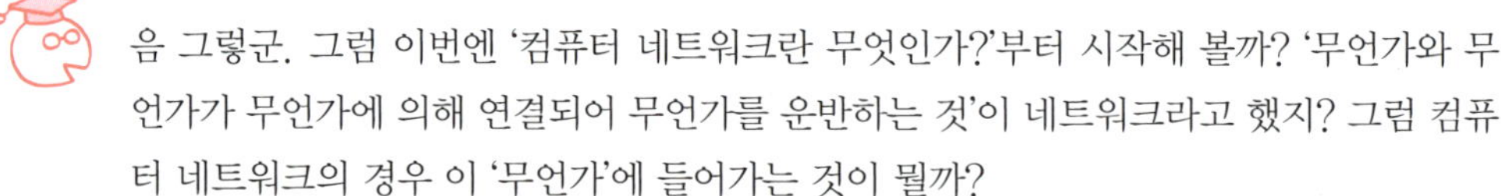

어~ 우리 집 PC는 케이블로 연결되어 있으니까 '케이블'인가?

넷군의 집은 그렇다고 할 수 있겠군. 하지만 경우에 따라서는 무선으로 사용하는 경우도 있으니까 이 경우는 **통신 매체**라는 말을 사용하기로 하자. 이것은 나중에 다시 설명해 주지(P73참조). 그럼 마지막 '무언가'는?

컴퓨터랑 컴퓨터가 네트워크로 운반하는 물건? 홈페이지나 메일같은… 그런 걸 말하는 건가요?

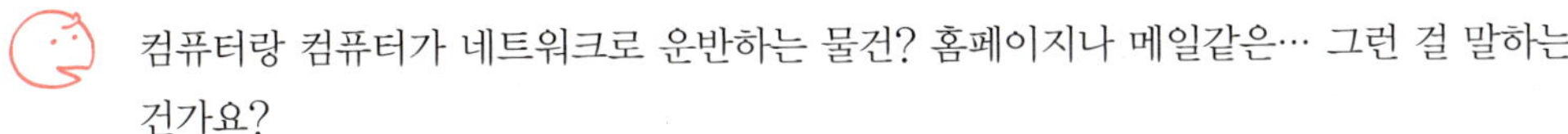
간단하게 말하면 **정보**, 그럴듯하게 말하면 **데이터(Data)**라고 하지. 다시 말해 컴퓨터 네트워크란 **컴퓨터와 컴퓨터가 그물망처럼 통신 매체로 연결되어서 데이터를 운반**하는 것을 말하는 거야. (그림2-1)

컴퓨터와 통신 매체와 데이터. 이것들로 컴퓨터 네트워크가 구성된다는 거네요.

✳ 네트워크를 사용하는 이유

이제 컴퓨터 네트워크가 어떤 건지 알았을 것 같은데. 그럼 여기서 넷군에게 질문. 왜 컴퓨터 네트워크가 필요한 거지?

네? 그, 그거야 편리하니까 아닌가요? 인터넷이나 인터넷 쇼핑몰이나 메일 같은….

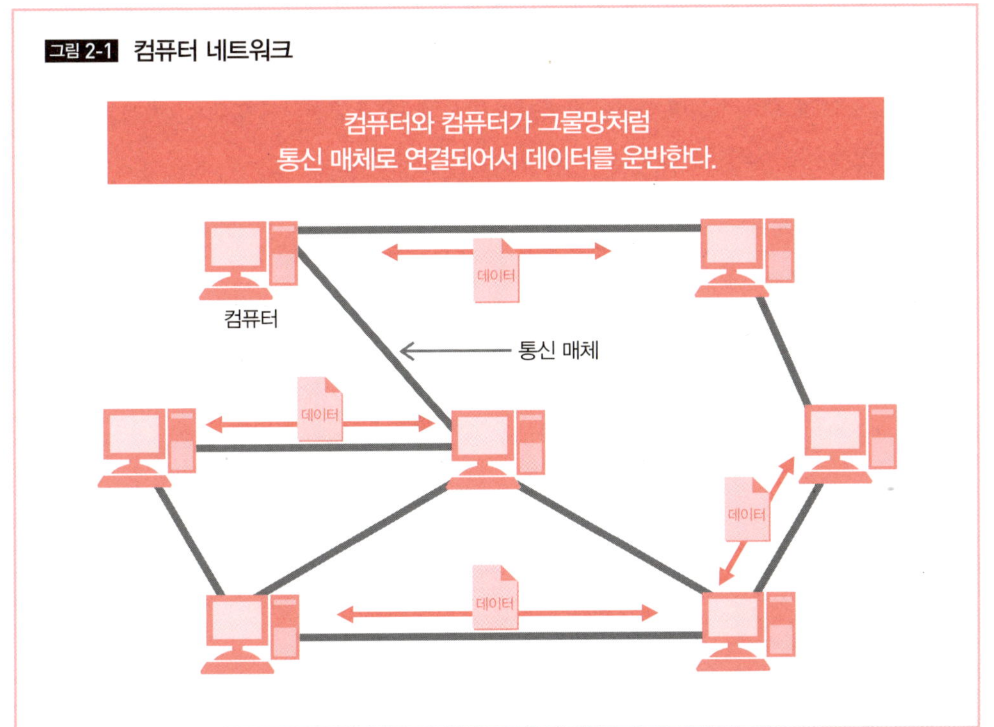

그림 2-1 컴퓨터 네트워크

그러니까 뭐가 편리하다는 거지? 인터넷이나 인터넷 쇼핑몰의 뭐가?

너무 자세한 것까지는…. 그러니까… 그거요. 멀리 있는 사람과 메일을 주고받거나 뭐 그런 게 편리하잖아요.

그럼, 우리 연구실 안에 있는 PC의 네트워크는 가까이 있는 PC끼리의 네트워크니까 편리하지 않겠군?

아, 그건….

'멀리 있는 사람'이라는 말이 나온 건 잘했다고 치고, 이 경우 '멀리'가 아니고 '떨어져 있는 다른 컴퓨터'인 거지. 물리적인 거리가 문제가 아니라 포인트는 자기의 컴퓨터가 '아니'라는 점이야.

네? 자기 컴퓨터가 아니라 다른 컴퓨터가 있어서 메일을 주고받을 수 있는 게 편리하다?

메일 뿐만이 아니야. 다른 사람 컴퓨터에 들어있는 파일을 사용하거나 다른 컴퓨터와 연결되어 있는 프린터를 사용하거나, 경우에 따라서는 다른 컴퓨터를 통해 데이터를 처리하기도 하니까.

아~ 그러고 보니 우리 연구실 프린터는 박사님 PC에 연결되어 있네요. 제 PC에서 인쇄 버튼을 누르면 박사님 PC의 프린터에서 인쇄되잖아요.

그렇지. 메일이나 파일, 인쇄하고 싶은 데이터 등 컴퓨터랑 사용자가 가진 것을 리소스(Resource)[1] 라고 부른다. 자~ 그럼 이 리소스를? (그림2-2)

리소스를… 먹는다?

먹는다고 할 거라고는 생각도 못했네, 너무 참신해서. 먹어서 어떻게 할건데? 다른 컴퓨터의 리소스를 네트워크로 주고받거나 자기 컴퓨터의 리소스를 다른 컴퓨터에 넘겨주거나 한다는 얘기야.

---

1 리소스 : 자원이라는 뜻. 파일 등의 데이터나 프린터 등의 기기, 컴퓨터나 메모리, CPU 등도 포함하는 개념.

그림 2-2 리소스

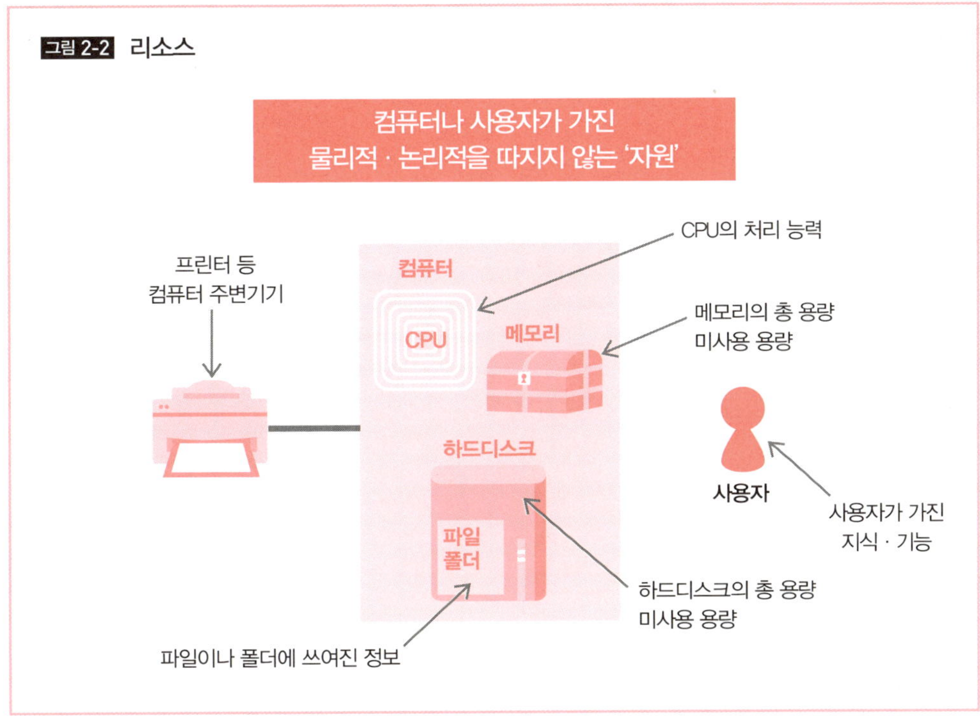

옆 컴퓨터에 있는 파일이라는 리소스를 받아서 사용하거나 내 컴퓨터에 연결되어 있는 프린터라는 리소스를 사용하게 해주는 거 말이죠?

응, 그렇지. 다시 말해 **복수의 컴퓨터에서 리소스를 공유한다**는 얘기야. 자기가 가진 리소스를 자기만 사용하는 것이 아니라 다른 사람도 사용할 수 있고, 또 반대로 다른 사람이 가진 리소스를 자기도 사용하는 거지.

파일이나 프린터를 다같이 사용할 수 있도록 하는 것? 그게 네트워크가 필요한 이유인가요?

그래, 리소스를 공유함으로써 한 대의 컴퓨터로는 할 수 없었던 일이 가능해지기도 하고, 한 곳에 통합함으로써 효율적이 되는 거지. 아까 넷군이 말한 것처럼 멀리 떨어진 사람에게 정보를 전달하거나 받을 수 있게 된다는 얘기야.

네, 확실히 컴퓨터마다 프린터가 있는 건 낭비겠네요. 프린터를 그렇게 자주 사용하는 것도 아니고 한 대만 있어도 다 같이 사용하면 되니까 그걸로 충분하겠네요.

그림 2-3 리소스의 공유

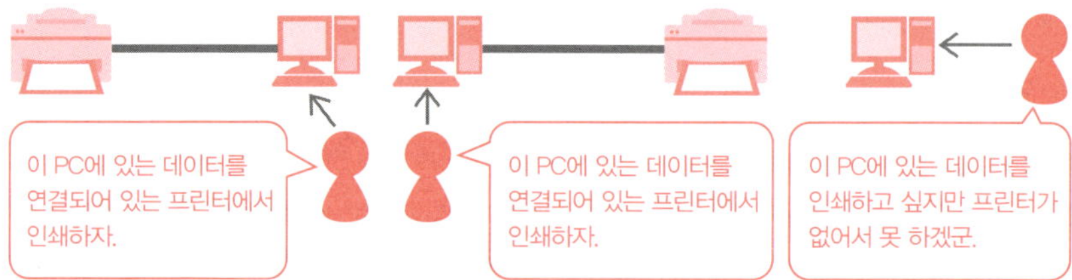

네트워크가 없는 상태에서는 PC마다 프린터를 연결해야 한다.

네트워크가 있으면 공유하고 있는 프린터에서 인쇄할 수 있어서
프린터는 한 대면 된다.

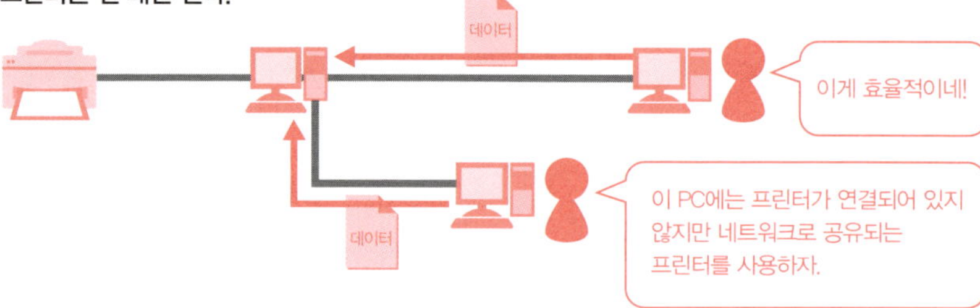

네트워크가 있으면 떨어져 있는 사람과 정보 교환이 가능하다.

홈페이지도 '홈페이지를 만든 사람의 지식이라는 리소스의 공개(공유)'라고 할 수 있다.

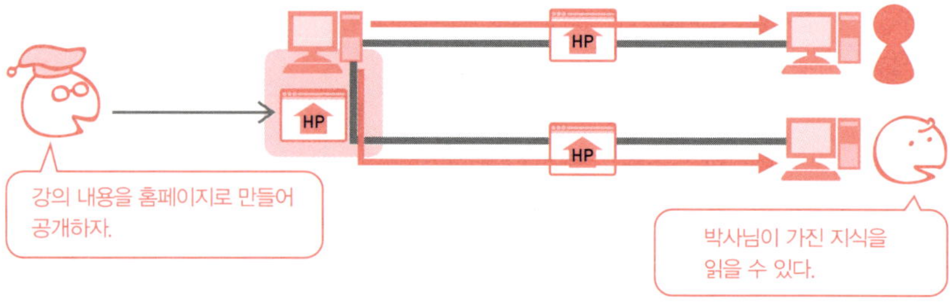

 그렇지. 넷군은 프린터를 예로 들었지만, 한 개의 파일을 다같이 공유하면 일을 나눠서 할 수 있으니까 큰 일을 쉽게 처리할 수도 있고, 메일로 멀리 있는 사람과 의견 교환을 하는 것도 가능하게 되는 거야. (그림2-3)

아하~ 인터넷 게시판 같은 것도 마찬가지네요. 여러 사람이 게시물을 올려서 의견 교환을 하거나 지식을 나누거나 하는 것 말이에요.

음… 홈페이지란 어떤 의미에서는 PC를 사용하는 사람(유저)의 지식을 공유한다고 생각할 수도 있는 거지. 알겠지, 넷군! **리소스를 유용하게 활용하기 위해 공유하는 것이 바로 네트워크의 장점**이야.

네, 백퍼센트는 아니지만 알 것 같네요. 그런데 박사님, 리소스를 어떻게 공유하는 거죠?

데이터 통신으로 **컴퓨터가 가진 리소스를 서로 주고받음으로써 공유**하는 거야.

인쇄하고 싶은 파일 자체나 사용자의 의견 같은 '리소스'를 주고받는 거군요. 주고받음으로써 '공유'된다는 건가요? 그게 '데이터 통신'인 거죠?

그래 그렇지, 그럼 다음 회에서는 데이터 통신에 관해 얘기하자.

네, 하루 3분 네트워크 교실이었습니다~ ♪

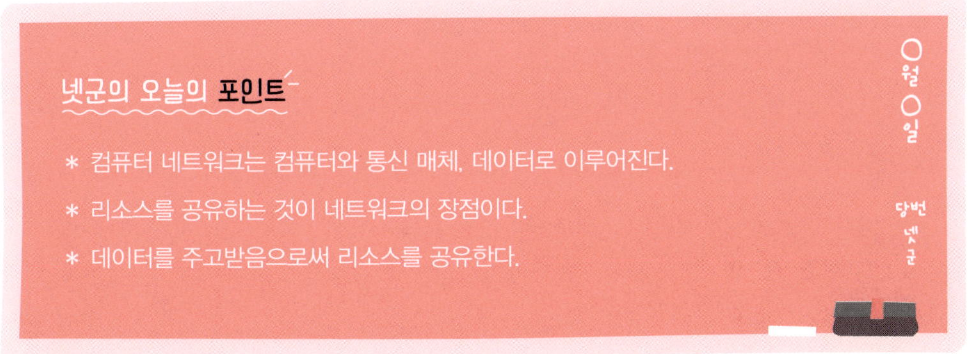

데이터 통신 기초

✽ 데이터란?

자자, 컴퓨터 네트워크란 어떤 것이고 무엇 때문에 존재하는지에 대해 지난 회에서 설명했지?

네트워크란 '컴퓨터를 통신 매체로 연결해서 데이터를 주고받는 것'인데 '컴퓨터나 사용자가 가진 리소스를 공유하기 위해 존재한다.'였던가요?

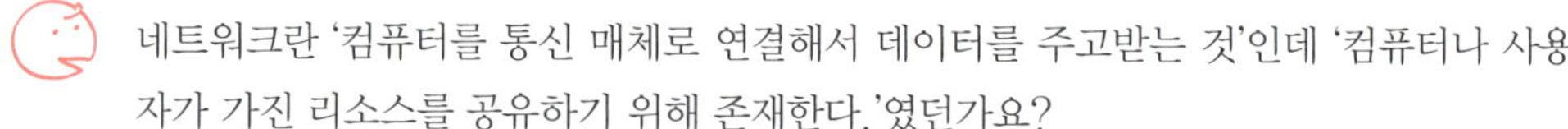

어째서 의문형이지? 복습이 부족한 것 같군. 어쨌든 리소스를 공유하기 위해서는 컴퓨터가 가진 리소스를 주고받을 필요가 있고, 그래서 이루어지는 것이 **데이터 통신**이다.

지난 회 마지막에 그런 말씀을 하셨던 것 같네요. 그런데 데이터 통신이 뭔가요?

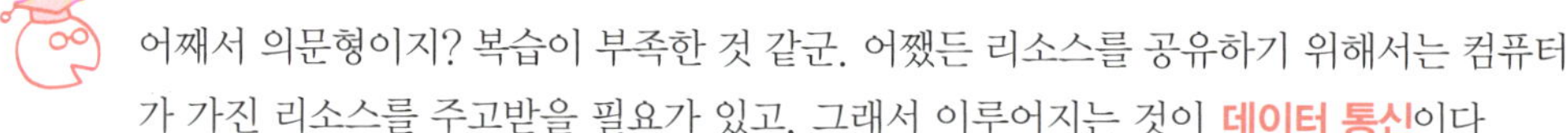

그 얘기를 하기 위해서는 '데이터' 설명부터 해야겠군. 뭐, 데이터에 대해서는 다양한 개념이 있어서 잘못 말했다가는 시끄러워질 것 같지만, 이 강의에서는 데이터란 **무언가에 대한 정보를 컴퓨터상에서 표현한 것**으로 한다.

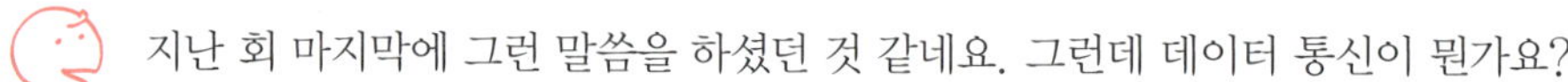

무언가에 대한 정보요? 뭔가 애매한 표현인데요. 그거랑 리소스의 공유랑 무슨 관계라도 있나요?

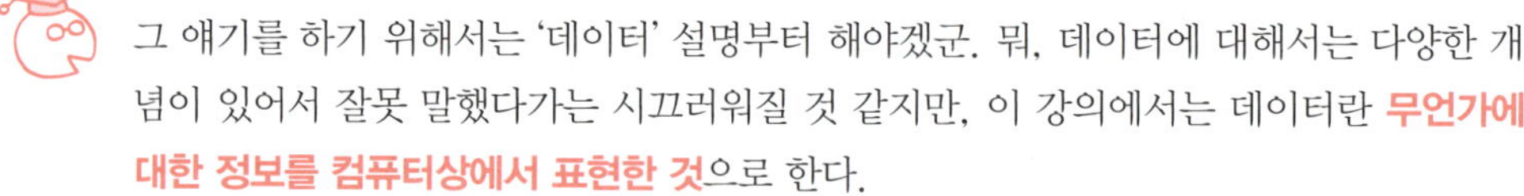

여기서 말하는 '정보'란 리소스를 공유하기 위해 사용하는 정보를 말하는 거다. 예를 들어, 파일이든 인쇄하는 내용이든 홈페이지 정보든 간에 이들 정보를 주고받음으로써 '리소스 공유'가 실현되는 거야.

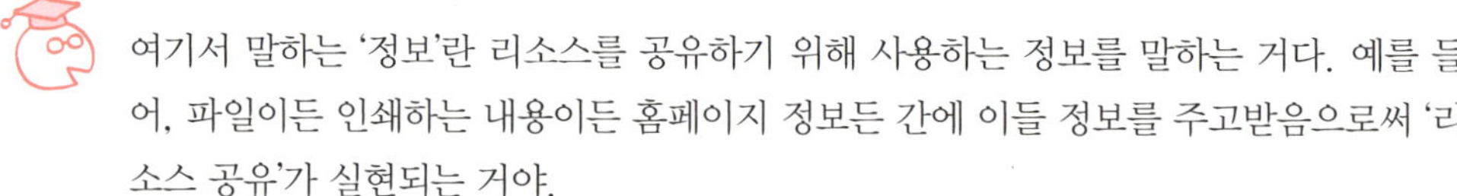

아하~ 리소스 공유를 위한 정보군요. 그래서 그것을 컴퓨터상에서 표현한 것이 '데이터' 인가요?

이 강의에서는 데이터란 '컴퓨터상에서의 리소스를 공유하기 위한 정보'라고 정하고 강의 하기로 하자. 이 정보는 **비트(Bit)**로 구성되는데, 비트는 '0'이나 '1'인 상태를 유지할 수 있 다. 다시 말해 '네'나 '아니오', 혹은 그대로 '0'이나 '1'이라는 정보다.

비트? 아~ 그러고 보니, 정보처리 수업에서 그런 걸 배운 것 같은데….

쯧쯧, 이건 정보처리의 기초 중의 기초인데… 됐어, 넷군의 기억을 의지하기보다는 한 번 더 설명하는 편이 빠르겠군. 비트가 하나, 즉 1비트면 '0' 또는 '1'의 정보를 저장할 수 있 는 거고, 2비트면 '00', '01', '10', '11'의 정보를 저장할 수 있는 거지.

으… 그러니까 뭐더라 2진수가 어쩌고저쩌고, 기수변환[2]이 어쩌고저쩌고 했었는데….

왜 그렇게 대충 기억하고 있는 거지? 컴퓨터에서는 비트로 모든 정보가 저장되고 데이터 를 주고받을 때도 비트를 사용하는 거야. 다수의 비트를 사용해서 정보를 보존해 가는 거 지. (그림3-1)

그러니까 예를 들면 문자 A가 비트로 '00001', B가 '00010'이라는 식으로 기억해 두는 거 네요. 이게 바로 데이터인 거죠?

그렇지. 그리고 비트로 만들어진 데이터를 다른 컴퓨터에 보내거나 받는 거다. 이게 바로 '데이터 통신'이지.

✳ 데이터 통신

자, 컴퓨터와 컴퓨터로 데이터를 주고받는 것이 네트워크고 그것을 실행하는 방법이 데 이터 통신인 거다. 뭐, 어려운 얘기는 일단 접어두기로 하고 간단하게 가보자. 네트워크 에 의한 데이터 통신 말인데 여기에 필요한 것은 일단 '데이터를 가진 컴퓨터'겠지?

---

2 **기수변환** : N진수의 수를 M진수의 수로 변환하는 것. 2진수라면 10진수, 10진수라면 16진수 등

그림 3-1 정보로서의 비트

컴퓨터는 데이터를 기억하는 스위치를 가지고 있다고 생각한다.

스위치가 여러 개 있으면 많은 상태를 기억할 수 있다.

스위치 ON · OFF의 상태에 의미를 갖게 한다.

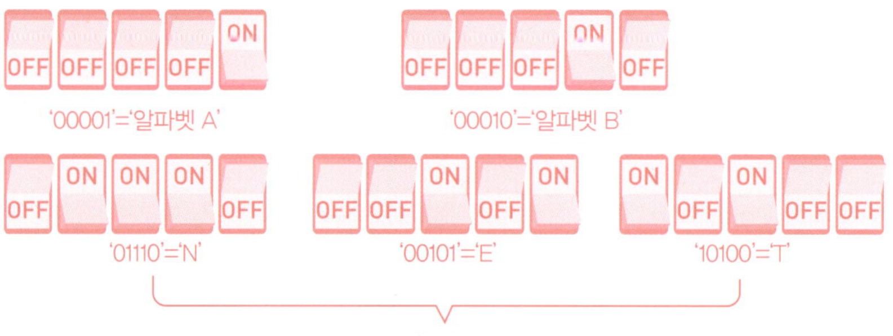

자주 사용되는 것이 '1', '0'비트의 열을 2진수로 간주해 숫자로 표시하는 방식

2진수…2가 되면 한 자릿수를 올려주는 수치(2를 기수로 한 수치)
10진수 '1' = 2진수 '1'
10진수 '1+1=2' = 2진수 '1+1=2…2에서 올려서 10'
10진수 '2+1=3' = 2진수 '10+1=11'
10진수 '3+1=4' = 2진수 '11+1=12…2에서 올려서 20…2에서 올려서 100'

그야 '보내고 싶은 것'을 가지고 있지 않으면 주고받기라는 전제가 성립되지 않는 거네요.

 그리고 '데이터를 받아들이는 컴퓨터', 여기에 이 둘을 연결하는 '통신 매체'가 필요하지. 뭐, 컴퓨터와 컴퓨터 그리고 그 둘을 연결해서 데이터가 지나는 파이프가 있다고 생각하면 돼.

컴퓨터랑 컴퓨터, 둘을 연결하는 파이프. 데이터를 보내고 싶은 쪽에서 이 파이프에 데이터를 보내면 데이터를 받는 쪽에 도달하는 그런 개념 같은데 맞나요?

그렇지, 그렇게 이해하면 된다. 좀 더 자세하게 말하자면 컴퓨터에 파이프를 연결할 때 컴퓨터에 파이프 접속구가 필요하겠지? 이것을 인터페이스(Interface)[3]라고 한다. 컴퓨터와 파이프의 중개역인 거야. (그림3-2)

중개역? 컴퓨터가 가진 데이터를 파이프에 보내기 위한 기계라는 건가요?

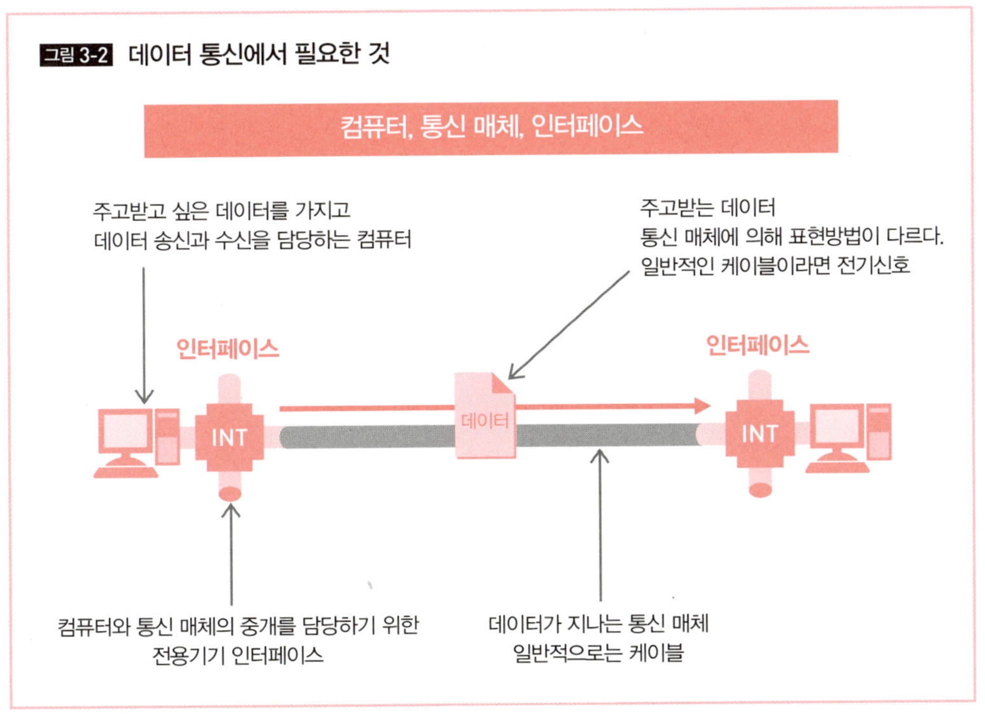

그림 3-2 데이터 통신에서 필요한 것

3 인터페이스 : 2개의 서로 다른 시스템 사이에 존재하며 정보의 송수신을 중개하는 것

그렇게 이해하면 돼. 반대로 그건 파이프에서 온 데이터를 컴퓨터에 건네주는 기계이기도 하지. 이것들을 준비해서 데이터를 보내는 건데 그 전에 **데이터를 주고받기 위한 규칙**을 정할 필요가 있어.

뭐든지 적당히 해서는 안 된다는 거죠? 예를 들면 어떤 규칙이 필요한가요?

데이터는 비트로 표현되는데 예를 들어 내가 '가'를 '000001', '나'를 '000010'으로 정해서 넷군에게 보낸다고 하자. 이 경우 데이터를 받은 넷군도 '가'가 '000001'이고 '나'가 '000010'이라는 걸 알고 있어야겠지?

그렇겠네요. 그런 식으로 보내는 쪽, 받는 쪽에서 정확하게 정해두지 않으면 엉뚱한 일이 벌어지겠죠. '가'라고 보내려고 '000001'을 보냈는데 받는 쪽에서 '거'로 생각하면 이상해질 테니까요.

그렇지. 데이터를 보내는 쪽과 받는 쪽이 사용하는 규칙을 정한 뒤에 데이터를 주고받아야 하는데, 이 규칙을 **프로토콜(Protocol)**[4]이라고 한다. 즉, **보내는 쪽하고 받는 쪽이 같은 프로토콜을 사용**해야 하는 거야. *(그림3-3)*

같은 규칙을 가지고 데이터를 주고받으라는 거지요?

제대로 이해했군. 아까는 데이터 다루는 법을 예로 들었는데 그거 말고 데이터를 주고받는 순서나 데이터 내용과 그 순서 등, 프로토콜은 데이터 통신에서 필요한 것을 결정하는 거야. 더 자세한 것은 다음에 설명하기로 하자(P62참조).

알겠습니다. 음~ 그러니까 네트워크에서는 데이터를 주고받는 건데 그걸 위한 방법이 데이터 통신이고 데이터 통신을 하기 위해서는 여러 가지 기기와 그것을 위한 규칙이 필요하다는 거네요.

그렇지. 앞으로 그런 기기랑 프로토콜에 대해서 배울거야. 제대로 기억해서 '네트워크'를 이해하도록.

으앙~ 어려울 것 같아요.

---

4 **프로토콜** : 통신에서 사용되는 규약으로 '통신규약'이라고 번역하는 경우가 많다.

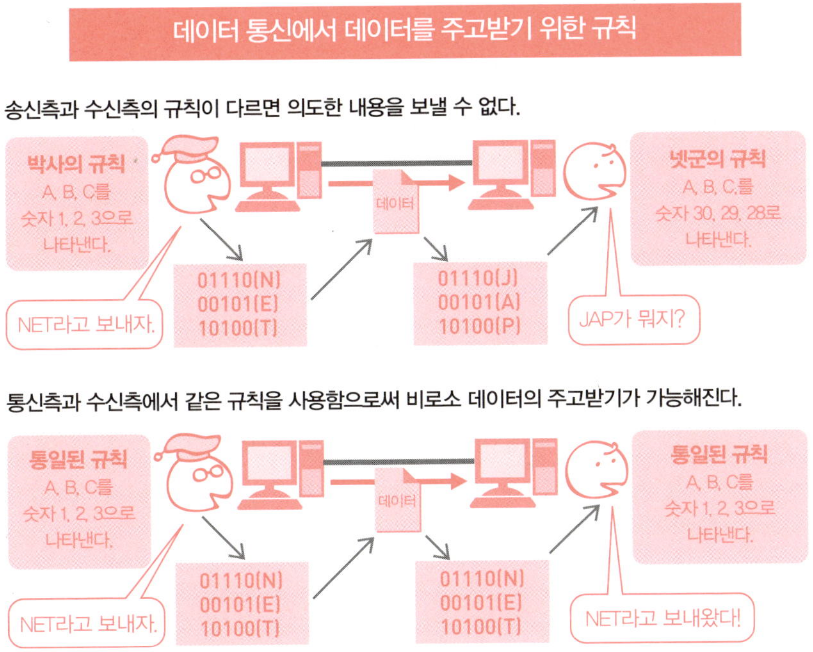

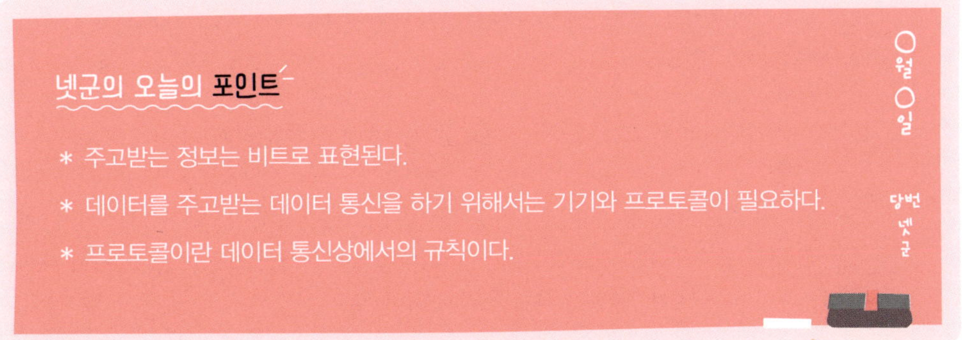

 시작하기 전부터 엄살 부리지마! 자, 그럼 이번에는 여기까지.

 네에~ 하루 3분 네트워크 교실이었습니다~♪

넷군의 오늘의 **포인트**

* 주고받는 정보는 비트로 표현된다.

* 데이터를 주고받는 데이터 통신을 하기 위해서는 기기와 프로토콜이 필요하다.

* 프로토콜이란 데이터 통신상에서의 규칙이다.

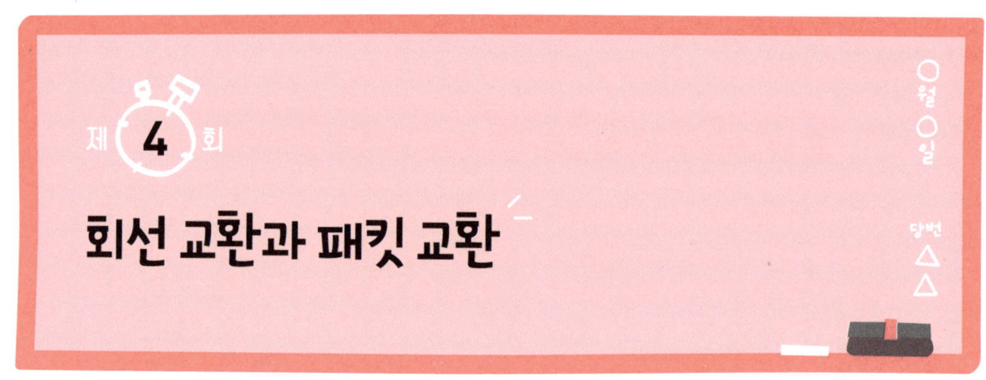

회선 교환과 패킷 교환

✽ 회선 교환

자, 지난 회에서는 데이터와 데이터 통신에 관해 설명했지? 데이터 통신이란 네트워크에서 이루어지는 정보를 송수신하는 방법인데 컴퓨터 등의 기기와 규칙인 프로토콜이 필요하다는 얘기였다.

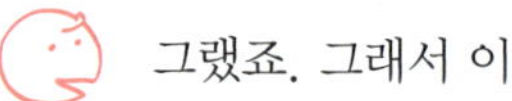
그랬죠. 그래서 이번에는 무슨 얘기를 하실 거예요?

데이터는 '통신 매체'를 통해서 보내는 측(송신측)에서 받는 측(수신측)으로 보내지는 거였지?

네. 지난 회에는 컴퓨터랑 컴퓨터 사이에 '파이프'가 연결되어서 거기를 데이터가 지나가는 것 같은 이미지라는 얘기를 했는데요.

그렇지. 그런 개념으로 얘기했지. 지난 회에 예를 든건 컴퓨터 한 대랑 또 다른 컴퓨터 한 대가 연결되어 있는 거였지. 다시 말해 1대1로 데이터를 송수신했던 거야. 그럼 컴퓨터가 한 대 더 있으면 어떻게 될까?

한 대 더? 컴퓨터가 한 대 더 있으면 그것도 파이프로 연결하면 될 것 같은데요?

그렇지. 두 대의 컴퓨터랑 송수신을 하고 싶으면 파이프를 2개 연결하면 되는 거지. 정답이야. 10대랑 송수신하고 싶으면 10개, 1,000대랑 송수신하고 싶으면 1,000개의 파이프를 연결하면 되는 거고, 전화가 바로 이런 방식인 거지.

 그런가요? 하지만 박사님, 전화의 경우는 파이프의 역할을 전화선이 하는 거잖아요. 그런데 전화에 전화선은 하나밖에 연결되어 있지 않은데, 어떻게 여기저기 있는 여러 전화기랑 연결되는 거죠?

 그렇겠군. 전화선은 하나밖에 없으니까 상대는 그것과 연결된 한 대의 전화기밖에 없어야 되는데 말이야. 하지만, 그래서 전화망에서는 '전화기'를 사용해서 복수의 상대와 연결되도록 만든 거야. (그림4-1)

그림 4-1 교환기와 파이프

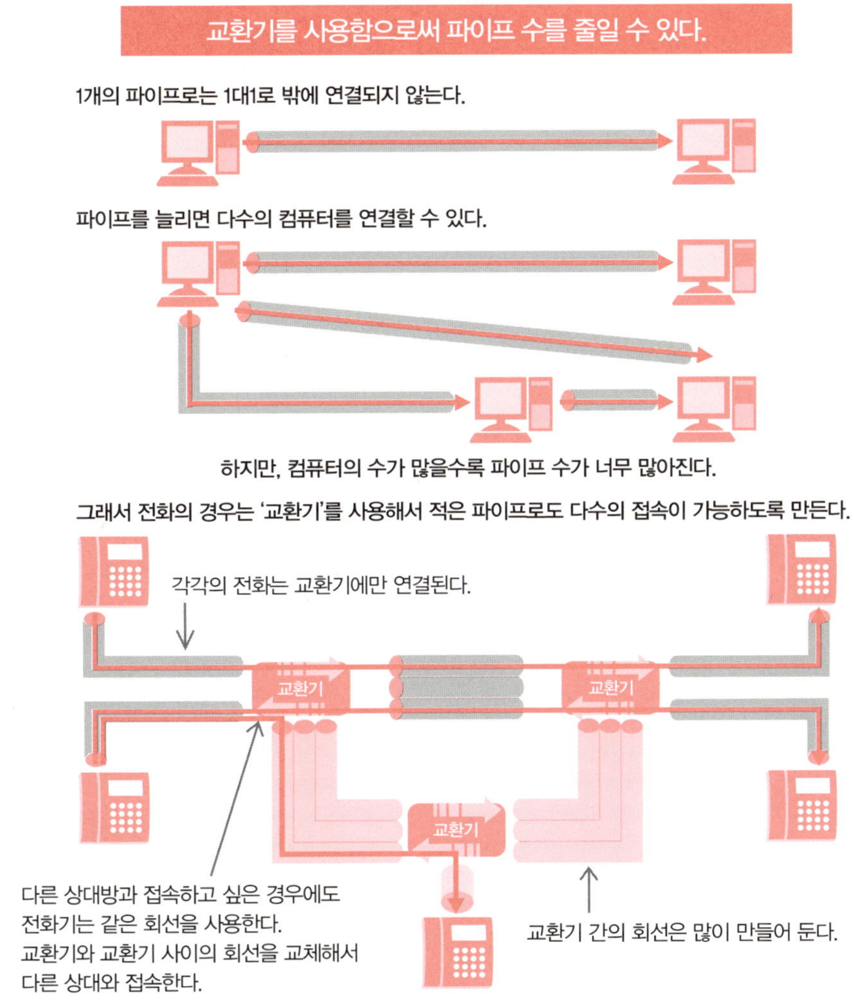

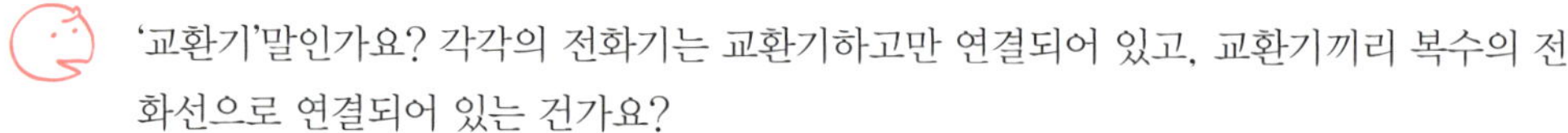

'교환기'말인가요? 각각의 전화기는 교환기하고만 연결되어 있고, 교환기끼리 복수의 전화선으로 연결되어 있는 건가요?

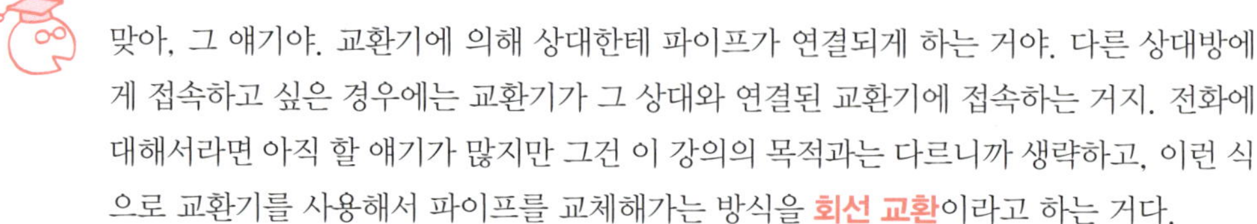

맞아, 그 얘기야. 교환기에 의해 상대한테 파이프가 연결되게 하는 거야. 다른 상대방에게 접속하고 싶은 경우에는 교환기가 그 상대와 연결된 교환기에 접속하는 거지. 전화에 대해서라면 아직 할 얘기가 많지만 그건 이 강의의 목적과는 다르니까 생략하고, 이런 식으로 교환기를 사용해서 파이프를 교체해가는 방식을 **회선 교환**이라고 하는 거다.

전화선을 '회선'이라고 부르잖아요. 회선을 교체하니까 '회선 교환'인 건가요?

* 패킷 교환

이 회선 교환 말인데, 전화를 생각해 보면 알겠지만, 교환기가 '파이프'를 교체해서 상대와 접속하는 동안에는 다른 곳으로 전화를 걸 수도 받을 수도 없는 상태야. 즉 통화중인거지. 접속하는 동안에는 전화기와 교환기, 교환기와 교환기 사이의 회선은 그 통신이 점유하게 되니까 교환기 사이의 회선 수가 많아야만 많은 수의 전화가 동시에 통화할 수 있는 거다. (그림4-2)

예를 들어 교환기 간의 회선이 3개라면 3쌍의 전화기 밖에 통화할 수 없는 거네요?

그렇지. 다시 말하면 '동시 통화에 필요한 수 만큼 회선이 필요하다'는 얘기가 되는 거야. 하지만 다수의 컴퓨터가 자유롭게 정보를 송수신하려면 이 방법으로는 회선의 수가 너무 많아지겠지? 그래서 사용하는 것이 **패킷 교환**이라는 방식이야.

패킷 교환… 패킷. 아~ 휴대전화에서 자주 듣는 '패킷 요금'의 그 패킷인가요?

정답! 이 방식은 송신하고 싶은 데이터를 일괄적으로 한번에 보내지 않고 여럿으로 분할해서 송신하는 건데, 이렇게 분할한 데이터를 '소포'라는 의미의 패킷(Packet)이라고 부르는 거다. 소포처럼 묶음으로 보낸다는 의미라고 할 수 있지.

묶음이라? 송신하고 싶은 데이터를 전부 보내는 것이 아니라 하나하나 나누어서 보낸다는 건가요? 왠지 좀 귀찮을 것 같은데요.

그림 4-2 회선 교환의 문제점

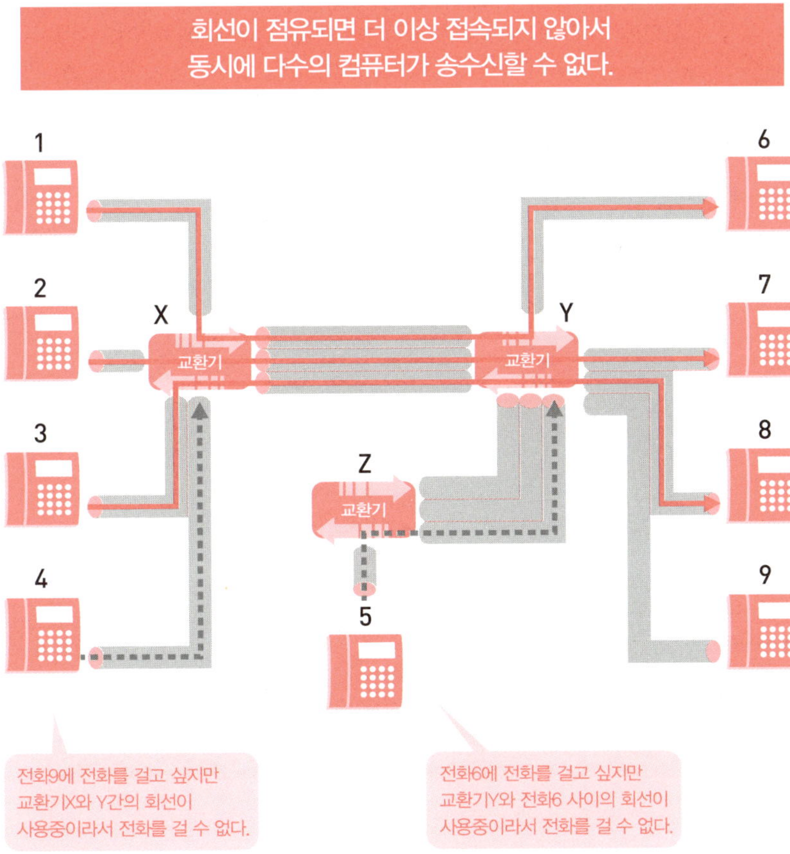

뭐, 그렇게 생각하는 것도 무리는 아니군. 하지만, 덕분에 편리한 점도 많아. 일단 큰 데이터를 작게 나누어서 송신하니까 패킷 1개를 보내는 시간이 짧아지겠지? 그러니까 그 패킷이 회선을 점유하는 시간이 짧아지는 거야. 다시 말해 **복수의 컴퓨터가 회선을 공유할 수 있게 되는 거지.**

하지만 아무리 작게 분할해도 데이터의 총량은 안 바뀌잖아요? 결과적으로 같은 시간을 점유하는 거 아닌가요?

그야 그렇지. 하지만 계속해서 점유하는 게 아니니까 패킷과 패킷 사이에 다른 패킷을 넣을 수 있잖아. 즉 서로 다른 복수의 패킷이 한 개의 회선을 사용할 수 있는 거지. 따라서 '동시 통화 수 만큼 회선이 필요했던' 전화 회선과는 달리 **회선이 1개면 된다**는 장점이 있어. (그림4-3)

그러니까, 패킷에 수신처를 붙여서 각각의 패킷을 보내면 패킷에 수신처가 있으니까 그걸로 수신처를 알 수 있는 거네요.

그렇지. 회선 교환에서는 반드시 '회선이 연결되어 있는 곳'에 도달하게 되지만, 패킷 교환에서는 **한 개의 회선에 복수의 컴퓨터가 연결**되어 있으니까 수신처를 각각의 패킷에 붙이는 거야.

그럼 이 패킷 교환기는 뭔가요? 회선 교환 방식 교환기랑 다른 건가요?

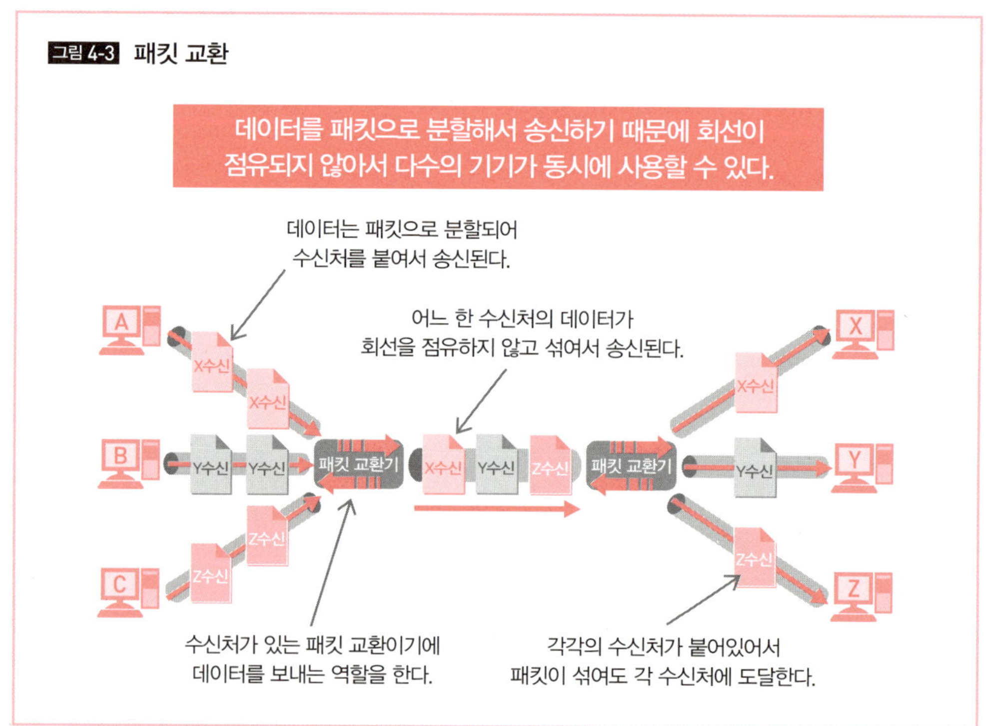

그림 4-3 패킷 교환

교환기의 역할은 '회선을 교체해서 연결'하는 거야. 반면, 패킷 교환기는 수신처가 연결되어 있는 회선을 골라서 거기로 패킷을 송출하는 역할과 사용하려고 한 회선이 사용중일 경우 일시적으로 저장했다가 회선이 비는 것을 기다리는 역할을 하는 거다. 그러니까 컴퓨터에 의한 데이터 통신에서는 복수의 컴퓨터가 동시에 사용할 수 있는 이 패킷 교환 방식이 편리하겠지? 그래서 **컴퓨터 네트워크는 패킷 교환 방식**을 사용하는 거야.

패킷 교환 방식이 회선 교환 방식보다 뛰어난 방식인 것 같네요.

아니, 반드시 그렇다고 단정할 수는 없어. 왜냐면, 회선 교환은 연결되어 있는 동안에는 확실하게 수신처에 도달하고 회선을 점유할 수 있다. 반면, 패킷 교환 방식은 패킷마다 따로따로 송신하기 때문에 반드시 송신한 순서대로 수신처에 도달한다고 할 수 없고, 도착하는 시간이 불규칙할 수도 있거든.

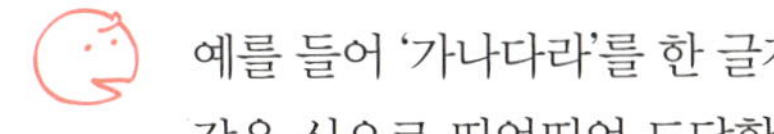

예를 들어 '가나다라'를 한 글자씩 보내면 '가나다라'로 도달할지도 모르고 '가나…다…라' 같은 식으로 띄엄띄엄 도달할지도 모른다는 거네요. 그건 좀 곤란하겠는데….

당연히 곤란하지. 하지만 무엇보다도 '복수의 컴퓨터가 사용할 수 있다'는 장점이 크기 때문에 컴퓨터 네트워크에서는 패킷 교환 방식이 사용되고 있는 거다. 그럼 이번에는 여기까지.

옙. 하루 3분 네트워크 교실이었습니다~♪

넷군의 오늘의 **포인트**

* 데이터 통신에는 회선 교환과 패킷 교환이 있다.
* 회선 교환은 '파이프'를 교체하는 방식이다.
* 패킷 교환은 '패킷'으로 분할해서 송신하는 방식이다.
* 컴퓨터 네트워크는 패킷 교환 방식이다.

○월 ○일 당번 넷군

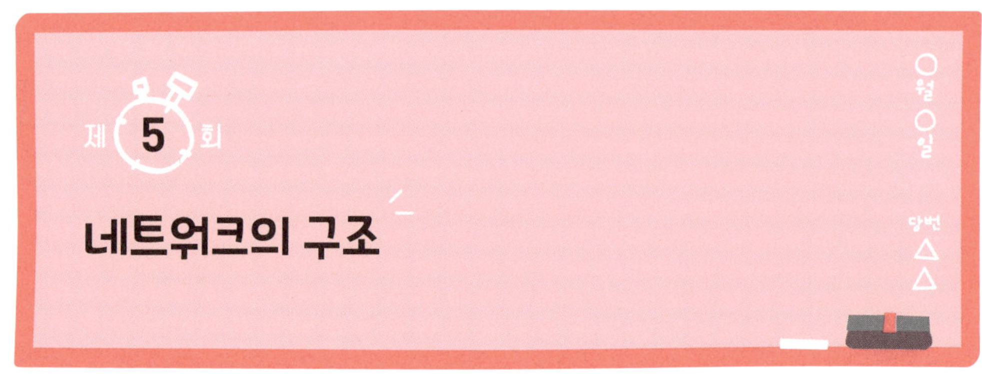

 ＊ 통신에 필요한 기기

자, 넷군 컴퓨터와 컴퓨터를 연결해서 네트워크를 만들어가는 건데, 지난 회에는 '파이프'를 연결해서 데이터를 어떻게 송신하는지에 관한 얘기를 했지?

네네! '회선 교환'하고 '패킷 교환'이요. '파이프'를 직접 연결하는 것이 회선 교환, 연결되어 있는 파이프에 분할한 패킷을 보내는 것이 패킷 교환이라고 했어요.

컴퓨터 네트워크에서는 패킷 교환이 주로 사용된다고 했다. 그럼 이 패킷 교환 네트워크에서 필요한 기기를 생각해 볼까? 먼저 **데이터를 작성해서 송신하고, 또 데이터를 수신해서 사용하는 컴퓨터**가 필요하겠지? 그럼 그 밖에 또 뭐가 필요할까?

네트워크로 연결하는 거니까 '파이프' 역할을 하는 '통신 매체'가 필요하겠네요. 그리고 또 뭐였더라? 파이프랑 컴퓨터를 연결하는, 인…인터…넷?

통신 매체와 인터페이스겠지. 자, 여기까지는 제3회에서도 설명했다. 그런데 이걸로는 컴퓨터와 컴퓨터를 한 대씩 밖에 연결할 수 없는데. 그럼 또 뭐가 있지? 패킷 교환에서 필요한 것은?

패킷 교환… 뭐지~ 아! 패킷 교환기!!

그래, **패킷 교환기**(P32참조). 실제 네트워크에서는 **라우터(Router)**라는 기기가 패킷 교환기 역할을 한다. (그림5-1)

그림 5-1 패킷 교환에서 필요한 기기

✳ 멀티액세스 네트워크와 포인트 투 포인트 네트워크

 그림5-1에 있는 것처럼 컴퓨터에서 라우터, 라우터에서 라우터, 라우터에서 컴퓨터라는 식으로 연결되어 있다. 그렇다면 넷군! 이 연구실에 컴퓨터가 몇 대나 있지?

 박사님 PC랑 제 PC랑, 서버던가? 뭔가 멋져 보이는 컴퓨터를 포함해서 3대요.

 음 3대군. 그럼 라우터는 몇 대지? 미리 말해 두겠는데 책상 뒤에 숨겨두지는 않았다. 지금 보이는 곳에 있어.

 어… 저기 평평한 상자인가요? 한 대 뿐인가요?

맞았어, 한 대뿐이야. 아까 설명한 것처럼 컴퓨터에서 라우터, 라우터에서 라우터, 라우터에서 컴퓨터라는 구조로 되어 있다고 치면 컴퓨터가 3대 있으면 라우터도 3대 필요할 텐데 컴퓨터가 3대인데 라우터는 한 대 밖에 없군. 뭔가 좀 이상하지 않나?

그러고 보니 그러네요. 하지만, 박사님 PC랑 제 PC는 뭐더라, 파일을 공유하니까 파일을 주고받을 수 있잖아요. 아까 그림대로라면 라우터가 필요할 것 같기도 한데….

실은 나와 넷군의 PC, 그리고 서버(Server)[5]는 한 개의 케이블이 분배되어서 연결되어 있는거다. 그림으로 그려보면 다음과 같은 형태가 된다. (그림5–2)

5 서버 : 서비스를 제공하는 컴퓨터

그림 5-2 **회선을 분배기에서 나눈다**

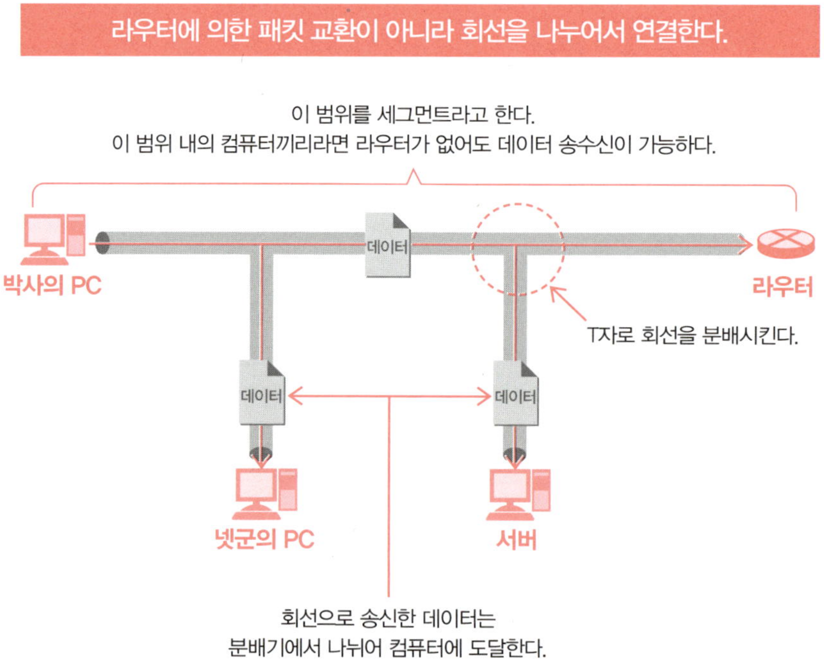

아, 그렇구나. 파이프를 T자로 나누는 거네요? 이렇게 하면 박사님 PC에서 보낸 데이터는 분배기를 지나 제 PC에 도달하겠네요. 이런 방법이 있으면 라우터는 없어도 되는 거 아닌가요?

라우터가 필요한 이유는 나중에 얘기하기로 하자. 아무튼 이렇게 패킷 교환없이 **케이블 분배기로 연결되는 범위를 세그먼트(Segment)**라고 하는데, 이 세그먼트 범위 내에 있는 컴퓨터는 패킷 교환없이 직접 데이터를 송수신할 수 있어.

음… 하지만 박사님! 이 연구실 컴퓨터에 연결되어 있는 케이블에는 이런 T자 분배기가 없는데요?

케이블에 T자 분배기를 만들려면 케이블을 잘라서 T자 분배기를 끼우는 작업을 해야 하니까 솔직히 좀 번거로워. 그래서 요즘은 **허브(Hub)**라는 기기를 사용한다. (그림5-3) 이 허브를 사용한 네트워크에서는 컴퓨터 한 대가 세그먼트 내의 어떤 컴퓨터에도 자유롭게 데이터를 송신할 수 있거든. 이런 네트워크 구조를 **멀티액세스 네트워크**라고 한다.

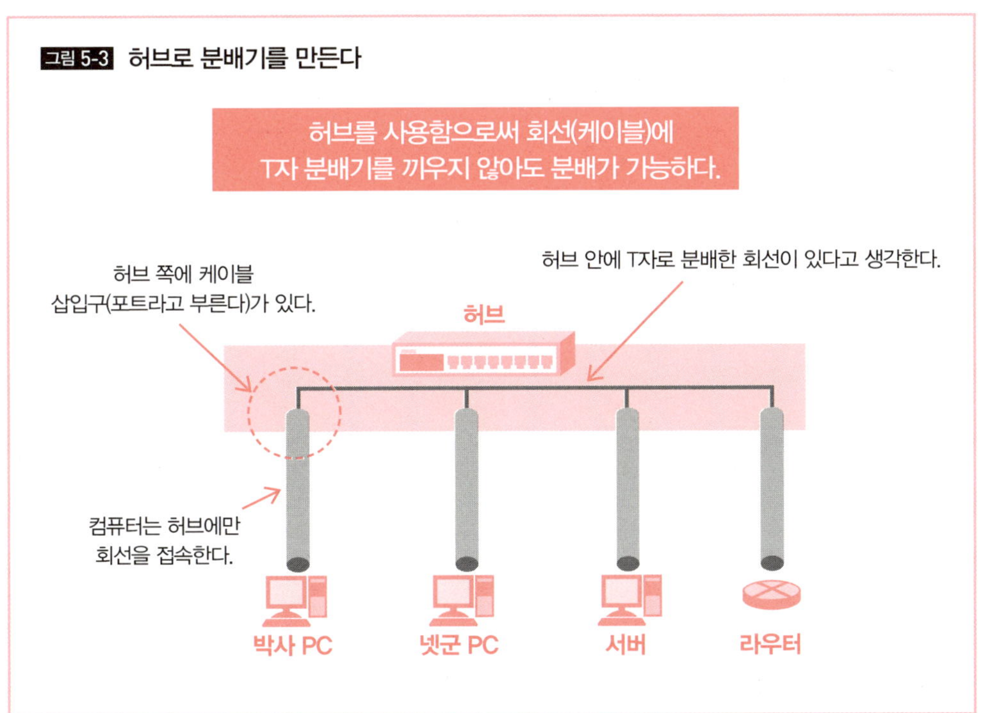

 멀티액세스 네트워크. 멀티로 액세스? 액세스는 뭔가요?

 액세스란 컴퓨터가 다른 컴퓨터에 데이터를 송신할 수 있다는 의미야. 그러니까 복수의 컴퓨터에 의한 데이터 송수신이 가능하다는 의미에서 '멀티액세스 네트워크'라고 하는 거지. 이와는 반대로 컴퓨터 한 대가 다른 한 대의 컴퓨터에만 데이터를 보내는 방식을 **포인트 투 포인트 네트워크**라고 한다.

 컴퓨터 한 대가 다른 한 대의 컴퓨터에 밖에 못 보낸다고요? 그게 가능한가요?

 물론 가능하지. 전용선[6]이라고 불리는 회선을 사용하면 고정된 컴퓨터에만 데이터를 보내거든. 네트워크 구조의 종류에서는 다른 종류도 있기는 하지만 기본적으로는 이 두 가지로 분류되는데, 이 **두 종류를 조합해서 패킷 교환 네트워크**가 만들어지는 거야.

 조합해서? 음~~~, 이해가 잘 안 되는데요.

 전에도 설명했지만 컴퓨터 네트워크는 컴퓨터에서 라우터, 라우터에서 라우터, 라우터에서 컴퓨터라는 식으로 연결되어 있어. 컴퓨터에서 라우터는 멀티액세스 네트워크이고, 라우터에서 라우터는 포인트 투 포인트 네트워크야. 이런 식으로 부분에 따라 구조가 다른 거지. (그림5-4)
한 번에 전부 이해하지 못해도 괜찮다. 순서대로 차근차근 알아가면 되니까. 그럼 이번 회는 이 정도로 할까?

 네~ 하루 3분 네트워크 교실이었습니다~♪

6 **전용선** : 고정된 수신처에 접속된 회선

그림 5-4 조합해서 네트워크를 만든다

넷군의 오늘의 **포인트**

* 패킷 교환 네트워크는 컴퓨터, 통신 매체, 인터페이스, 라우터로 이루어진다.

* 네트워크에는 멀티액세스 네트워크와 포인트 투 포인트 네트워크의 두 종류가 있다.

* 이 두 종류가 조합되어 네트워크 전체가 구성된다.

✳ 네트워크의 범위

컴퓨터 네트워크는 패킷 교환 네트워크라는 것과 거기에 필요한 기기랑 그 구조에 대해서는 지난 회에 설명했었지?

필요한 기기는 컴퓨터, 통신 매체, 인터페이스, 라우터이고 구조는 멀티액세스 네트워크랑 포인트 투 포인트 네트워크였죠?

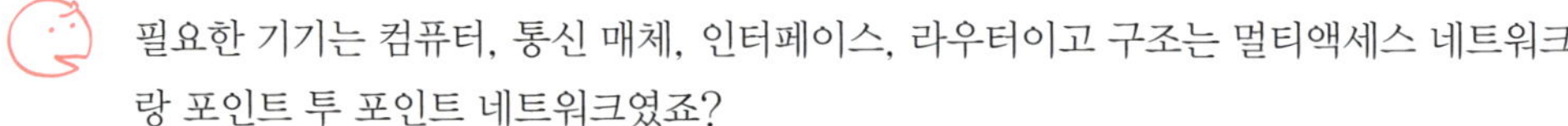
잘 기억하고 있군. 멀티액세스 네트워크랑 포인트 투 포인트 네트워크는 네트워크를 구조 면에서 분류한 거다. 그것과는 달리 '네트워크의 범위나 규모'로 네트워크를 분류하는 것이 있는데, 먼저 **LAN(Local Area Network)**부터 얘기해 보자.

엘 에이 엔, 로컬 에리어 네트워크? 로컬이라고 하니까 왠지 범위가 좁은 것 같은 느낌이 드는데요.

읽는 법은 '랜'이다. 넷군이 말한대로 LAN은 좁은 범위의 네트워크야. 단지 '좁은 범위'라고 하기는 조금 애매하지만… 좀 더 구체적으로 말해서 **구내에 설치된 네트워크**라고 표현하는 편이 좋겠군.

구내? '역 구내'나 '대학 구내'같은 '구내' 말인가요?

그렇지. 가정, 사무실, 빌딩 같은 곳, '사유지'라고 해도 될지 모르겠군. 아무튼 그런 곳을 범위로 해서 사용하는 네트워크를 LAN이라고 한다. 예를 들면, 이 연구실의 나와 넷군의 PC 그리고 서버 이 3대의 네트워크가 LAN이야.

 연구실에 있는 3대로 이루어진 LAN인가요? 그럼 우리 대학 네트워크는 뭐라고 하나요?

 그것도 LAN이다. 학교 구내니까. 우리 연구실이랑 옆 연구실, 컴퓨터실, 도서관 등 작은 LAN을 묶어서 대학이라는 큰 LAN이 되는 거야. (그림6-1)

 연구실도 LAN, 학교도 LAN. 좀 헷갈리네요. 더 좋은 표현은 없나요?

 없어. LAN은 기본적으로 사용하는 쪽에서 책임지고 케이블 설치랑 라우터 배치 등을 해서 네트워크를 만드는 거야. 자기들 책임으로 자기들이 사용할 네트워크를 만드는 거니까 어느 정도는 자유롭게 만들 수 있는 거지.

그림 6-1 LAN

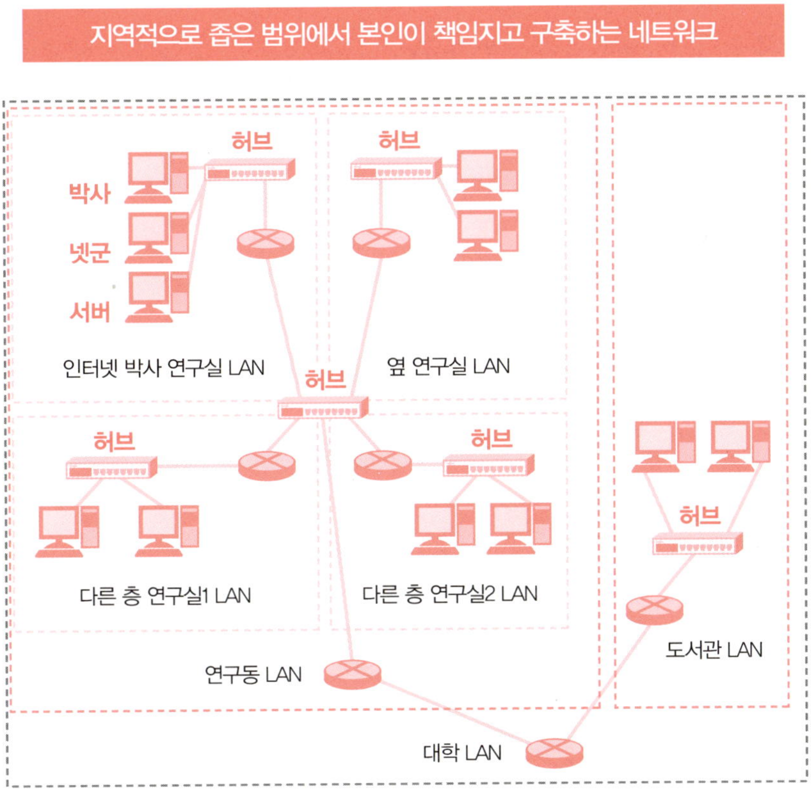

✳ WAN

다시 말하면 자신들이 사용하는 빌딩이나 방 같은 것을 LAN으로 해서 네트워크를 만든 거지. 그래서 그 빌딩 안에 있는 컴퓨터끼리 데이터 통신이 가능하게 되는 거고. 하지만 이걸로 만족해서는 안 되겠지?

안되나요? 대학의 LAN만 있어도 충분히 편리하니까 만족해도 될 것 같은데요.

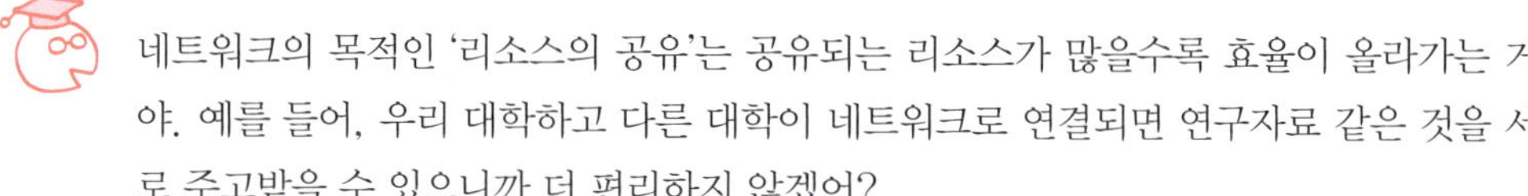

네트워크의 목적인 '리소스의 공유'는 공유되는 리소스가 많을수록 효율이 올라가는 거야. 예를 들어, 우리 대학하고 다른 대학이 네트워크로 연결되면 연구자료 같은 것을 서로 주고받을 수 있으니까 더 편리하지 않겠어?

그야 다른 대학의 레포트 같은 것을 읽을 수 있으면 편리하겠네요. 그럼 대학끼리 연결하는 건가요?

그래. 하지만 문제가 있어. 그건 대학하고 대학을 연결하는 통신 매체, 즉 케이블을 어떻게 할지의 문제다. 대학하고 대학 사이에 마음대로 케이블을 연결할 수는 없거든. 도로나 남의 소유지를 통과할 수 밖에 없으니까. 다시 말해 '자기 책임'으로 케이블을 연결할 수 없다는 거지. 그래서 말인데, 도로 같은 공공장소에 케이블이 있는 거 봤지?

아~ 전화선이랑 전선 같은 거요?

나라의 허가를 받은 회사라면 공공장소에 케이블을 설치할 수가 있어. 이런 회사들 중에서 통신용 케이블을 설치하는 회사를 통신사업자라고 한다. 유명한 회사로는 KT, LG, SKT 등이 있는데 그 회사들이 가진 케이블을 이용하면 되는 거야.

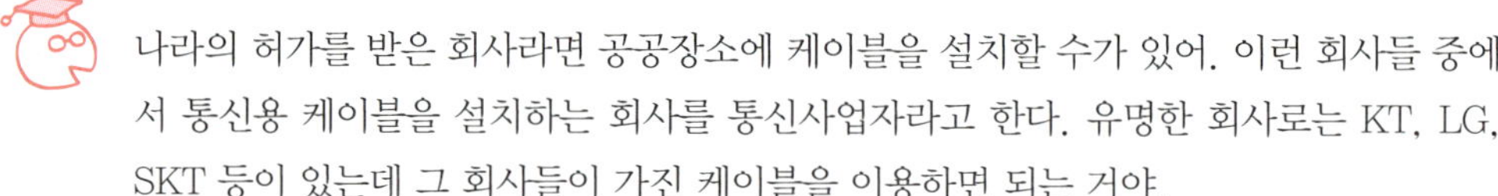

그렇군요. 우리 대학이랑 다른 대학 사이에 연결되어 있는 케이블을 빌려서 거기로 데이터를 송신하면 도달하겠네요.

그렇지. '데이터 통신 서비스'를 제공하는 통신사업자에게 그들이 보유하고 있는 케이블에 데이터를 전송할 권리를 구입해서 네트워크를 구축하는 거야. 이런 네트워크가 **WAN(Wide Area Network)**이라는 거다.

더블유 에이 엔. '웬'이라고 하면 되나? 와이드 에리어니까 범위가 넓은 것 같은데요.

WAN은 LAN에서는 취급할 수 없는 범위, 그러니까 도시나 지역, 경우에 따라서는 국가 간을 가로지르는 네트워크를 만들 수도 있어. 바꾸어 말하면 **떨어져 있는 지역의 LAN끼리 통신사업자의 통신 케이블을 빌려서 연결한 네트워크**가 WAN인 거야. (그림6-2)

LAN이랑 LAN을 연결해서 만들어진 네트워크가 WAN. LAN은 자기가 만들고 WAN은 통신사업자에게 빌려서 만드는 거네요?

그런거지. LAN이 사무실 내 LAN, 빌딩 내 LAN, 구내 LAN같이 크기가 있었던 것처럼 WAN에도 서울 본사랑 부산 본사 만의 WAN, 전국의 지점을 전부 연결한 WAN, 해외지점하고 연결한 WAN같이 크기가 다르다. 그럼 그 중에서 세계적 규모로 사용되는 WAN은?

세계적 규모? 인터넷!

정답! The Internet 또는 The Net이라고 불리는 '인터넷'은 세계적 규모의 WAN의 대표라고 할 수 있지. 전 세계의 LAN, 그 LAN을 연결한 WAN, 그 WAN을 연결한 최대 규모의 네트워크가 인터넷인 거다. 그런데 인터넷을 처음 이용할 때 넷군은 어떻게 했지? 무슨 계약 같은 거 했나?

네? 그러니까… 했어요. 인터넷 제공 업체하고….

그렇군. 그러니까 '인터넷 접속 서비스'를 가진 통신사업자인 인터넷 제공 업체(Provider)[7] 와 계약을 한 거군. 그럼 LAN하고 WAN의 차이를 표로 만들어 줄 테니까 잘 보고 이해하도록. (그림6-3)

아~ 범위 뿐만 아니라 케이블을 누가 설치하는지의 차이도 있는 거네요?

그렇지. 그럼 이번에는 여기까지 하기로 하고 다음에 할까?

알겠습니다. 하루 3분 네트워크 교실이었습니다~ ♪

---

7 인터넷 제공 업체 : 인터넷 접속 서비스를 하는 업체는 ISP(Internet Service Provider)라고도 불린다.

그림 6-2 WAN

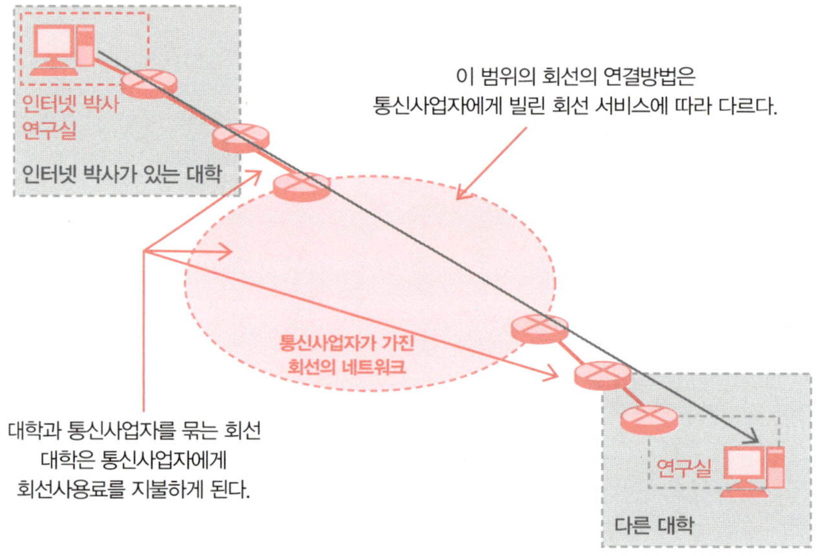

통신사업자로부터 빌린 회선(네트워크)의 구성은 계약에 따라 다르다.

① 멀티액세스 네트워크가 가능한 회선

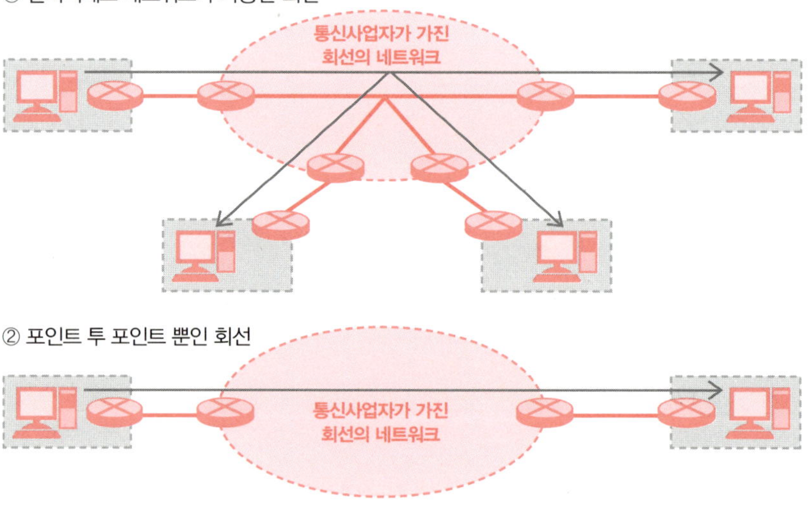

② 포인트 투 포인트 뿐인 회선

그림 6-3 LAN과 WAN의 차이

대상이 되는 범위 이외에도 차이가 존재한다.

	LAN	WAN
범위	좁다(구내)	넓다(지역 · 국가 규모)
케이블 설치	자비	통신사업자
사용요금	무료	유료
통신속도	고속	저속[*]
에러 발생률	낮다	높다[*]

* 단 WAN의 통신속도나 에러 발생률은 통신사업자와의 계약에 따라 다르다.

넷군의 오늘의 **포인트**

* 자신의 책임으로 좁은 범위에서 만드는 것이 LAN이다.

* 넓은 범위에서 통신사업자로부터 케이블을 빌려서 만들어진 것이 WAN이다.

* 세계 최대 규모의 WAN은 인터넷이다.

❋ OSI 참조 모델이란?

지금까지 회선 교환과 패킷 교환, 멀티액세스 네트워크와 포인트 투 포인트 네트워크, LAN과 WAN이라는 '데이터 통신 관련 네트워크의 구조'에 관해 얘기했지?

네. 컴퓨터 네트워크는 패킷 교환이고, 복수로 송수신할 수 있는 멀티액세스 네트워크랑 1대1인 포인트 투 포인트 네트워크가 조합하여 존재한다고 했어요. 그리고 네트워크의 범위랑 케이블의 취급 방식에 따라 LAN하고 WAN이 있다고 했어요.

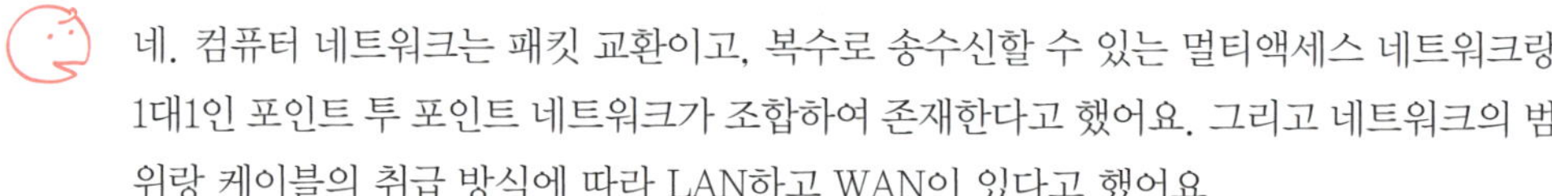

그렇지. 그래서 제3회에서 '데이터를 송수신하기 위한 규칙', 다시 말해 프로토콜(P30참조)이 필요하다고 했었는데, 이번 회부터는 그 얘기를 중심으로 설명하자.
먼저 최초 단계인 1960~1970년대에는 각 업체가 자신들의 컴퓨터끼리 네트워크를 사용해서 데이터 통신을 할 수 있도록 컴퓨터와 통신에서 사용하는 기기, 그리고 프로토콜을 자신들의 규격으로 만들었어. 그래서 다른 회사와는 규격이 달라서 호환되지 않는 경우가 많았다.

음~ 그건 좀 불편하겠는데요. 사용하는 기기를 전부 같은 회사 제품으로 통일해야 하니까요. 거기에 다른 회사 기기로 바꾸려면 전부 교환해야 한다니 사용자로서는 불만이겠는데요.

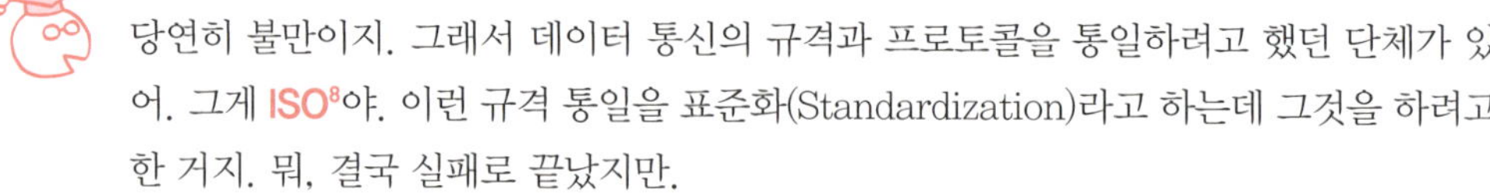

당연히 불만이지. 그래서 데이터 통신의 규격과 프로토콜을 통일하려고 했던 단체가 있어. 그게 ISO[8]야. 이런 규격 통일을 표준화(Standardization)라고 하는데 그것을 하려고 한 거지. 뭐, 결국 실패로 끝났지만.

8 ISO(International Organization for Standardization): 국제표준화기구. 공업제품 등의 규격 표준화를 실시하고 있다.

네? 실패한 건가요? 그건 곤란한데….

아무튼 이 ISO의 표준화 단계에서 선언한 것이 OSI 참조 모델[9]이라는 건데, **데이터 통신의 단계 구성도**야. 데이터 통신 전체를 표준화하기 위해서 먼저 데이터 통신 전체의 설계도를 만들려고 한 거지. 간단히 말하면 **데이터 통신을 단계로 나누어 각 단계의 순서를 명확히**하고, **이 모델에 따라 프로토콜을 정의**해서 데이터 통신을 구축하려고 한 거다.

하지만 실패로 끝났잖아요?

그야 그렇지. 하지만 이 '데이터 통신의 단계와 순서'의 설계도인 'OSI 참조 모델'은 데이터 통신을 설명하는 데 아주 유용해. 그래서 'ISO 표준화'가 실패한 지금도 데이터 통신을 설명하는데 OSI 참조 모델을 사용해서 설명하는 경우가 많다. 그럼 OSI 참조 모델에 대해 구체적으로 설명하기 전에 좀 더 쉬운 예를 들어볼까. (그림7-1)

'편지 주고받기'를 예로 드신 거네요. '편지 주고받기' 전체를 통틀어 하나로 보는 게 아니라 '내용', '표현', '전달물', '전달'로 나누어서 각각에 규칙을 정하는… 그런 뭐 평범한 거 아닌가요?

그 '평범함'이라는 것이 좀처럼 이해할 수 없는 경우가 있는 거야. '통신 규칙'이라고 하면 처음부터 끝까지 전부 한꺼번에 생각해 버리는 사람이 많거든. 그게 아니라 통신을 단계로 나눈다는 발상이 필요하다는 거야. 안그러면 '편지를 편지지에 쓰는 것'하고 '우체국에서 분류하는 것'같이 완전히 다른 작업을 같은 레벨로 봐야 하는 경우가 생기거든.

그건 말도 안 되죠. 역할도 내용도 완전히 다른데….

✳ OSI 참조 모델

그럼 실제의 OSI 참조 모델에 관해 얘기해 보자. OSI 참조 모델은 **데이터 통신을 7개의 단계로 나누는데** 이 단계를 **계층(Layer: 레이어)**이라고 부른다. (그림7-2)

그림 7-1 OSI 참조 모델

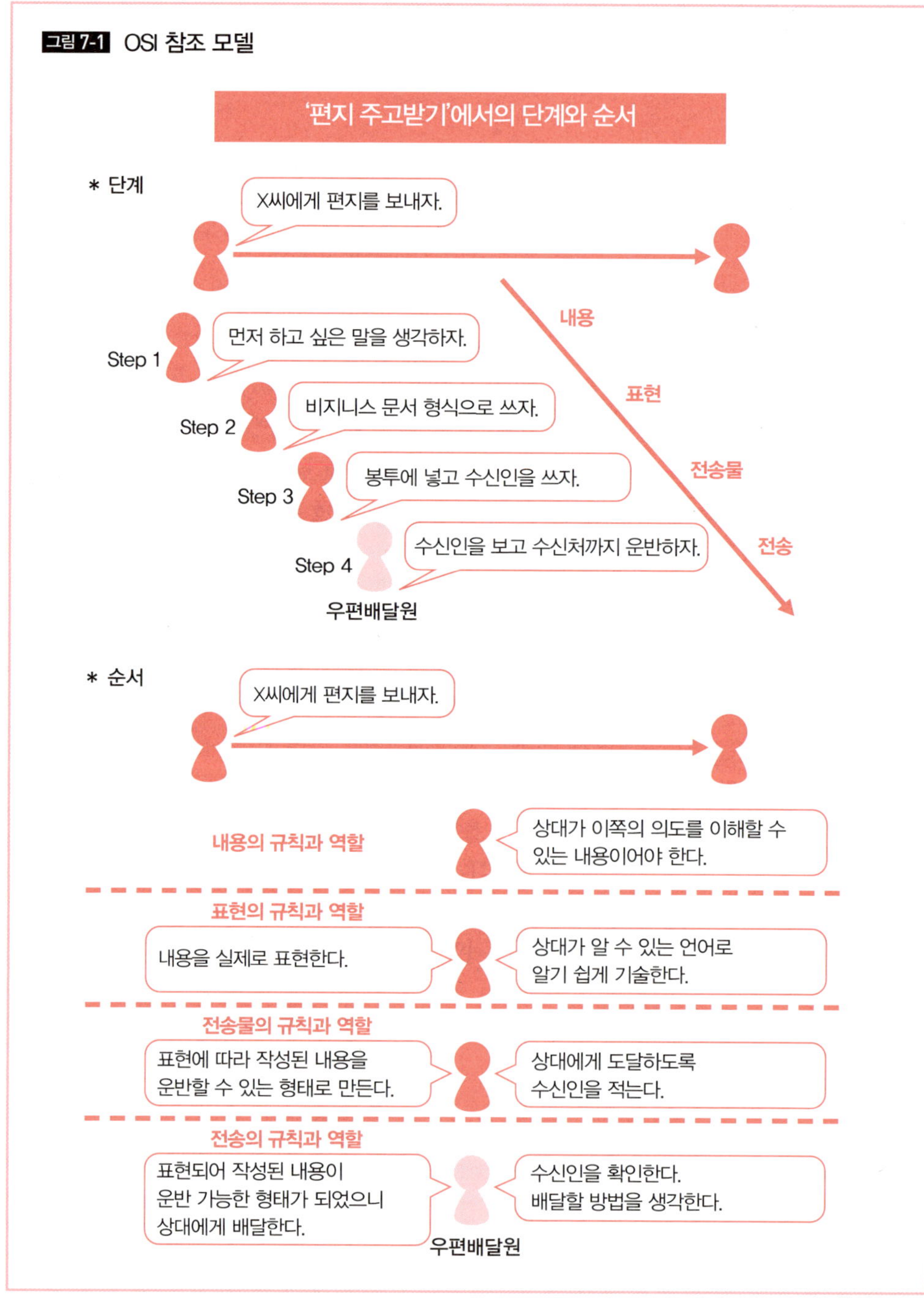

그림 7-2 OSI 참조 모델의 계층

OSI 참조 모델에서는 데이터 통신을 7개의 계층으로 나눈다.

제7계층	응용계층	사용자에게 네트워크 서비스를 제공한다.	내용표현
제6계층	표현계층	데이터의 형식을 결정한다.	
제5계층	세션계층	데이터 송수신의 순서 등을 관리한다.	
제4계층	전송계층	신뢰성이 높은(에러가 적은) 전송을 시행한다.	전송물
제3계층	네트워크계층	전송 규칙과 수신처를 결정한다.	
제2계층	데이터링크계층	인접기기 사이의 데이터 전송을 제어한다.	전송
제1계층	물리계층	전기·기계적인 부분의 전송을 시행한다.	

 7개의 계층. 위에서부터 제7계층, 제6계층…, 제1계층의 순서네요.

 제7계층은 레이어7, 제6계층은 레이어6이라고 부르기도 한다. 그리고 각 **계층마다 각각의 역할과 규칙**이 있어. 아까 말한 우편을 예로 들면 '편지지 계층'에는 '편지지의 역할'과 '편지지의 규칙'이 있다는 얘기가 되는 거야.

 아~ 예를 들어 '편지지 계층'에는 '전하고 싶은 내용을 기술하는' 역할과 '지정된 언어와 그림을 사용해서 봉투에 맞는 크기의 종이를 사용한다'는 규칙이 있다는 뭐 그런 느낌인 거네요?

 그렇지. 다시 말하면 네트워크에 의한 데이터 통신은 **단계마다의 복수의 프로토콜로 실현**된다는 거야. 그래서 OSI 참조 모델은 '단계와 순서의 설계도'라고 했던 거다(P51참조). 데이터 통신을 할 때는 7계층에서 1계층으로, 각각의 순서를 단계적으로 수행함으로써 데이터 통신이 가능해지는 거야.

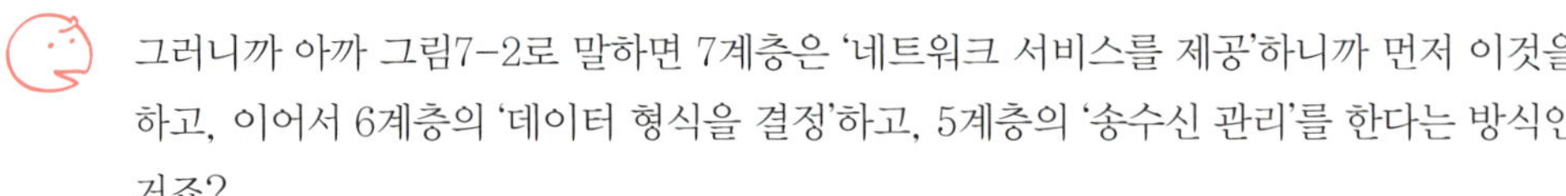

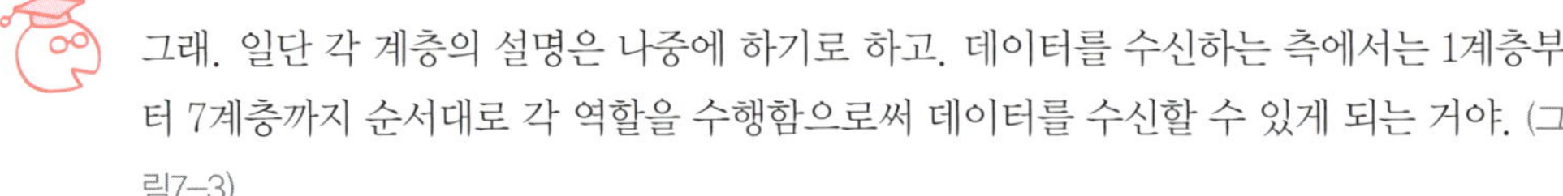

그러니까 말하자면 송신과 수신의 순서가 있어서 그 순서대로 따라가면 데이터 송수신을 할 수 있다는 거네요. 그리고, 그 순서에는 '순서7: 네트워크 서비스 제공을 위해 이것 저것을 할 것'이라고 써있는 거고요.

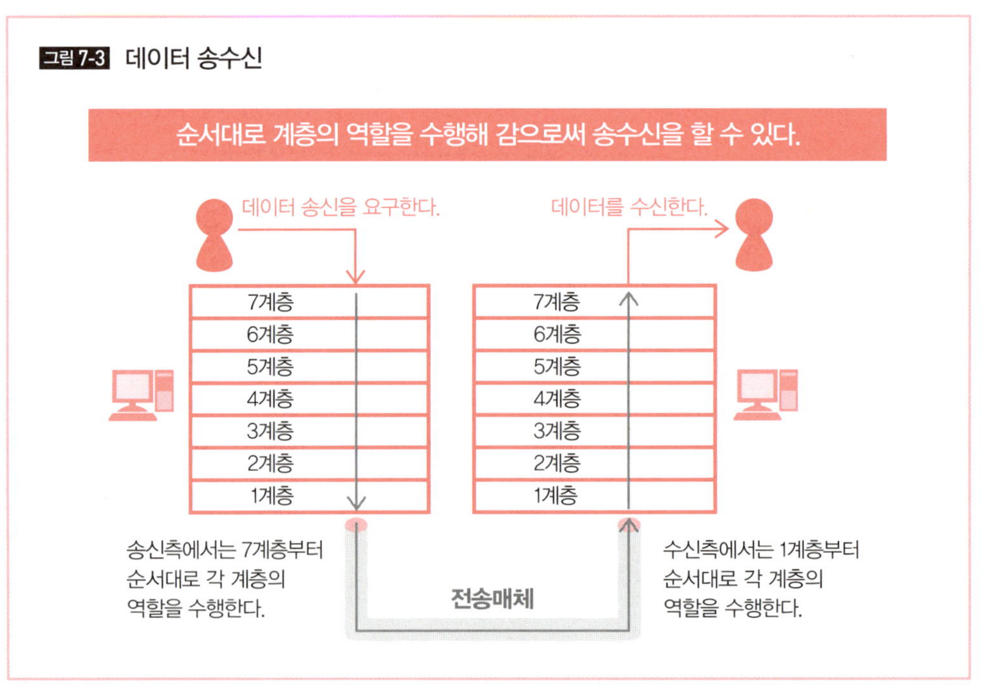

그림 7-3 데이터 송수신

 그런거지. 이해력이 나쁘지 않군. 이 OSI 참조 모델이라는 설계도를 따라서 프로토콜이 만들어지는데 이것의 장점은 **계층이 각각 독립해 있다**는 점을 들 수 있다.
예를 들어, 데이터 통신에서 '데이터 형식'을 생각하고 싶을 때는 6계층의 순서랑 프로토콜만 생각하면 되거든. 다른 계층은 생각할 필요도 없는 거지. 편지라면 '편지지'를 생각할 때는 '우편배달원'은 생각할 필요가 없다는 얘기랑 같은 거야.

그러네요. 우편배달원은 '어떻게 우편을 배달할지'만 생각하면 되지 '편지지 모양이랑 색깔'은 신경 안 써도 되니까요.

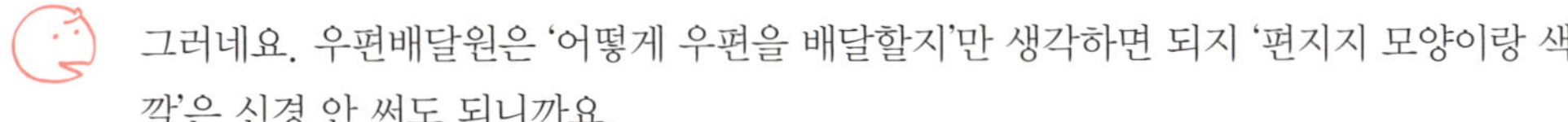 그렇지. 즉 **어떤 계층의 프로토콜 변경은 다른 계층에 영향을 끼치지 않는다**는 얘기야. 그리고 기본적으로 **하위 계층은 상위 계층을 위해서 일하고 상위 계층은 하위 계층에 관여하지 않는다.** 이것도 우편을 생각해 보면 이해하기 쉬우려나?

우편배달원은 봉투랑 편지지랑 거기에 쓰인 내용을 위해 일한다. 왠지 좀 이상한 것 같지만 그렇다고 하면 그런 것 같기도 하네요. 그리고 편지지 선택에 우편배달원은 관여하지 않는다. 하긴 일일이 우편배달원을 생각하면서 편지지를 고르는 건 아니니까요.

그럼, 알겠지? 이 '단계와 순서', '계층의 독립', '상위 계층과 하위 계층의 관계'는 정확하게 이해해 두도록 해라. 이 부분을 제대로 이해하느냐 못하느냐에 따라 네트워크 · 데이터 통신에 대한 이해도가 완전히 달라지니까. 다음 회까지 열심히 공부하도록!

네~ 열심히 하겠습니다. 하루 3분 네트워크 교실이었습니다~♪

넷군의 오늘의 **포인트**

* 데이터 통신은 OSI 참조 모델에 의한 '단계와 순서'로 이해한다.

* OSI 참조 모델은 일곱개의 계층(Layer)으로 나뉘어 있으며 각각은 독립해 있다.

* 하위 계층은 상위 계층을 위해 일하고 상위 계층은 하위 계층에 대해 관여하지 않는다.

✳ 순서의 흐름

지금까지 '데이터 통신의 단계와 순서의 설계도'인 OSI 참조 모델에 관해 설명했다. 이 OSI 참조 모델이 네트워크 이해의 열쇠라고 할 수 있으니까 정확하게 이해해 두도록!

옙! OSI 참조 모델은 7개의 계층으로 나뉘어 있고 각각의 순서와 규칙이 설정되어 있어요. 그리고 그것을 순서대로 실행함으로써 데이터 통신이 가능해지는 거예요.

음, 송신측은 7계층에서 1계층의 순서로, 수신측에서는 1계층에서 7계층의 순서대로 수행한다고 설명했지? 이번에는 이 순서의 흐름을 '데이터'에 착안해서 설명하겠다. 택배로 예를 들어 볼까?

택배요? 이번에는 편지가 아니네요.

택배 쪽이 알기 쉬울 것 같아서. 네트워크는 패킷 교환 방식이라고 했지? 소포를 영어로 하면 패킷이다. 그러니까 택배는 패킷 교환 방식의 예로 적당하다고 할 수 있어. 그럼 넷 군, 택배란 어떤 것이고, 어떤 식으로 이용되는지 말해 볼까?

어떤 것이라? 그거잖아요. 발송하고 싶은 물건을 상자에 넣어서 편의점 같은데 주면 상대방에게 배달되는 거잖아요. 먼저 보내고 싶은 물건을 준비해서 그것을 상자에 넣는 거구요.

보내고 싶은 것이 컵같이 깨지기 쉬운 것이라면 어떻게 하지?

 그야 신문지로 싸거나 뽁뽁이를 넣기도 하죠. 택배 송장에 수신처랑 발송인을 써서 편의점에 가져다 주면 택배원이 물건을 가지러 와서 배송처로 운반하구요.

 뽁뽁이? 아~ 완충재. 아무튼 물건을 가지러 온 시점에서 택배원이 수취인이 누구고 배달처가 어디인지 같은 내용을 택배 송장이라는 것에 적는다. 그 정도면 됐고, 요약하자면 다음 그림같이 되는 거야. (그림8–1)
그럼 **수취인은 반대의 순서**로 하겠지. '택배 송장을 뜯고', '상자에서 꺼낸 뒤', '완충재를 벗기면' 물건을 갖게 되는 거야.

 정말 그렇게 되네요. 반대의 순서……, 아까 OSI 참조 모델이랑 비슷하네요. 송신측은 7계층에서 1계층으로 수신측은 반대로 1계층에서 7계층으로(P54참조).

그럼 여기서 질문. 왜 이렇게 귀찮은 일을 하는 걸까? 운반할 물건을 상자에 안 넣고 그대로 보내버리면 될 텐데 말이야.

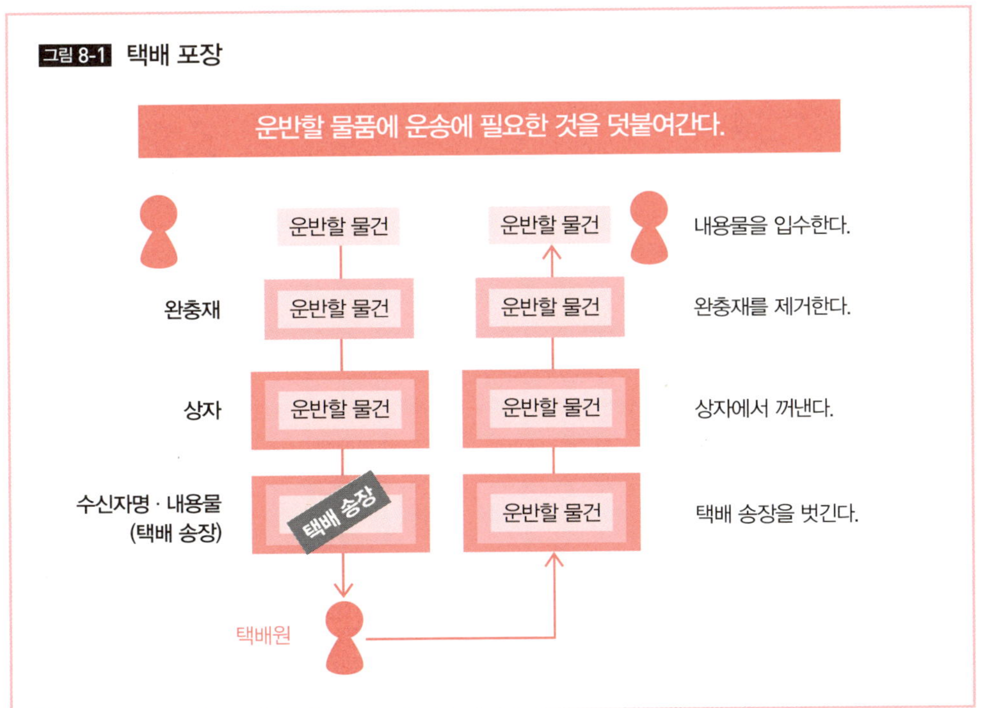

그거야 상자에 안 넣으면 부서질지도 모르고, 수신처를 안 붙이면 어디로 배달해야 할지 모르니까죠.

그렇지. 좋았어. 이건 데이터 통신도 마찬가지다. 즉 데이터를 **운반하기 위해서는 운반하고 싶은 것(데이터) 이외에 다른 것도 필요**하다는 거야.

아~ 그렇구나. 그럼 데이터 이외의 것은 어떤 걸 말하는 건가요?

수신처, 송신처의 주소. 그리고 데이터 통신을 제어하기 위한 데이터지. 패킷 교환 방식에서는 각각의 패킷에 수신처를 붙인다고 했었다(P36참조). 그리고 그것 말고도 각각의 프로토콜에서 필요한 정보를 덧붙여가야 하는 거다.

주소?

네트워크상에서의 컴퓨터의 주소를 말하는 거다. 데이터 말고도 이런 **주소 같은 것들을 데이터랑 함께 보내는** 거야. 이렇게 데이터랑 데이터를 보내기 위해 필요한 것들이 통합된 상태를 **프로토콜 데이터 유닛(Protocol Data Unit:PDU)**[10]이라고 한다.

그러니까 아까 말한 택배로 치면 보내고 싶은 것이 데이터이고 그것을 상자에 넣은 상태가 PDU인 거네요.

* 캡슐화

보내고 싶은 것(데이터)에 보내기 위해 필요한 것을 여러 가지 덧붙여서 보낸다는 것은 알았을 거라고 생각한다. 여기서 지난 제7회의 그림을 한 번 떠올려 볼까(P54참조)? OSI 모델에서는 7개의 계층을 7계층에서 1계층의 순서로 실행하는 거였다. 다시 말해 **계층이라는 단계를 실시할 때마다 거기에서 필요한 정보를 추가할 수 있다.** (그림8-2)

5계층~7계층은 한꺼번에 설명되었는데 괜찮은가요?

---

10 프로토콜 데이터 유닛: 패킷이라고 부르는 경우도 있다.

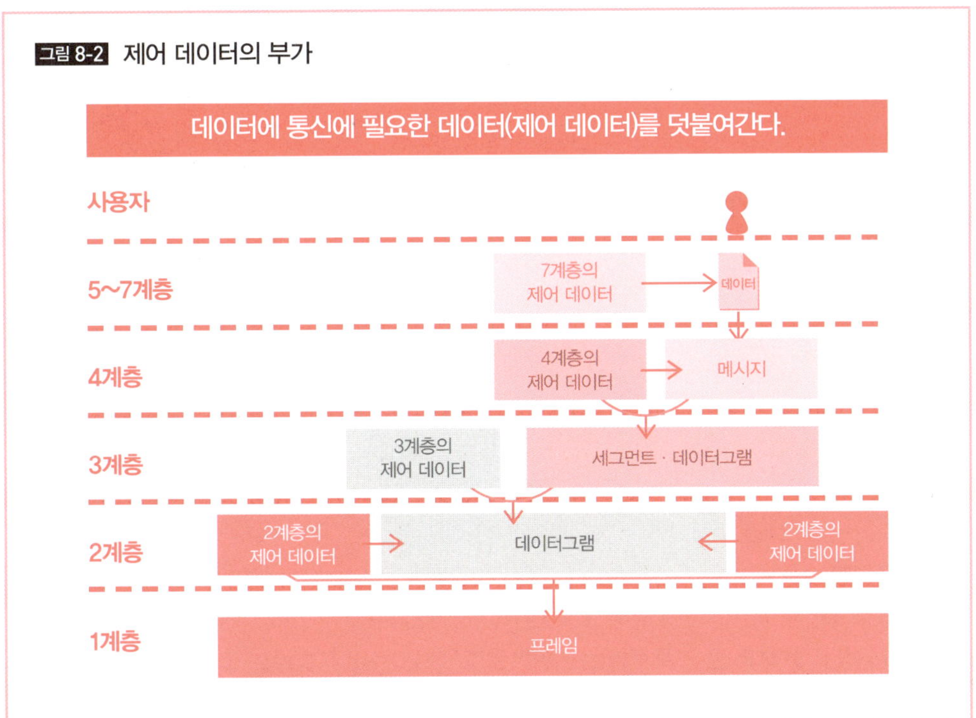

자세한 것은 나중에 말하겠지만, 5계층~7계층은 통합해도 괜찮아. 이걸로 각각의 계층에서 본래의 '리소스를 공유하기 위한' 데이터에 '통신에 필요한 정보'를 덧붙여 간다는 것은 알았을 거라고 생각한다.

메시지라던가 세그먼트, 데이터그램 같은 건 무슨 뜻인가요?

그것은 각 계층에서의 PDU의 호칭이야. 메시지에 4계층의 제어정보를 덧붙인 상태를 세그먼트 또는 데이터그램이라고 부른다. 그리고 3계층의 제어정보를 덧붙인 상태를 데이터그램이라고 부르는데 실제로는 그 앞에 프로토콜명을 붙여서 'TCP 세그먼트'라던가 'IP 데이터그램'이라고 부르는 게 일반적이야. 또는 '4계층 PDU'처럼 계층 번호를 붙여서 부르는 경우도 있어.

그러니까 '4계층 PDU=세그먼트 또는 데이터그램'이라는 거네요.

 캡슐화

운반하고 싶은 데이터에 헤더를 추가해 '캡슐'을 만들어 간다.

PDU의 호칭

계층	호칭	내용
사용자	데이터(Data)	송수신하고 싶은 데이터
7계층 PDU 6계층 PDU 5계층 PDU	메시지(Message)	데이터를 통신용으로 변환한 것과 7계층 헤더
4계층 PDU	세그먼트(Segement) 데이터그램(Datagram)	메시지와 4계층 헤더
3계층 PDU	데이터그램[*](Datagram)	세그먼트 · 데이터그램과 3계층 헤더
2계층 PDU	프레임(Frame)	데이터그램과 2계층 헤더 (2계층 꼬리부)
1계층	신호	프레임을 전송매체로 운반하기 위한 신호로 변환

* 3계층 PDU는 '패킷'이라고 부르는 경우도 있다. 다만 패킷은 PDU 자체를 가리키는 경우도 있다. 그래서 이 책에선 3계층 PDU는 데이터그램으로 통일했다.

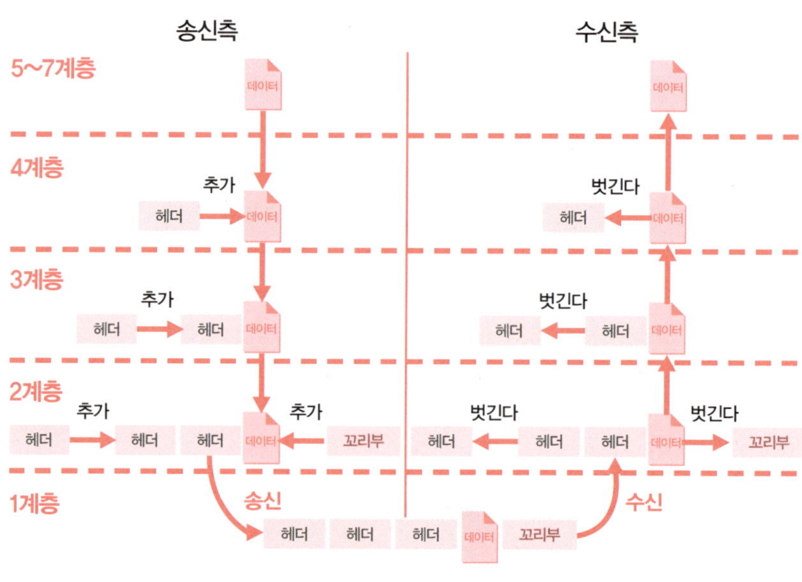

 그런거지. 이렇게 데이터에 제어정보를 덧붙여서 PDU로 완성하는 것을 **캡슐화(Encap-sulation)**라고 한다. 그리고 **수신한 쪽에서는 캡슐을 벗겨가게** 되는 거고.

 수신한 쪽에서는 순서가 반대인 거 맞죠? 1계층에서 7계층의 순서로.

 그렇지. 이 캡슐화에서 추가되는 제어 데이터 말인데, 데이터 앞에 붙이면 **헤더(Head-er)**, 뒤에 붙이면 **꼬리부(Trailer)**라고 부른다. 또한 헤더는 그 계층의 프로토콜명이나 계층의 번호를 붙여서 'TCP 헤더'라든가 '4계층 헤더'라는 식으로도 부른다. (그림8-3)

 아~ 알겠어요. 그러니까 데이터에 7계층 헤더가 붙어서 메시지, 메시지에 4계층 헤더가 붙어서 세그먼트 또는 데이터그램인 거죠?

 그렇게 되는 거지. 이 흐름은 아주 중요하니까 잊으면 안 된다. 그럼 이번에는 여기까지 하자.

 엡, 알겠습니다. 하루 3분 네트워크 교실이었습니다~♪

넷군의 오늘의 **포인트**

* 통신할 때 송신하는 것은 보내고 싶은 데이터 뿐만 아니라 제어용 정보도 필요하다.

* 계층의 순서대로 헤더가 부가되어가는 것을 캡슐화라고 한다.

* 수신한 쪽은 반대의 순서로 헤더를 벗겨서 데이터를 입수한다.

✳ 프로토콜이란?

OSI 참조 모델이라는 '단계와 순서의 설계도'에 따라 7개의 계층을 순서대로 실시해서 데이터 통신이 실행되는 거다. 그러니까 7개의 계층을 수행함으로써 데이터는 캡슐화되어서 데이터 통신이 되는 거지.

네. 데이터에 헤더를 붙여가는 거였죠. PDU가 어쩌구 세그먼트, 데이터그램 같은 게 어쩌구 였는데….

그렇지. 그래서 OSI 참조 모델을 얘기할 때도 캡슐화 얘기 때도 나온 말이 '프로토콜'이었다. 이번 회에는 이 프로토콜에 관한 얘기를 하자. 넷군! 프로토콜이 뭐였지?

그러니까, 데이터 통신을 위한 규칙이었죠? 데이터 사용이라든가 데이터 송수신 순서 같은 것을 정하는 것? 제3회에서 그런 얘기를 했었는데요(P30참조).

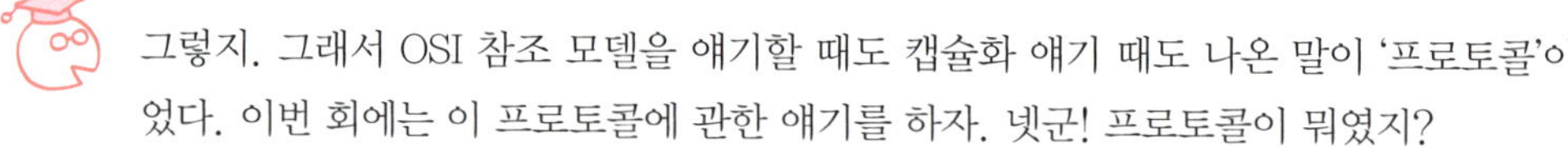

음, 확실히 그런 얘기를 했지. 그럼 복습을 겸해서 순서대로 설명해 볼까? 일단 **데이터 통신에 필요한 프로토콜은 한 개가 아니라 복수의 프로토콜로 이루어진다**는 점이다.

OSI 참조 모델의 계층마다 각 계층의 역할을 하는 프로토콜이 존재하는 거죠(P50참조)?

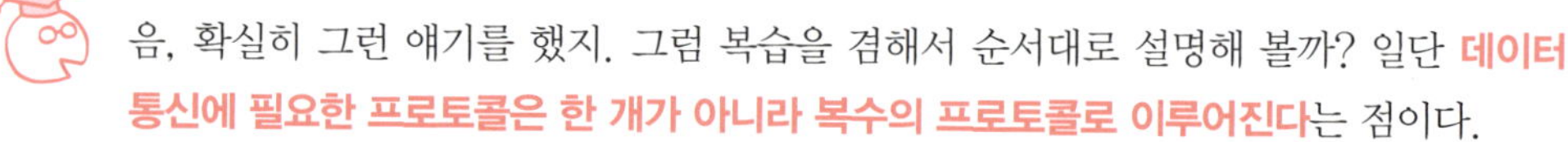

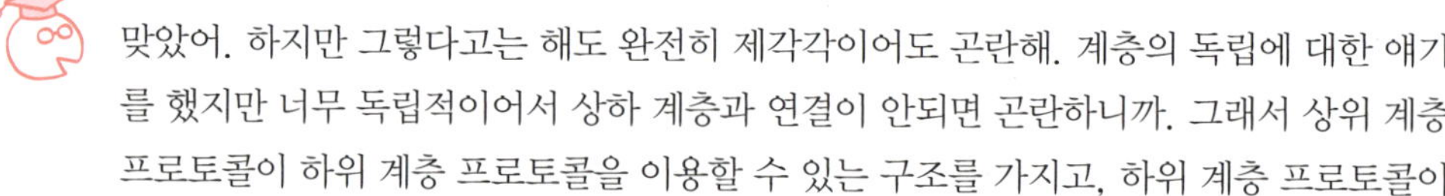

맞았어. 하지만 그렇다고는 해도 완전히 제각각이어도 곤란해. 계층의 독립에 대한 얘기를 했지만 너무 독립적이어서 상하 계층과 연결이 안되면 곤란하니까. 그래서 상위 계층 프로토콜이 하위 계층 프로토콜을 이용할 수 있는 구조를 가지고, 하위 계층 프로토콜이

상위 계층 프로토콜에 데이터를 전송할 수 있는 구조를 가질 필요가 있는 거지. 이게 인터페이스라는 구조야.

인터페이스? 케이블하고 컴퓨터의 중개역 아니었나요(P29참조)?

인터페이스는 '중개역'이라는 의미인데 케이블과 컴퓨터의 중개역을 가리키기도 하지만, 프로토콜하고 프로토콜의 중개역을 가리키는 경우도 마찬가지로 인터페이스라는 말을 사용한다. 아무튼 이렇게 상하 프로토콜에서 인터페이스를 결정해 둘 필요가 있어. 그 결과 프로토콜 그룹이 되는 거야.

프로토콜 그룹이 된다는 건 무슨 말인가요?

완전히 제각각이 아니라 상위 프로토콜과 하위 프로토콜을 연결하는 인터페이스를 갖고 있으면 7계층에서 1계층까지 연결된 프로토콜 그룹이 생기잖아. 이것을 **프로토콜군 (Protocol Suite)**이라고 부르는데, 기본적으로는 어느 프로토콜군을 사용하는지에 따라 7계층에서 1계층까지 사용하는 프로토콜이 정해지는 거야. (그림9-1)

그림 9-1 프로토콜군

각각의 계층에서 사용되는 프로토콜을 통합한 것

계층	프로토콜	
7계층	프로토콜A	← 상하의 프로토콜을 연결하는 인터페이스
6계층	프로토콜B	
5계층	프로토콜C	
4계층	프로토콜D	
3계층	프로토콜E	
2계층	프로토콜F	
1계층	프로토콜G	

(좌측: 프로토콜군)

 아~ 말하자면 사용하는 프로토콜의 그룹이라는 거군요. 계층마다 프로토콜을 제멋대로 선택하는 것이 아니라 같은 프로토콜군 중에서 계층마다 사용하는 프로토콜이 정해진다는 거네요.

 그런 얘기야. 그러니까 **데이터 통신은 같은 프로토콜군을 사용하는 컴퓨터나 기기끼리만 가능**한 거지.

✳ 프로토콜이 결정하는 것

 그럼 프로토콜이 결정하는 것에 관해서 얘기해 볼까? 프로토콜은 데이터 통신의 규칙인데 거기에서 정해지는 것은 다양하다. 우선은 기본적으로 데이터 사용 방법. 이것은 제3회에서 얘기했다(P30참조). 또 **어떤 헤더를 붙일지를 결정하는 것도 프로토콜의 역할**이야. 프로토콜에는 그 프로토콜이 있는 계층의 역할에 따른 기능이 있고 또 그것을 실현하기 위한 정보로서 헤더를 붙인다. 이 헤더의 내용은 프로토콜로 정해져 있는 거고. (그림9-2)

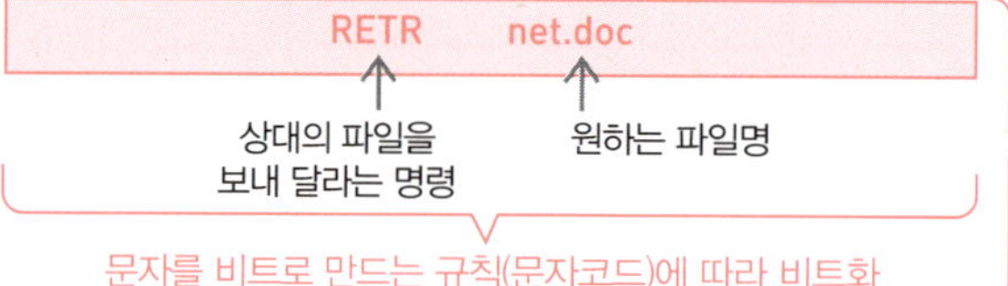

그림 9-2 헤더와 데이터를 결정한다

데이터의 내용, 헤더의 내용은 프로토콜로 정해져 있다.

데이터의 내용을 결정한다.

예: 상대가 가진 파일(net.doc)을 보내달라고 전한다.

헤더를 결정한다.

예: 3계층 헤더

 아~ 지난 회에 '주소'라는 말이 나왔었죠? 이것을 헤더에 붙인다는 둥 뭐라는 둥 그런 것도 프로토콜로 정해져 있다는 건가요?

 그래. 어떤 헤더를 붙일지는 프로토콜에 따라 각각 다른데 이건 다음에 얘기하기로 하자. 그 밖에 **데이터를 주고받는 순서**도 프로토콜로 정해져 있어. A라는 데이터를 보내면 받은 쪽에서는 B라는 데이터를 보낸다는 식으로 말이지.

 '잘 지내세요?'하고 보내면 '덕분에요.'라고 답한다는 식으로 정해둔다는 거네요.

 그건 인사 프로토콜이 되겠군. 뭐 그 정도 이해했으면 된 걸로 하자. 프로토콜에는 지금 넷군이 말한 것처럼 인사 같은 내용도 있지만, 현재의 상태를 전하는 것도 있고 에러의 수정이나 사용 설정을 위한 협의 같은 것도 있다. (그림9-3)

그림 9-3 데이터와 데이터 송수신을 결정한다

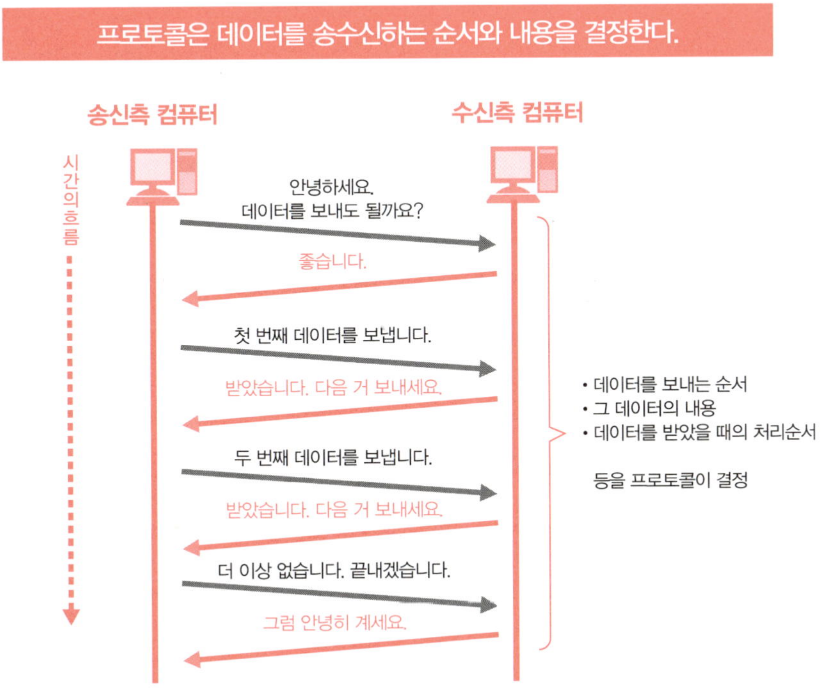

'데이터의 내용을 결정'하고, '헤더를 결정'하고, '송수신 순서를 결정'하는 것이 프로토콜이라는 거군요.

그렇지. 아까도 설명한대로 데이터 통신을 하는 컴퓨터와 기기는 동일한 프로토콜군을 사용해야만 하는 거야. 이런 프로토콜군을 통일하려 한 것이 ISO인데 OSI 참조 모델에 따라서 몇 개의 프로토콜을 제정했다. 이것이 OSI 표준 프로토콜군이라고 불리는 프로토콜군이야. 그런데 결국 이것은 실패했지만.
현재 이 OSI 프로토콜을 대신해 가장 많이 사용되는 것이 **TCP/IP 프로토콜군**인데 이게 **인터넷에서 사용되는 프로토콜군**이다.

그러니까 인터넷에서 사용되는 프로토콜군이라는 말은 인터넷을 사용하려고 하는 컴퓨터나 기기가 TCP/IP 프로토콜군을 사용해야 한다는 의미인거죠?

그런 거지. 인터넷이 발전하게 되면서 이 TCP/IP 프로토콜군이 현재의 데이터 통신의 표준 프로토콜, 그러니까 정확하게 말하면 **사실표준(De Facto Standard)** 프로토콜이 된 거다.

사실표준? 표준?

'표준'은 제정된 규격을 말하는 거야. TCP/IP 프로토콜군을 사용하는 컴퓨터 및 기기가 압도적으로 많아서 실제로 제정된 표준규격은 아니지만 표준규격처럼 사용할 수 밖에 없는 상태가 된 것을 말하는 거다. (그림9-4)
TCP/IP 프로토콜군에 대해서는 다음 회에서 조금 더 얘기하자. 그럼 이번에는 여기까지.

알겠습니다. 하루 3분 네트워크 교실이었습니다~♪

그림 9-4 표준과 사실표준

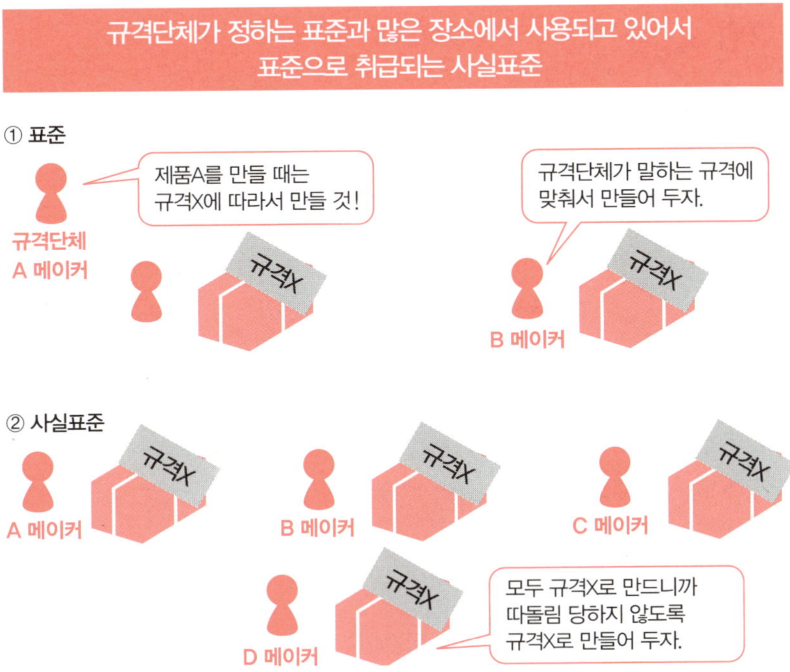

넷군의 오늘의 **포인트**

* 계층마다 존재하는 프로토콜 그룹을 프로토콜군이라고 한다.

* 프로토콜은 '데이터의 내용을 결정'하고, '헤더를 결정'하고, '송수신 순서를 결정'한다.

* 사실표준으로써 TCP/IP 프로토콜군이 사용된다.

＊ TCP/IP 모델

몇 회에 걸쳐 OSI 모델과 캡슐화 그리고 계층과 프로토콜군에 대해 얘기했다. 지난 회가 끝날 때 TCI/IP 프로토콜군에 대해 얘기했었지?

네. 인터넷에서 사용되는 프로토콜인데 사실상의 표준이라고 했어요.

이번 회에는 TCP/IP 프로토콜군에 관해 설명할게. 먼저 이 TCP/IP말인데 이것은 **IETF (the internet Engineering Task Force)**라는 단체가 제정했어.

더 인터넷 엔지니어링 태스크 포스. '인터넷 공학 임무 부대'?

잠깐잠깐. 미국 항공모함 기동부대같은 게 아니야. '국제인터넷표준화기구'라고 하는 거다. 여기에서 제정하는 문서는 **RFC(Request For Comments)**라고 불리는데 이게 규격이 되는 거야.

리퀘스트 포 코멘트? '코멘트 해 주세요.'라는 건가요? 웃기는 이름이네요.

'이런 걸 만들었는데 어때요?' 같은 느낌으로 기술 문서를 공개해서 의견을 모은 뒤에 보다 더 좋은 것으로 만들겠다는 생각에서 붙인 이름인 모양인데……. 아무튼 이 IETF의 RFC에 의해 정해져 있는 것이 TCP/IP 프로토콜군이고 이것들은 **TCP/IP 모델**이 베이스가 된 거다.

TCP/IP 모델? OSI 참조 모델 같은 '단계와 순서의 설계도'를 말씀하시는 건가요?

그래. OSI 참조 모델이라는 '단계와 순서의 설계도'에 따라 OSI 표준 프로토콜군이 정해진 것처럼 TCP/IP 모델에서 TCP/IP 프로토콜군이 만들어지는 거다. 다음 그림이 TCP/IP 모델이야. (그림10-1)

계층이 4개라고요? 그러니까 OSI 참조 모델의 5계층~7계층이 TCP/IP 모델의 애플리케이션계층으로 통합되고, OSI 참조 모델의 1계층~2계층이 TCI/IP 모델의 인터페이스계층으로 통합되었다는 건가요?

OSI 참조 모델하고 비교해서 설명하는 편이 이해하기 쉬울 것 같아서 그렇게 했지만 사실은 TCP/IP 모델하고 OSI 참조 모델은 전혀 관계가 없어. 전에도 말했지만 OSI 참조 모델은 OSI 표준 프로토콜군을 만들기 위한 설계도라서 TCP/IP 프로토콜군에는 아무런 영향도 없거든. 다만, '데이터 통신'이라는 관점에서 생각할 때 그저 비슷한 모델이라는 얘기인 거다. 예를 들면 OSI 참조 모델의 3계층하고 TCP/IP 모델의 인터넷계층은 비슷하기는 하지만 동일하지는 않거든.

그런 거군요. 그럼 어느 한쪽만 가르쳐주시면 좋을 텐데….

그림 10-1 TCP/IP 모델

TCP/IP 프로토콜군을 위한 4계층 모델

TCP/IP 모델			OSI 참조 모델	
4계층	애플리케이션계층		7계층	응용계층
			6계층	표현계층
			5계층	세션계층
3계층	트랜스포트계층		4계층	전송계층
2계층	인티넷계층		3계층	네트워크계층
1계층	인터페이스계층		2계층	데이터링크계층
			1계층	물리계층

음~ 물론 한쪽만 가르쳐줄까도 생각했지. 데이터 통신은 OSI 참조 모델 쪽이 이해하기 쉽지만… 그렇다고 사실표준인 TCP/IP 모델을 무시할 수도 없는데다 실제로 지금부터 설명할 것은 TCP/IP 프로토콜군이라서 말이야. 이건 좀 고민되는 문제였지.

✽ TCP/IP 프로토콜군

그럼 이 TCP/IP 모델로 만들어지는 TCP/IP 프로토콜군 말인데, 실로 다양한 프로토콜이 제정되어있는 데다 인터넷 발전과 기술향상에 따라 지금도 계속 새로운 프로토콜이 만들어지고 있다. 기본적인 것 중 몇 가지만 말해 볼까? (그림10-2)

어디서 들은 것 같기도 한데? HTTP라는 건 홈페이지를 볼 때 'http://'라고 입력하는 그 건가요?

그림 10-2 TCP/IP 프로토콜군

인터넷에서 사용되고 있는 프로토콜		
4계층	애플리케이션계층	HTTP(Hyper Text Transfer Protocol: 홈페이지 열람) FTP(File Transfer Protocol: 파일 전송) SMTP(Simple Mail Transfer Protocol: 전자메일 송수신) 등
3계층	트랜스포트계층	TCP(Transmission Control Protocol) UDP(User Datagram Protocol)
2계층	인터넷계층	IP(Internet Protocol) ARP(Address Resolution Protocol)
1계층	인터페이스계층	이더넷(Ethernet) 프레임 릴레이(Frame-Relay) PPP(Point-to Point Protocol) 등

각 프로토콜에 대해서는 차차 외우면 돼. 잠깐! 여기서 주의할 점이 있는데 인터페이스계층의 프로토콜에 써있는 '이더넷'등은 정확하게 말하면 TCP/IP 프로토콜군이 아니야. 단지 TCP/IP 프로토콜군이 이들 인터페이스계층의 프로토콜을 이용할 수 있다는 의미다.

아~ 그래요? 그럼 혹시 트랜스포트계층의 TCP하고 인터넷계층의 IP, 이 둘이 TCP/IP인가요?

맞아. 프로토콜군의 핵심적인 존재로 사용되는 TCP하고 IP라는 2개의 프로토콜에서 프로토콜군이라는 이름이 지어진 거야. 참! 이 강의는 **기본적으로 TCP/IP 프로토콜군을 이용한 네트워크에 관해 설명**하는 거였다.

사실표준이니까 빼놓을 수 없겠네요.

그렇지. 그럼 1장을 좀 정리해 볼까? 1장에서는 먼저 '네트워크란 무엇인가', '네트워크 사용의 장점'에 관해 설명했다.

'무언가와 무언가가 무언가에 의해 연결되어서 무언가를 운반한다.', '리소스를 공유한다.'였죠?

그렇지. 그리고 네트워크로 실행하는 '데이터 통신'하고 거기에 필요한 기기, 또 어떻게 '파이프'를 연결하는지에 관해 얘기했었지?

회로 교환이랑 패킷 교환. 멀티액세스 네트워크랑 포인트 투 포인트 네트워크였던가요? 그리고 LAN하고 WAN 얘기도 나왔어요.

그랬지. 이것들은 말하자면 '기기와 파이프'라는 실제로 배치되는 물리적인 요인에 대한 얘기였던 거다. 기기를 어떻게 배치해서 어떻게 파이프에 연결할지에 관한. 그러니까 '네트워크를 어떻게 구축해 갈지' 같은 얘기인 거지. 그리고 거기에 덧붙여서 '통신을 하기 위한 규칙'에 대한 얘기도 했다.

OSI 참조 모델하고 캡슐화죠? 또 프로토콜에 대해서도.

그림 10-3 네트워크의 구축과 순서

네트워크의 배치와 그 순서와 규칙

네트워크의 형태

항목	종별	
회선 연결법	회선을 바꾸어 연결하는 회선 교환	패킷을 개별적으로 보내는 패킷 교환
회선의 분배	도중에 분배해서 복수로 연결되는 멀티액세스 네트워크	분배하지 않고 1대1로만 연결되는 포인트 투 포인트 네트워크
규모와 형태	자비로 부설하는 구내 한정 네트워크 LAN	통신사업자의 통신 서비스를 빌린 광범위 네트워크 WAN

기본적인 패킷 교환 네트워크의 구성

OSI 참조 모델

7계층	응용계층	사용자에게 네트워크 서비스를 제공한다.	내용표현
6계층	표현계층	데이터의 형식을 결정한다.	
5계층	세션계층	데이터를 주고받는 순서 등을 관리한다.	
4계층	전송계층	신뢰성이 높은(에러가 적은) 전송을 한다.	전송물
3계층	네트워크계층	전송 규칙이나 수신처를 결정한다.	
2계층	데이터링크계층	인접 기기에 대한 데이터 전송을 제어한다.	전송
1계층	물리계층	전기 · 기계적인 부분의 전송을 실시한다.	

프로토콜: 통신을 실시하기 위한 규칙. 계층마다 그 역할을 하는 프로토콜이 있다. 모델과 일치하는 복수의 프로토콜을 프로토콜군이라고 부른다.

캡슐화: 각 계층에서 상위 계층에서 오는 데이터에 그 역할을 수행하기 위해 필요한 제어정보를 추가해 간다. 이것은 프로토콜로 결정되어 있다.

그래. OSI 참조 모델이라는 설계도에 따라 '프로토콜'이라는 통신상의 규칙이 정해지고 그것에 따라서 데이터 통신이 실행된다. 이것은 '네트워크에서 어떤 순서로 통신할지'하는 얘기로 이어지는 거고. '구축'과 '순서' 둘 다 중요해서 어느 한쪽만 없어도 네트워크로 썬 동작하지 않는다. (그림10-3)

파이프랑 기기 배치에 의한 '구축', 그리고 모델과 프로토콜에 의한 '순서'. 이 두 가지죠? 대~충 알겠습니다. 음… 알 것 같습니다….

이제 와서 모르겠다고 하면 안 되지. 아무튼 이것으로 1장은 끝이다. 1장은 '네트워크의 기초 지식'에 대해 얘기한 셈인데 다음 회부터 시작되는 2장에서는 OSI 참조 모델의 계층을 하위 계층부터 순서대로 설명하기로 하자. 먼저 1계층과 2계층부터 시작한다.

'물리계층'하고 '데이터링크계층'이네요.

그렇게 되겠지. 그럼 이번에는 여기까지.

네~네. 하루 3분 네트워크 교실이었습니다~ ♪

넷군의 오늘의 **포인트**

* TCP/IP 모델에서 TCP/IP 프로토콜군이 제정되었다.
* TCP/IP 모델은 4개의 계층으로 이루어진다.

보충 ① 표준화 단체에 대해 알아 두자

안녕하세요. 인터넷 박사의 딸 '하루'예요. 이 칼럼에서는 '하루 3분 네트워크 교실'의 본문에서는 자세하게 말하지 않았던 부분에 대해 좀 더 상세하게 설명할게요. 네트워크랑 컴퓨터 용어, 쉽게 안 외워지죠? 용어 중에서도 특히 '규격' 같은 건 번호가 쭉 쓰여 있는 것도 있고 해서 감이 잘 안 와요. 이런 규격은 국제적인 표준화 단체 이름이 붙어있는 경우가 많은데 여기서는 그런 표준화 단체와 주된 규격에 대해 소개할게요.

★ ISO(International Organization for Standardization)

국제 표준화기구. 국제적인 공업규격 단체예요. 네트워크에서는 OSI 참조 모델에서 나왔어요. 이 밖에도 서비스 품질규격인 ISO9000이랑 환경과 관련된 ISO4000등이 유명해요.

★ ITU(International Telecommunication Union)

국제전기통신연합. 통신 분야 특히 전화 분야에서는 권위를 가진 표준화 단체예요. ITU 중에서도 전기통신표준화 부문은 ITU-T라고 불리는데 모뎀(V.90)이나 TV회의(H.32) 등이 유명하죠. 알파벳 한 글자로 시작하는 규격은 대체로 여기에 속해요.

★ IEEE(The Institute of Electrical and Electronics Engineers)

전기전자학회. LAN의 규격, IEEE802.3이랑 IEEE802.11로 익숙할 거예요. LAN은 IEEE의 802 위원회라는 곳에서 규격화하기 때문에 반드시 'IEEE802'가 붙어요.

★ IETF(The Internet Engineering Task Force3)

인터넷 기술특별위원회. 인터넷 기술의 표준화를 제정하는 상당히 개방적인 조직이에요. 여기에서 작성되는 규격은 기술문서라는 형태로 공개되고 RFC(Request fo Comments)라고 불려요. TCP, UDP, IP 등등 여기서 모두 RFC로 만들어지죠. 인터넷상에서 이 RFC를 볼 수 있으니까 한 번 보는 것도 재미있을 거예요. 농담 같은 것이 섞여 있기도 하거든요. 영어로 쓰여있기는 하지만….

그 밖에도 네트워크 표준에 관한 단체는 다양하게 있어요. 한번 조사해 보는 것도 괜찮을 것 같아요.

2장

신호의 전송과 충돌

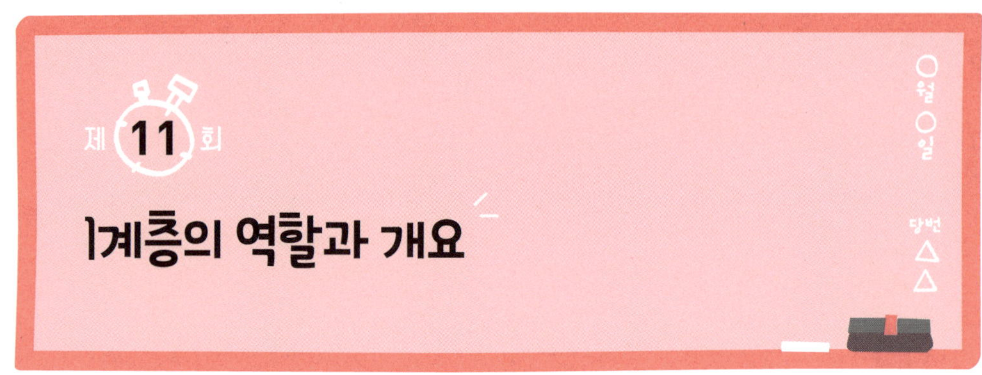

1계층의 역할과 개요

✳ 전기·기계적인 전송

1장에서는 '네트워크의 기초 지식'인 네트워크의 구축과 순서, 단계에 대해서 이야기했다.

아…. 그게, 그랬던가? 그렇죠, 맞아요. 그렇습니다. 물론 기억하고 있죠. 그러니까… 프로토콜?

음…넷군에게는 나중에 산더미 같은 복습 과제를 내야겠군. 이번 회부터는 OSI 참조 모델에 대해 하위 계층부터 순서대로 설명하기로 하자.

하위 계층부터라는 말씀은 이번이 첫 회니까 가장 아래의 1계층이 되겠네요. 순서로는 송신측에서는 마지막으로 수행하고 수신측에서는 가장 먼저 수행되는 계층이었던가?

맞아. 그럼 1계층부터 순서대로 알아볼까? 1계층의 역할은 뭐였더라?

어~ 분명히 '전기·기계적인 전송을 수행한다.'였던 것 같은데(P53참조). 전기·기계 전송? '그게 뭔데?'라고 할 것 같기는 하지만요.

그렇겠군. 그럼 거기서부터 시작하자. 전에 설명했던 것을 떠올렸으면 좋겠는데, 송신측은 7계층부터 순서대로 역할을 수행해서 마지막이 1계층이었지(P54참조)?

그랬죠. 그래서 데이터가 '파이프'를 지나서 수신처에 도달하는 거잖아요. 그럼 수신측은 1계층부터….

 잠깐! '데이터가 파이프를 지나서' 바로 거기에 주목. 파이프는 통신 매체라고 했지? 그러니까 1계층은 통신 매체에 데이터를 보내는 것과 그 데이터가 지나는 것에 대한 순서와 규칙이야. 통신 매체란 케이블을 말하는데, 이 케이블에 대한 규칙도 1계층에서 정해져 있다. 또, 1장에서 이 케이블에 데이터를 '보낸다'고 설명했었는데 실제로 어떻게 '지나가는' 걸까?

그러니까, 지금까지는 '파이프에 보낸다.'같은 그런 개념이었으니까 말하자면 액체가 흘러 가는 것 같은 느낌?

개념은 그걸로 됐군. 하지만 실제로는 액체가 아닌 **신호**의 형태야. 이것도 1계층의 범위에 속한다. 기본은 컴퓨터 같은 기기끼리 연결하는 '케이블'하고 데이터인 '신호', 이 두 가지다. 즉, **케이블이 연결되어 있는 기기에 신호를 전달하는 것이 1계층의 역할**이다. 이것을 위해서 몇 가지의 '규격'과 '규칙'이 정해져 있어. (그림11-1)

케이블이 연결되어 있는 기기에 대한 신호 전달…, 케이블은 '파이프'고 신호는 '데이터'였으니까. 파이프가 연결되어 있는 상대에게 데이터를 보낸다?

그런 뜻이다. 즉, 1계층의 역할을 통해서 수신처에 데이터를 전달할 수 있게 되는 거지. 반면, 2계층부터 상위 계층은 '데이터를 보내기 전에 어떤 것을 할지', '데이터가 도달한 뒤에 어떤 것을 할지'를 생각하는 거야.

'데이터를 전달'하는 일은 1계층의 역할이고, '전달하기 전'과 '전달한 후'의 일을 하는 것이 2계층 이상의 역할이라는 거군요. OSI 참조 모델이라면 통신의 순서와 단계가 나뉘어 있다고 생각하는 거네요(P53참조).

* 통신 매체

그럼 1계층의 포인트인 '케이블'과 '신호'에 관해 얘기해 볼까? 먼저 '케이블' 즉, '통신 매체'인데, 기기와 기기 사이를 연결해서 **신호가 지나는 '파이프' 역할을 하는 것이 통신 매체**다. 이것은 크게 '유선'하고 '무선'으로 나눠진다.

 유선은 '선이 있으니까' 케이블을 사용하는 거고, 무선은 '선이 없으니까' 케이블을 사용하지 않는 방식인 거네요.

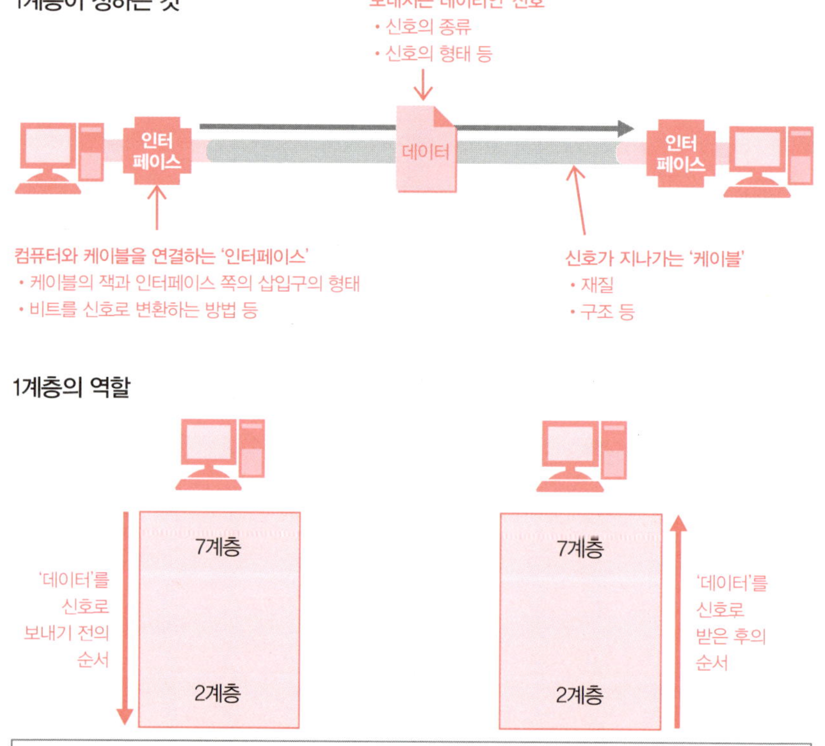
그림 11-1 1계층의 역할

'파이프'인 케이블과 거기로 보내는 신호 등의 규칙에 따라
실제로 상대에게 '데이터'를 전달하는 역할을 한다.

1계층이 정하는 것

보내지는 데이터인 '신호'
· 신호의 종류
· 신호의 형태 등

인터
페이스

데이터

인터
페이스

컴퓨터와 케이블을 연결하는 '인터페이스'
· 케이블의 잭과 인터페이스 쪽의 삽입구의 형태
· 비트를 신호로 변환하는 방법 등

신호가 지나가는 '케이블'
· 재질
· 구조 등

1계층의 역할

7계층

2계층

'데이터'를
신호로
보내기 전의
순서

7계층

2계층

'데이터'를
신호로
받은 후의
순서

1계층

1계층

인터
페이스

인터
페이스

데이터(비트)를
신호로 변환

신호 전송

신호를 비트로
변환

신호로 상대에게 데이터를 전한다. = 1계층의 역할

그렇지. 그런데 유선을 사용하는 것이 일반적인 방식이야. 유선은 케이블을 사용해 신호를 보냄으로써 수신처까지 데이터가 도달하는 방식인데, 이 케이블에는 **전기신호를 사용하는 동선과 광신호를 사용하는 광파이버**가 있어. 둘 다 많이 사용되지만 일반 가정이나 기업에서 보는 것은 아마 동선케이블일거다.

이 연구실에서 사용하는 것은 동선케이블이죠? 우리 집에서 사용하는 것은 아~ 뭐였더라?

아마 동선일거야. 동선 케이블이라도 현재 사용되고 있는 것은 **UTP(Unshielded Twist Pair cable)**야. (그림11-2)

유티피? 아~ 맞아요. 집에서 사용하는 게 분명히 그걸 거에요. 8개의 동선이 뭉쳐서 케이블 한 개가 된 그거 말씀하시는 거죠?

그래. **UTP는 두 개가 한 쌍인 동선 네 쌍으로 이루어져 있는데**, 이 UTP가 현재 일반적으로 LAN에서 사용되는 케이블이야. 광파이버 케이블도 옛날에 비하면 보급되기 시작했지만 UTP쪽이 압도적으로 많아. UTP가 사용하기 훨씬 편리하거든. 광파이버는 신호의 안정과 통신속도에서는 뛰어나지만 굽히기가 어려워. 그에 비해 UTP는 비교적 굽히기 쉬운 편이라 좁은 곳에 배선하기가 수월하거든.

아, 그런가요? 그런데 통신속도라는 건 뭔가요?

그건 신호 얘기할 때 알려줄게(P84참조). 아무튼 이 케이블에 신호를 보냄으로써 데이터가 전달되는 거야. 그리고 그 케이블에 신호를 보내고 받는 기계가 전에도 설명한 인터페이스다(P29참조). 네트워크에 사용되는 기기는 사용할 케이블과 케이블에서 사용할 신호에 맞춘 인터페이스가 필요해.

인터페이스는 컴퓨터와 케이블의 중개역이었죠? 신호를 케이블로 보내고 전달된 신호를 받는 역할요.

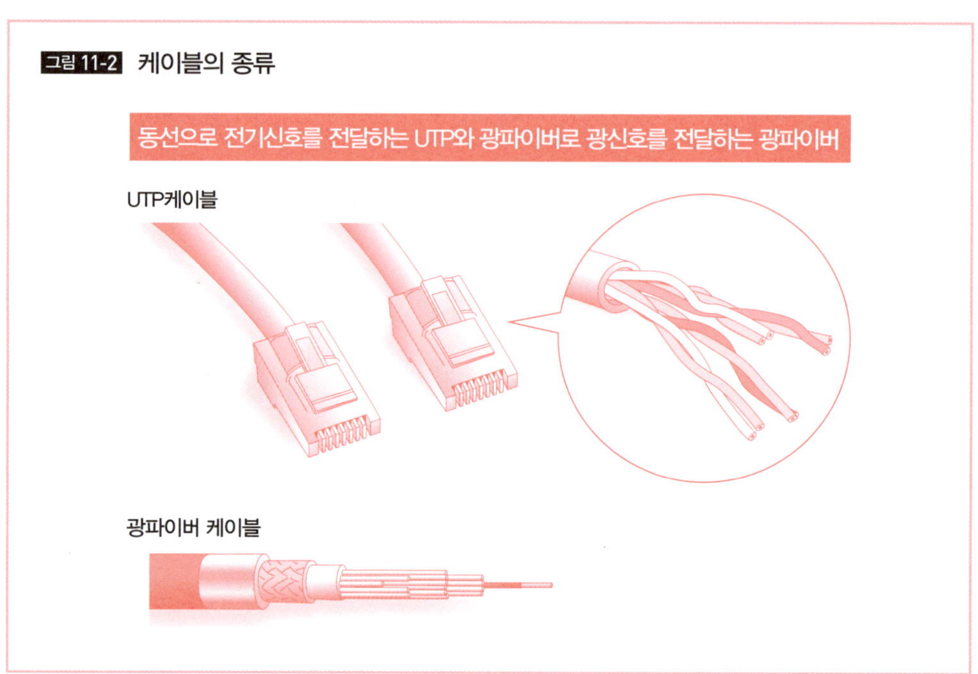

정확하게 말하면 컴퓨터가 보내고 싶은 데이터를 케이블에 맞는 신호로 변환해서 케이블로 보내고, 케이블에서 보내온 신호를 컴퓨터에서 사용하는 데이터로 변환하는 기계야. 컴퓨터에서 사용되는 인터페이스로는 LAN용 케이블에 접속하기 위한 **NIC(Network Interface Card)**[1]가 일반적이다.

엔아이씨… 닉? 내 컴퓨터에 그런 게 달려있었나? 그럼 LAN용이라는 말은 NIC는 WAN에서는 사용할 수 없다는 얘기인건가요?

최근의 가정용 PC는 대부분 처음부터 이 NIC가 부착되어 있어서 별도로 붙이는 경우는 거의 없어. 거기다 WAN의 경우 통상적으로 PC에는 NIC를 부착하지 않고 **DCE(Data Circuit terminating Equipment: 회선종단기기)**라는 별도의 신호 변환기를 사용하니까. (그림11-3)

LAN의 경우는 PC에 달려 있는 인터페이스 NIC에서 송신하는 거고, WAN의 경우는 PC의 인터페이스에서 DCE로 신호를 보내면 DCE가 WAN의 케이블에 맞는 신호로 다시 변환한다는 거군요.

---

1 NIC: LAN카드, LAN포트라고도 불린다.

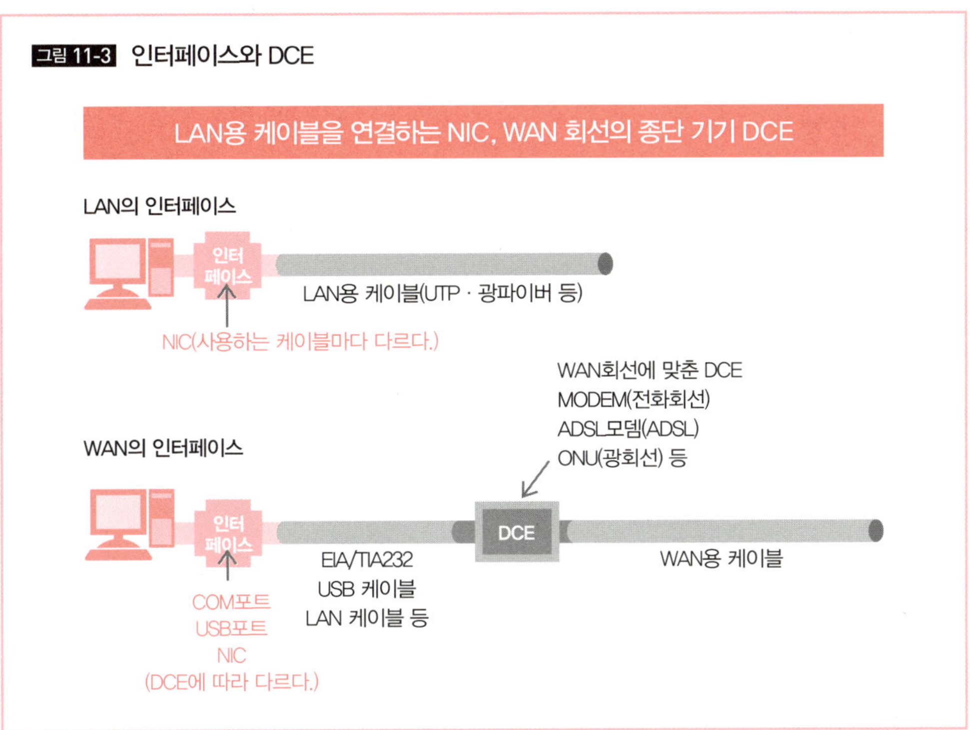

그럼 이번에는 여기까지. 다음부터 본격적으로 얘기해 보자.

알겠습니다. 하루 3분 네트워크 교실이었습니다~♪

넷군의 오늘의 포인트

* 1계층의 역할은 케이블이 연결되어 있는 기기에 신호를 전달하는 것이다.

* 1계층의 역할에 의해 상대에게 데이터가 전달된다.

* 통신 매체에는 유선과 무선이 있고 유선에는 동선 UTP와 광파이버가 있다.

** 신호

지난 회에는 '1계층의 역할과 개요'에 관해 설명했다. 1계층은 수신처 기기에 '데이터'인 신호를 보내는 역할을 한다. 즉, 1계층이 신호를 보내고 2계층 이상의 계층은 신호를 보내기 위한 순서랑 신호가 도달한 후의 순서가 되는 거고.

네. 1계층은 통신 매체와 신호라고 하셨어요. 통신 매체는 신호를 보내는 '파이프'인데 무선과 유선이 있고, 유선은 동선과 광파이버가 있다는 얘기였어요. 그리고 인터페이스에 대한 얘기도 하셨어요.

그렇지. 인터페이스를 설명할 때 '데이터'를 신호로 바꾸어 케이블에 보내고 케이블로부터 받은 신호를 '데이터화'하는 것이 인터페이스라는 얘기도 했다. 그럼 '데이터'는 뭐라고 했지? 그리고 어떤 식으로 표현되는 거였더라?

음… '컴퓨터상에서의 리소스를 공유하기 위한 정보'요. 표현은 비트(P27참조)?

그래. 그래서 컴퓨터와 통신 매체를 중개하는 **인터페이스는 비트를 신호로, 신호를 비트로 변환하는 기기**라고 하는 거야. 신호에는 **아날로그 신호와 디지털 신호**가 있다. 아날로그는 '파장', 디지털은 'ON과 OFF'로 생각하면 이해하기 쉬운데 현재 통신에서 사용되는 것은 압도적으로 디지털 신호가 많아. 왜냐하면… 그런데 넷군! 비트가 뭐지?

비트는 '0'이나 '1' 중에서 어느 한쪽의 값만을 가지는 거였잖아요(P27참조). 이 비트를 여러 개 나열해서 '00001'이 '가'라는 식으로 정보를 저장한다는 거 아니었나요?

 맞았어. 비트는 '0'이나 '1'이야. 반면 디지털 신호는 'ON'이나 'OFF'지. 예를 들어 '0'을 'OFF', '1'을 'ON'이라고 하면 신호 하나로 비트 하나가 되는 거야. 그래서 비트는 표현하기 쉬운 디지털 신호로 사용되고 있는 거다. (그림12-1)

 아~ 전기신호의 경우 '전압이 있다'가 '1'이고 '전압이 없다'가 '0'이라고 정해 두면 '있다있다있다없다'로 올 경우, 그것은 '1110'이라는 식이 되는 거네요. 그런 식으로 신호를 보내서 데이터를 전송하는 거군요.

 그래. 그리고 이 신호의 형태와 전송방법에 따라 **통신속도**가 결정되는 거야. 통신속도는 일반적으로 **1초 동안 전해지는 비트 수**로 표현되는 경우가 많은데, 단위로 사용되는 것이 **bps(bit per second)**라는 거야.

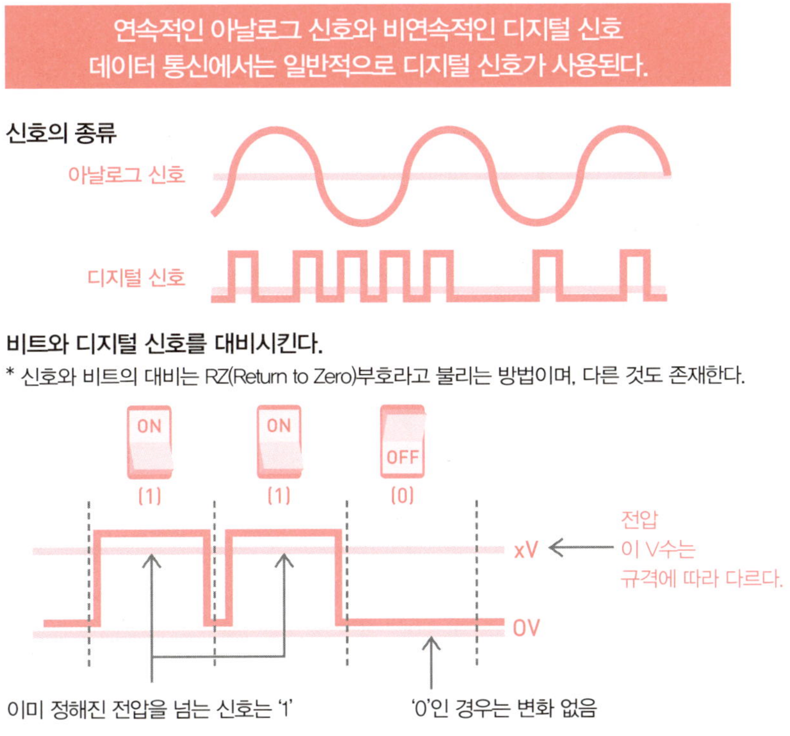

 비~피~에스. 1초 동안 전해지는 비트수…? 아, 그거다. 인터넷 회선의 스피드가 어쩌구 하는 그거. 친구가 '우리집은 40메가야.'라고 했거든요.

 40메가[2]니까 40,000,000bps군. 통신속도는 간단히 예를 들면 신호 한 번에 1초 걸린다고 하면 1초 동안에 1비트 밖에 표현 못하는 거다. 그런데 1초에 신호 두 번이라면 2비트를 표현할 수 있어. 한 번의 신호로 '0', '1' 뿐만 아니라 '00', '01'을 표현할 수 있게 되면 한 번의 신호로 2배인 2비트를 표현할 수 있게 되는 거지. (그림12-2)

2 메가(Mega): 10의 6승을 나타내는 접두사. 기호로는 'M'을 사용한다. 통신에서는 10의 3승인 'K'(Kilo), 10의 9승인 'G'(Giga) 등을 자주 사용한다.

그림 12-2 신호와 통신속도

통신속도는 '1초 동안의 신호의 횟수'와 '1회 신호의 비트수'로 정해진다.

신호의 횟수

1초

1초 동안 신호가 한 번
= 1초 동안 1비트 전해진다(1bps).

1초

신호의 폭을 좁게 해서 1초 동안 신호가 두 번
=1초 동안 2비트 전해진다(2bps).

신호의 비트수

'1'인 신호

신호가 '있다(1)', '없다(0)'의
두 종류 밖에 없다.
= 신호 한 번으로 1비트

'2(10)'인 신호

신호가 4단계(2진수로 00, 01, 10, 11) 있다.
= 신호 한 번으로 2비트

· 1초간의 신호의 횟수×1신호에서의 비트수 = 통신속도(bps)

 아~ 통신속도는 이렇게 정해지는 거군요. 그럼 한 개의 신호를 되도록 짧게, 또 한 개의 신호로 되도록 많이 표현할 수 있게 되면 통신속도는 엄청나게 좋아지는 거네요?

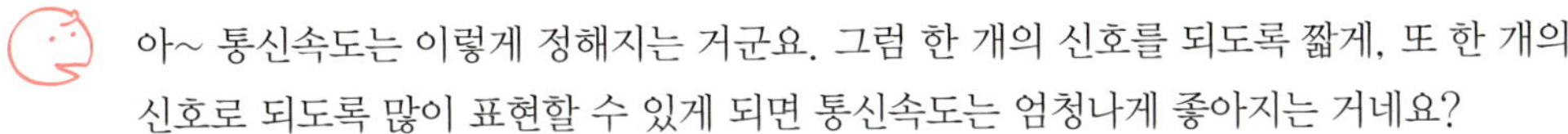 그야 그렇지만 뭐든지 한계가 있겠지? 신호가 너무 짧아진다거나 신호 하나로 너무 많은 것을 표현하면 수신자 쪽에서 바르게 식별하지 못할 수도 있으니까. 거기다 신호에 문제가 발생할 수도 있고.

* 신호에 발생하는 문제

 신호에 발생하는 문제는 몇 가지가 있는데 여기서는 3개 정도 기억하면 된다. 첫째로 **신호의 감쇠다.** 동선에 전기신호를 보내는데 동선에는 저항이 있거든. 그래서 **긴 케이블을 지나는 동안 신호가 약해지는데** 그렇게 되면 신호의 진폭이 약해져서 못 읽을 수도 있어.

 아, 확실히 저항이 없을 수는 없겠네요. 그렇다면 너무 긴 케이블은 사용해서는 안 된다는 건가요? 하지만 그럴 경우 장소가 떨어져 있으면 신호가 도달하지 않으니까 데이터를 못 보내게 된다는 건데요?

 그런거지. 그래서 장거리로 운반하는 경우에는 도중에 '약해진 신호를 본래 상태로 되돌리기' 위한 '증폭'이라는 처리를 하는 기계를 중간에 설치하는 거야. 이건 나중에 설명하기로 하자(P89참조). 신호에 일어나는 두 번째 문제는 **노이즈 · 간섭**이야. 전기신호가 어떤 원인에 의해 형태가 무너져버리는 건데, 그렇게 되면 신호의 진폭을 정확하게 읽을 수 없게 될 가능성이 있어.

 형태가 무너진다? 어떤 원인이라고 하셨는데 예를 들어 어떤 게 있나요?

예를 들면, 근처에 큰 전원이 있다거나 고온 물체가 옆에 있다거나(열 잡음), 바로 가까이에 신호를 보내는 또 다른 케이블이 있다거나(크로스 토크: 신호 누설), 번개나 무선 등 전자파가 발생하는 물체가 있다거나… 등등. 이런 노이즈나 간섭의 원인으로부터 케이블을 멀리 두거나 케이블에 특수 가공을 해서 신호가 망가지는 것을 막을 필요가 있는 거다.

그러고 보니 가게에서 '노이즈 방지 케이블' 같은 걸 팔던데.. 좀 비싸지만. 그게 박사님이 말한 '케이블에 가공'했다는 그건가요?

그림 12-3 신호에 발생하는 문제

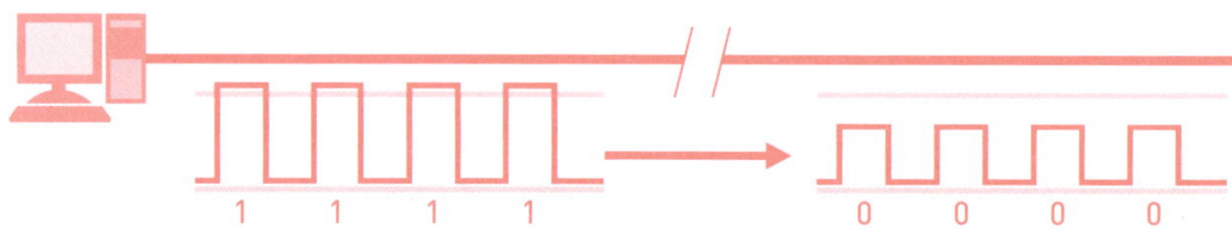

감쇠…장거리 케이블을 지나는 동안 저항에 의해 신호가 약해진다.

노이즈…외적 요인에 의해 신호의 진폭이 변화한다.

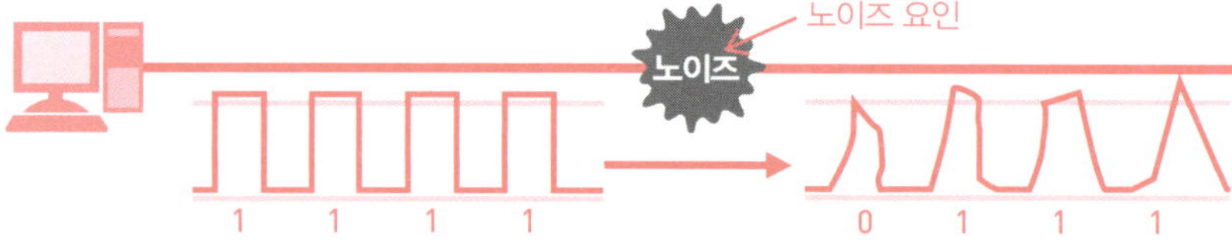

충돌…동일 케이블상에 동시에 전송된 신호가 충돌해 전하를 주고받게 됨으로써 진폭이 붕괴된다.

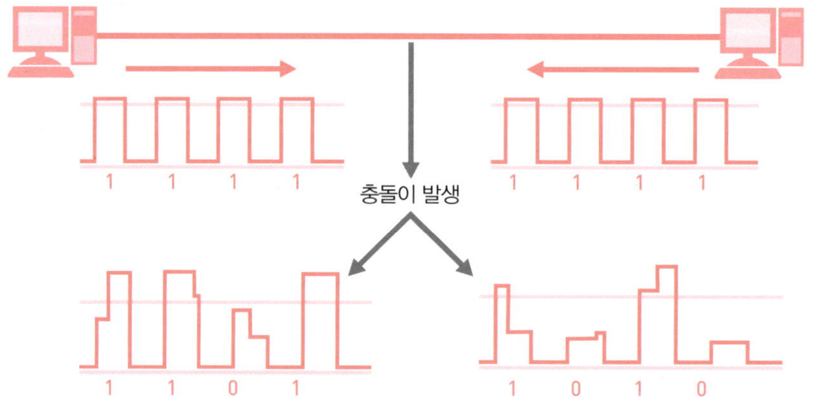

케이블에 실드[3]라는 처리를 해서 간섭이나 노이즈를 막는 거야. 그런데 광파이버에서 사용하는 광신호는 이들 노이즈나 간섭을 안 받아. 이런 노이즈나 간섭은 전기적인 요인에

3 실드: 케이블 동선 주위에 금속제 망을 달아서 동선에 대한 간섭이나 노이즈를 막는다.

서 오는 거라서 빛에는 영향을 안 주거든.
이제 마지막으로 남은 건 **충돌**인데, 이건 전에도 말한 멀티액세스 네트워크 등에서 일어나는 문제야.

멀티액세스 네트워크는… 그러니까 케이블 한 개에 T자 분배기를 넣어서 여러 대의 컴퓨터를 연결하는 구조를 말하는 거죠(P40참조)? 실제로는 허브에 연결해서 실행한다고 했는데…

그래. 여기서 일어날 수 있는 문제는 **신호가 보내지고 있는 도중에 다른 신고를 보내는 경우에 발생**하는 거야. 그러니까 A라는 컴퓨터가 신호를 보내고 있을 때 다른 B라는 컴퓨터가 또 다른 신호를 보내버리는 거지.
이것이 **충돌(Collision)**이라고 불리는 현상인데 이게 일어나면 전기신호가 뒤섞여서 신호의 진폭이 붕괴되는 거다. (그림12-3)

충돌? 아~ 신호가 부딪쳐서 형태가 망가져버리는 거군요. 이건 어떻게 막을 수 있나요?

방법은 두 가지인데 '신호를 보내는 타이밍을 서로 엇갈리게 하는 방법'하고 '신호가 지나는 길을 나누는 방법'이야. 둘 다 2계층하고 관련이 있으니까 이건 거기서 얘기하기로 하자(P109참조). 그럼 이번에는 여기까지.

예. 하루 3분 네트워크 교실이었습니다~ ♪

넷군의 오늘의 **포인트**

* 비트를 신호로 바꾸어 케이블에 보냄으로써 상대에게 전한다.

* 신호의 형태나 전송 방법에 의해 통신속도가 정해진다.

* 신호는 감쇠, 노이즈·간섭, 충돌 등의 문제가 발생한다.

○월 ○일 담번 넷군

✳ 허브의 기능

11회랑 12회에서는 1계층의 기능과 역할에 대해 설명했지? 1계층은 '신호'와 '케이블'이라는 두 가지 기본요소로 이루어져 있고 거기에서 어떻게 데이터를 송수신할지를 생각하는 거였다.

12회는 신호에 대한 얘기였어요. 송신측에서는 비트를 신호로 바꿔서 케이블로 보내고 수신측에서는 신호를 읽고 비트로 바꾸는 거죠. 또 신호는 노이즈랑 충돌 같은 것이 일어난다는 얘기도 하셨어요.

그렇지. 그래서 12회에서 '신호의 충돌'에 대해 얘기할 때 멀티액세스하고 허브 얘기가 나왔었다. 허브에 관한 얘기는 1장에서도 설명했었지만 여기서 조금 더 자세히 설명하기로 하자.

네. 지난번에 허브에 대해 설명하실 때, 케이블에다 T자 분배를 만드는 대신에, 케이블을 허브에다 연결하면 케이블이 분배되는 것과 마찬가지라고 하셨는데…(P40참조).

맞아. **허브에 케이블로 연결되어 있는 기기는 동일 케이블에 연결되어 있는 것하고 같은 취급을 받게 되는** 거야. 허브의 케이블 삽입구는 포트라고 하는데, 포트의 수는 제품에 따라 4, 6, 8, 16, 32개 등이 있다. 즉 4개의 포트가 있는 허브라면 4대의 기기를 연결할 수 있는 거지.

케이블을 잘라서 T자 분배기를 넣는 것 보다 그쪽이 간단하겠네요. 그러니까 허브를 중심으로 해서 컴퓨터가 연결되어 있는 것 같은 느낌이네요.

그런거지. 허브의 첫 번째 기능은 신호의 증폭과 재생[4]이다. 허브는 **감쇠에 의해 붕괴된 신호를 본래의 형태로 증폭 · 재생**하거든. 이게 무슨 말인지 알겠나?

그러니까 감쇠로 약해져서 붕괴된 신호가 본래대로 돌아오는 거니까 다시 멀리까지 도달하게 된다는 뜻인가요? 지난 회에서 신호를 장거리까지 도달하게 하기 위해서는 증폭이 필요하다고 말씀하셨는데 허브가 그 증폭을 한다는 거군요.

그렇지 그 얘기야. 증폭만 하는 기계로 **리피터(Repeater)**라는 것이 있는데, 리피터는 케이블 사이에 연결하는 기계로 허브처럼 케이블을 많이 연결할 수는 없어. 그래서 케이블을 많이 연결할 수 있는 허브 쪽이 일반적으로 사용되는 거야.

그렇구나. 허브를 사용하면 신호가 증폭되니까 멀리까지 신호가 닿을 수 있게 되는 거군요.

허브의 또 하나의 기능은 아까부터 얘기가 나왔던 **복수의 기기를 연결해서 네트워크를 구축하는 기능**이다. 즉, 허브에 케이블을 연결함으로써 하나의 케이블에 연결되어 있는 것과 동일한 취급을 받게 되니까 **허브에 연결되어 있는 기기끼리 신호를 주고받을 수 있게 되는 거야.**

포트가 4개 있으면 4대. 포트가 8개 있는 허브라면 8대가 연결되는 거네요. 그럼 허브에 있는 포트 수보다 많은 컴퓨터가 있으면 어떻게 하나요? 포트가 32개인 허브가 있는데 컴퓨터는 33대라면?

그 경우에는 허브와 허브를 연결하는 접속을 하는 거지. 이것을 연속 접속(cascade connection)이라고 한다. 허브에 연결함으로써 케이블 한 개에 연결되는 것과 같은 취급을 하게 되니까 거기에 다시 허브를 연결하면 그것도 같은 케이블로 연결되는 것이 되는 거지. (그림13-1)

아하~ 이렇게 해서 허브를 연속 접속하면 큰 네트워크를 만들 수 있게 되는 거군요.

---

4 신호의 증폭과 재생: 이것을 하지 않는 허브도 존재한다. 그런 허브는 패시브(passive)허브라고 불리며 신호를 증폭하지 않고 통과시키는 허브이다. 신호를 증폭하는 허브는 액티브(active)허브라고 부른다.

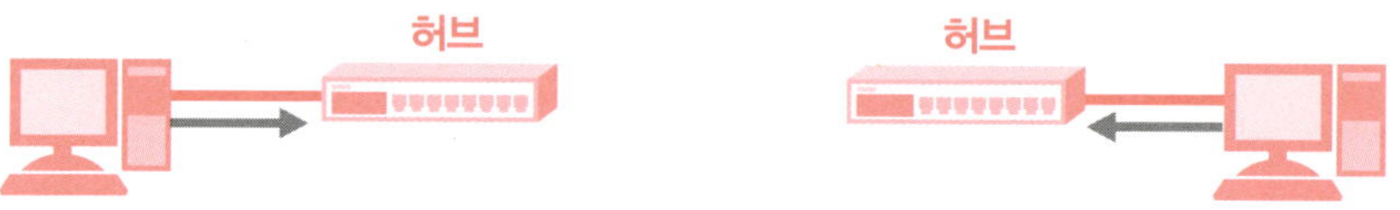

허브의 포트수 제한이나 물리적인 문제 때문에 서로 다른 허브에 컴퓨터를 접속했다.
그러나 서로 다른 허브에 연결되어 있으면 신호가 도달하지 않기 때문에 데이터를 송수신할 수 없다.

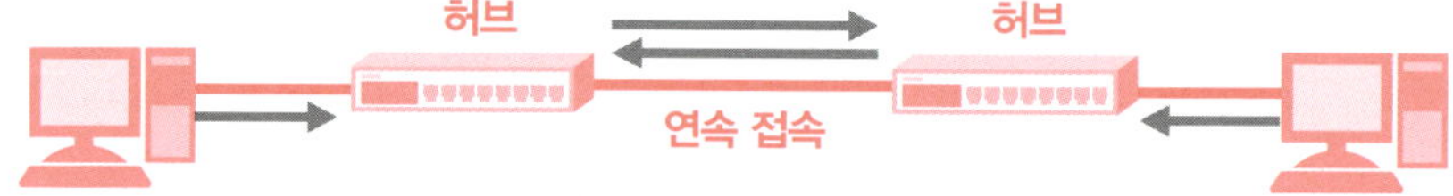

허브끼리 접속하는 연속 접속을 해서 신호가 도달하는 범위를 넓힐 수 있다.
이 방법으로 네트워크를 확대할 수 있다.

✳ 충돌 도메인

허브를 중심으로 복수의 컴퓨터가 연결되서 네트워크가 형성되는 건데 실은 문제가 있어. 그건 **허브는 수신한 신호에 대해 어떤 제어도 하지 않는다**는 점이야.

전혀 제어를 하지 않는다? 제어가 뭔가요? 그럼 신호의 증폭과 재생은 어떻게 되는 건가요?

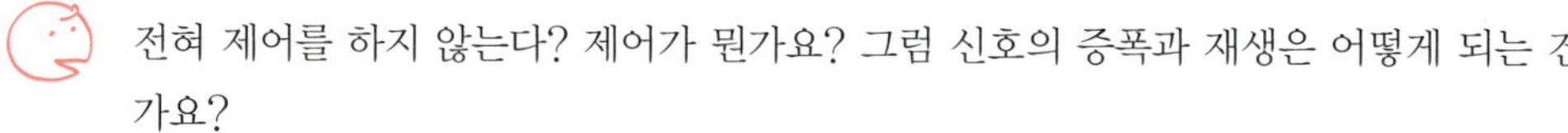

신호를 증폭하고 재생은 하지만 그 외에는 안 한다는 뜻이야. 허브를 케이블 한 개에 T자 분배기를 넣었다는 식으로 설명했었는데 허브에 연결되어 있는 컴퓨터 한 대가 신호를 송신했다고 하자. 그럼 그 신호는 어떻게 되는 거지?

먼저 허브에 도달하겠죠. 그러면 허브는 하나의 케이블이 분배되어 있는 거랑 같은 거니까 허브에 연결되어 있는 다른 컴퓨터에 신호가 도달한다는 건가요?

 그렇지. 허브는 **수신한 포트 이외의 모든 포트에 수신한 신호를 송신**하는데, 이게 **플러딩 (flooding)**이라는 거야. (그림13–2)

 왠지 당연한 얘기 같은데요. 들어 온 전기신호가 모든 출구를 통해 나가는 거잖아요.

 그렇지, 당연하다면 당연하지만 여기에서 제12회에 설명한 충돌에 대해 생각해 보자. 충돌이 뭐였더라?

 '신호가 전송되는 도중에 별도의 신호를 보냄으로써 신호가 부딪쳐서 읽을 수 없게 되는 거'잖아요(P87참조). T자 분배기가 있거나 하면 발생하는….

 맞아. 허브는 하나의 케이블에 T자 분배기를 넣은 것 같은 개념이었지. 그러니까 **허브에 연결되어 있는 기기가 신호를 보내면 충돌이 일어날** 가능성이 있다는 거야.

그림 13-2 허브의 플러딩

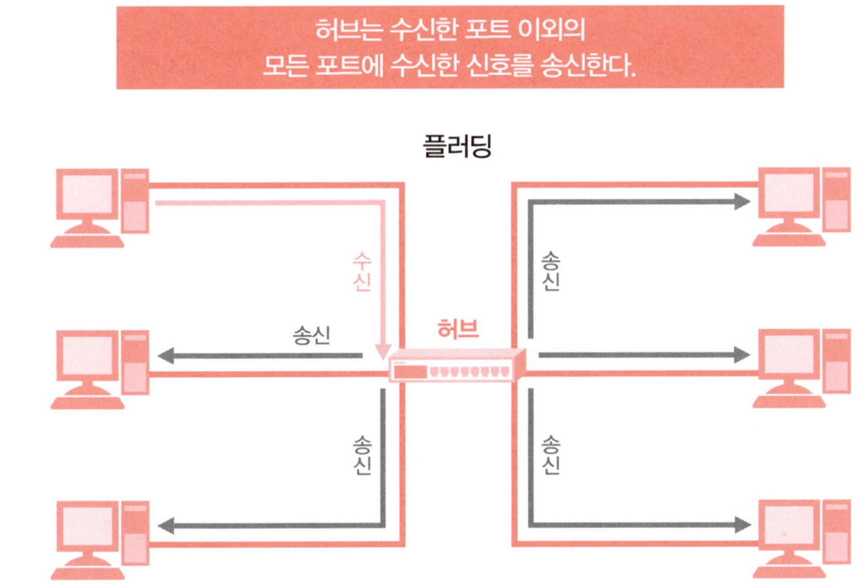

정말 그렇게 되겠네요. 같은 허브에 연결되어 있는 2대의 컴퓨터가 동시에 신호를 보내면 둘 다 같은 케이블에 연결되어 있는 것과 마찬가지니까 어딘가에서 신호가 부딪치게 되는 거네요.

맞았어! 이처럼 신호를 송신하면 충돌이 발생할지도 모르는 범위를 **충돌 도메인(Colli- sion Domain)**이라고 한다. 이 충돌 도메인 내에 있는 컴퓨터가 신호를 송신하면 어딘가에서 충돌이 발생할 가능성이 생기는 거지. 그래서 **허브로 연결되어 있는 컴퓨터는 같은 충돌 도메인에 있게** 되는 거야. (그림13-3)

같은 허브에 연결되어 있는 경우나 다른 허브에 연결되어 있어도 허브끼리 연결되어 있는 경우에는 컴퓨터 하나가 송신 중일 때 다른 컴퓨터가 송신하면 충돌이 발생하겠네요.

그림 13-3 충돌 도메인

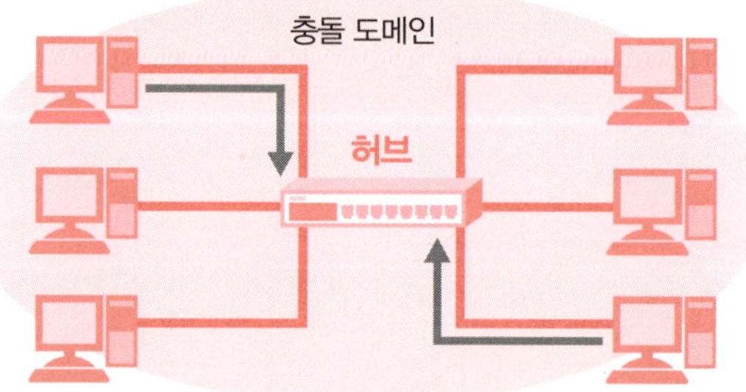

같은 허브에 연결되어 있는 컴퓨터끼리 동시에 송신하면 충돌이 발생한다.
= 같은 허브에 연결되어 있는 컴퓨터는 같은 충돌 도메인에 존재한다.

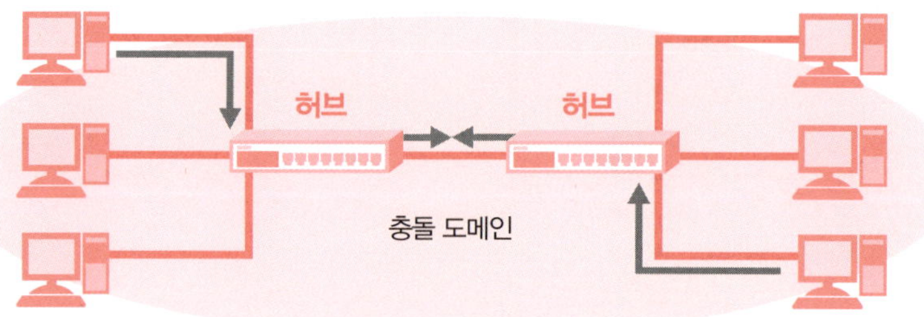

다른 허브에 연결되어 있다고 하더라도 허브끼리 연속 접속으로 연결한 경우
마찬가지로 충돌이 발생한다.

 충돌이 발생하면 신호가 섞여서 이상해지거나 수신측에서 제대로 읽을 수 없게 된다. 그래서 **충돌을 막아야만 하는데**, 충돌 도메인 내에 컴퓨터가 많으면 '우연히 같은 타이밍'으로 신호를 보낼 가능성이 증가하니까 충돌 가능성도 높아지겠지? 그럼 어떻게 해야 할까?

어떻게 하냐고요? 그야 컴퓨터 수가 많아서 '우연히 같은 타이밍'으로 신호를 보낼 가능성이 증가한다면 컴퓨터 수를 줄이면 되지 않을까요? 그렇게 하면 '우연히 같은 타이밍'이 일어날 가능성이 줄잖아요.

맞았어. 그러니까 **충돌 도메인은 작아야만 하는 거다.** '충돌 도메인의 범위가 작다'는 것은 '충돌 도메인 내의 컴퓨터 수가 적다'는 거야. 중요한 건 '충돌 도메인을 작게할 필요'가 있다는 거다.

어떻게 작게 하나요? 컴퓨터 수를 줄이면 되나요? 하지만 반드시 다수의 컴퓨터가 필요한 경우도 있잖아요.

그게 나중에 설명하는 '스위치'가 하는 일이다(P112참조). 아무튼 이번에는 여기까지 하자.

예이~ 하루 3분 네트워크 교실이었습니다~♪

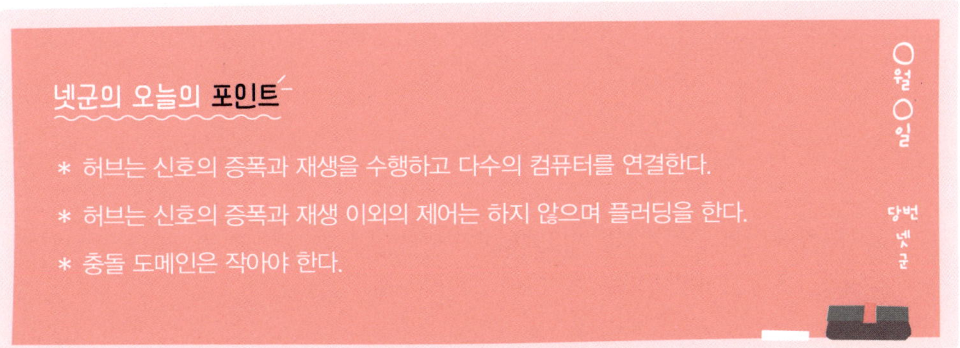

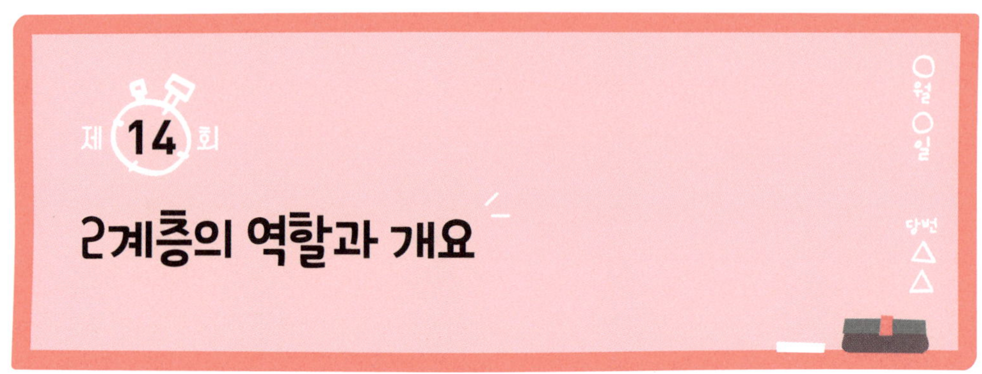

2계층의 역할과 개요

✳ 2계층의 개요

자, 1계층의 역할과 기능에 관해서는 일단 지난 회까지 한 걸로 끝내자. 1계층은 '케이블이 연결되어 있는 기기에 대한 신호 전달'을 수행하는 계층으로써 실제 '데이터 전달'을 담당한다고 했다.

네. 1계층이 비트를 신호화해서 케이블에 보내고, 케이블이 연결되어 있는 상대에게 신호가 도달하면 그 신호를 다시 비트화함으로써 '상대에게 데이터가 도달'한 것이 되는 거였어요.

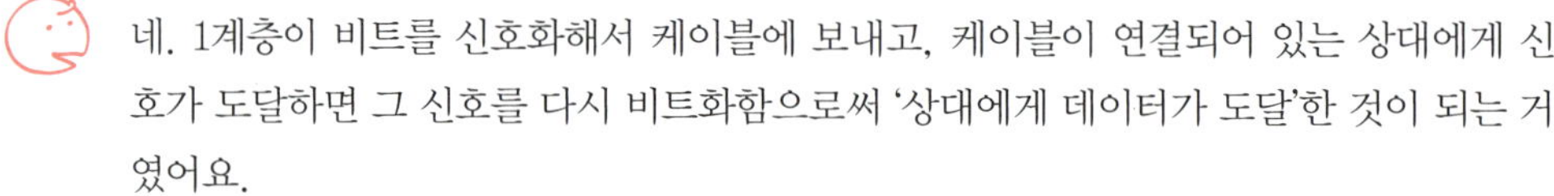

요약하면 그런거지. 그러나 넷군! '신호가 도달했으니까 데이터가 도달한 것'은 틀림없지만 정말 그것만으로 '데이터를 보낸 것'이 될까? 여러 개의 컴퓨터가 허브에 연결되어 있는 경우 신호는 어떻게 움직였더라?

그러니까~ 뭐더라. 컴퓨터에서 송신된 신호가 허브에 도달하면 허브는 신호를 수신한 포트 이외의 모든 포트에 신호를 송신하니까 결과적으로 허브에 연결되어 있는 다른 컴퓨터에 도달하는 거잖아요.

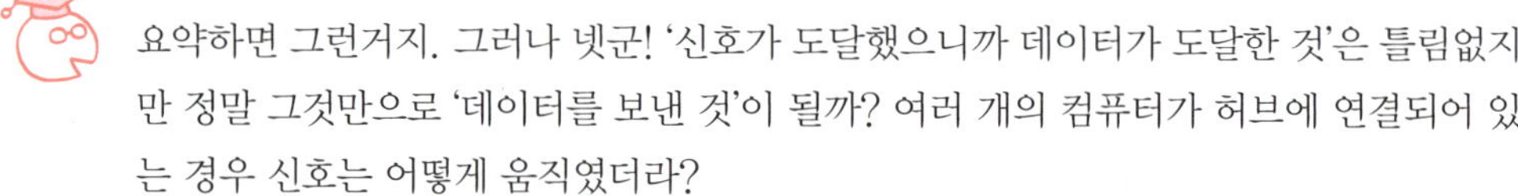

그렇지. 허브에 연결만 되면 누구에게든 상관없이 도달하게 되버리는 거지. 송신한 컴퓨터가 '보내고 싶은 상대'가 1대 뿐이었다고 하더라도 말이야. 그래서 '1대에만 도달'하도록 하는 방법을 생각해야 하는 거다. 또 여러 대의 컴퓨터가 허브에 연결되어 있으면 '우연히 동시에 송신'한 경우에 신호 충돌이 일어나니까.

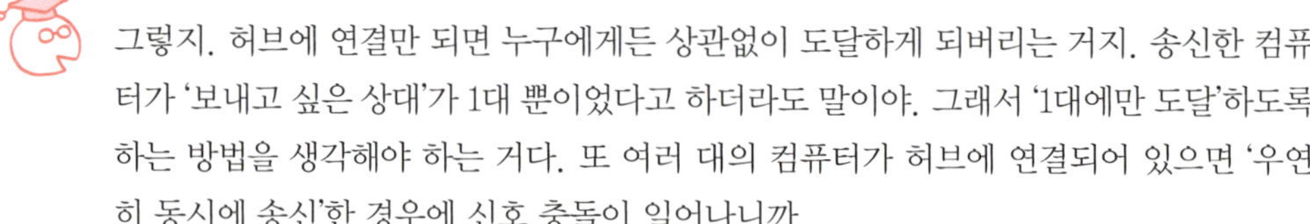

그렇죠? 아~ 그러고 보니 그걸 막기 위해 '송신하는 타이밍을 엇갈리게 할' 필요가 있다는 얘기를 전에 박사님께서 하신 것 같은데요(P87참조).

그렇지. 충돌을 막기 위해 '송신하는 타이밍을 엇갈리게 하는 방법'을 생각해야 하는데 이 것은 '신호를 보내기 전' 얘기다. '신호가 도달한 후'에도 생각해야 할 것이 있거든. 그래서 **신호의 송신 전이나 수신 후에 바르게 데이터를 송수신하는 순서**가 필요한 거야.

박사님이 전에 2계층부터 상위 계층은 '데이터를 보내기 전에 어떤 일을 할지', '데이터가 도달한 후에 어떤 일을 할지'를 생각하는 거라고 말씀하셨죠(P77참조)?

잘 기억하고 있군. 맞았어. 2계층에서는 **신호가 닿는 범위에서의 데이터 전송에 관한 규정**을 생각한다고 할 수 있어.

신호가 닿는 범위? 그건 어느 정도의 범위 인가요?

멀티액세스 네트워크라면 허브로 연결되어 있는 기기 전체, 포인트 투 포인트 네트워크라면 서로 연결되어 있는 두 대. 전에 세그먼트라는 범위에 대해 설명했는데(P40참조), 바로 그 **세그먼트 범위에서의 데이터 전송**을 말하는 거다. (그림14-1)

음, 세그먼트…. 그럼 그 세그먼트를 넘은 데이터 전송은 어떻게 되나요?

세그먼트를 넘는다는 것은 패킷 교환기인 라우터를 통해서 별도의 세그먼트로 데이터를 보낸다는 의미거든. 그것을 생각하는 것은 2계층 보다 상위 계층인 3계층이니까 그건 나중에 얘기하자.

＊ 프레이밍과 신호의 동기

1계층에서는 신호를 전달하는 것을 생각하고, 2계층에서는 그 신호가 닿는 범위 즉 세그먼트의 범위에서 '데이터를 어떻게 송수신할지'를 생각하는 건데 **1계층에서 다루는 신호랑 케이블 등에 따라 2계층의 규격이 달라지게 되는 거다.**

신호랑 케이블에 따라 규격이 다르다? 그러니까 1계층의 조건이 다르면 2계층에서 사용되는 규칙 같은 것도 달라진다는 말씀인가요?

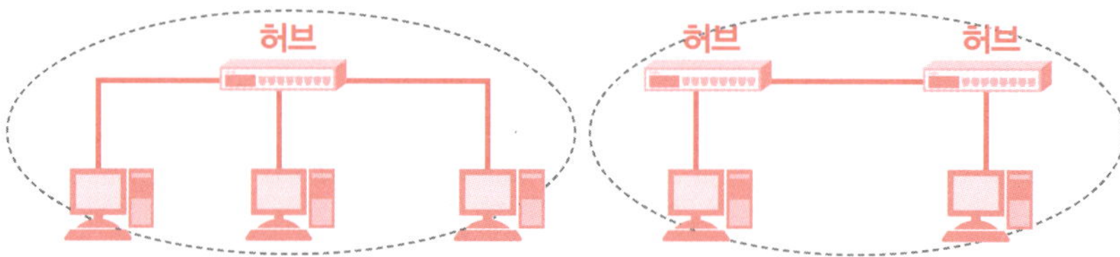

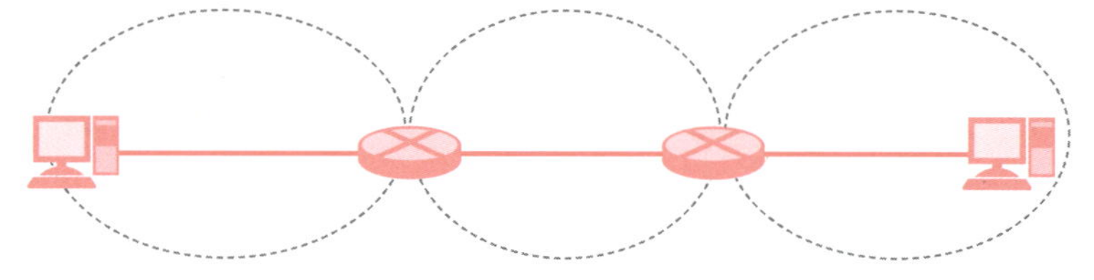

그렇지. 2계층에서는 1계층에서 사용되고 있는 케이블이나 신호에 따라 사용하는 규칙이 다르다는 거야. 이 규칙은 몇 가지가 있지만 간단히 분류하면 **LAN용하고 WAN용**이 있다. **3계층 이상의 계층에서는 LAN이나 WAN이나 동일한 규칙을 사용**한다. 사용하는 케이블에 따라 사용하는 규칙이 다른 것은 2계층까지야. 이번에 **2계층에서는 'LAN용' 규칙에 관해 설명한다.** 실제 현장에서도 LAN에 관한 지식이 가장 필요하거든.

LAN용…. 그건 어떤 건가요?

LAN의 사실표준인 이더넷(Ethernet)이라는 규칙을 설명할거다.

2계층에서는 아까 설명한 것처럼 '세그먼트 내에서의 데이터 전송'에 관한 순서가 정해져 있어. 여기서 시행되는 것은 몇 가지가 있는데 먼저 **프레이밍(Framing)**에 대해 설명하자.

 프레이밍? 아~ 그거죠? 오른손 법칙인가 하는 거?

 그건 '플레밍'이고. 프레이밍은 1계층에서 주고받는 신호를 비트화해 거기에 의미를 갖게 하는 걸 말하는 거다. '프레임화'라고 해야 알기 쉬우려나. 여기서 잠깐! 프레임이 뭐였더라? 캡슐화에서 설명한 것 같은데….

 캡슐화, 캡슐화라… 프레임은, 아~ 2계층의 PDU였죠(P58참조)?

 그렇지. 프레이밍을 시행함으로써 송수신되는 신호를 '데이터'로 인식할 수 있게 되는 거야. 예를 들면, 프레이밍에서는 제일 먼저 프리엠블(preamble)이라고 불리는 '지금부터 프레임이 시작된다는 신호'를 한다. 그리고 수신측에서는 이 프리엠블을 수신하면 '이제부터 프레임 신호가 오겠군'하고 판단하는 거다. (그림14-2)

그림 14-2 프레이밍

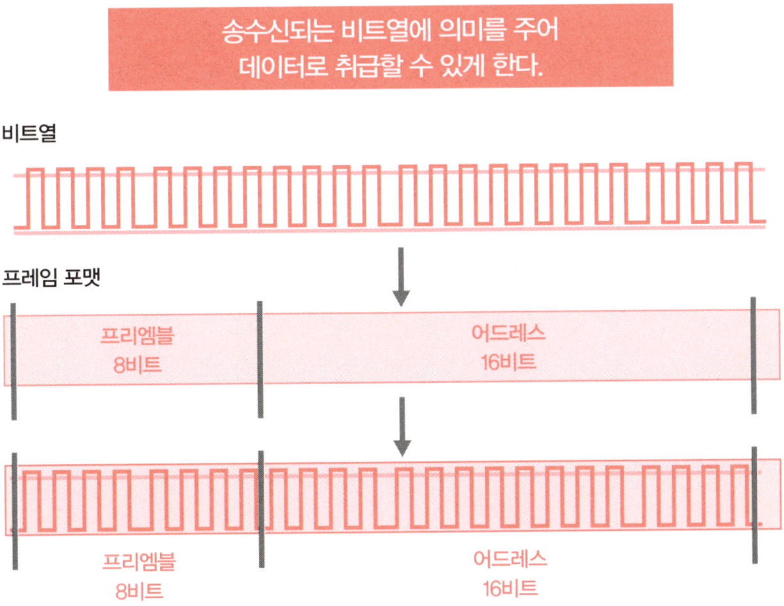

프레임 포맷을 비트열에 적용시킴으로써 송수신되는 비트에 의미가 생긴다. = 프레임화 한다 (프레이밍).

프리엠블이라… '프레임 신호가 온다'는 신호를 하고. 이어서 '데이터'인 비트를 신호화한 것을 붙여서 송신하면, 그러면… 아~ 귀찮은데요. 바로 데이터를 보내면 안 되나요?

통신속도에서도 얘기했지만(P84참조), 비트를 신호화할 때 '1비트분의 신호의 폭'을 정했었지? 이것을 제대로 다루기 위해서는 '비트를 읽는 타이밍'이 송신측과 수신측 양쪽에서 일치해야 해. 이게 어긋나면 수신측이 비트 중간에 읽기 시작할지도 모르니까.

타이밍을 맞추는 거랑 프리엠블이 관계가 있나요?

물론이지. 타이밍을 맞추는 방법으로는 데이터를 송수신하지 않는 상태에서도 클락(Clock) 신호라고 부르는 '타이밍을 맞추는 신호'를 계속해서 보내는 방법이 있어. 이 방식은 **동기 통신**이라고 부르는데, 이 방식에서는 프리엠블은 사용하지 않아. 다만 항상 신호를 보내는 수고가 필요하기 때문에 별로 사용되지는 않는다.

계속 무언가 신호를 보내고 읽고, 좀 번거로운데요. 그럼 프리엠블을 사용하는 방법은요?

프리엠블을 보냄으로써 '이제부터 데이터가 시작된다'는 것을 알게 되니까 '비트를 읽을 타이밍'을 이 프리엠블에 맞추는 거야. 이더넷의 경우 '1'과 '0'을 교대로 프리엠블로 보내는데 이것을 읽고 수신측에서는 비트를 읽는 타이밍을 맞추는 거지. (그림14-3)

항상 신호를 보내는 것이 아니라 프리엠블을 사용해서 타이밍을 맞추게 하는 거군요. 이쪽이 편리하다면 편리한 것 같네요.

패킷을 사용한 패킷 교환 방식에서는 프리엠블 방식이 일반적이다. 자, 이번에는 여기까지 하자.

엡, 하루 3분 네트워크 교실이었습니다~ ♪

그림 14-3 신호의 동기

데이터 통신 직전에 프리엠블을 보내
타이밍을 맞추는 비동기

신호의 타이밍 문제

타이밍이 어긋나 있어서 신호를
제대로 읽을 수 없다.

송신측의 타이밍 → 신호를 송신 → 수신측의 타이밍

프리엠블로 타이밍을 맞춘다.

데이터를 송신하기 전에 1과 0을 교대로
프리엠블을 보낸다.

처음에는 타이밍이
어긋나 있어도⋯

1과 0이 교대로 오는 것을
알고 있으니까 거기서 타이밍을 맞춘다.

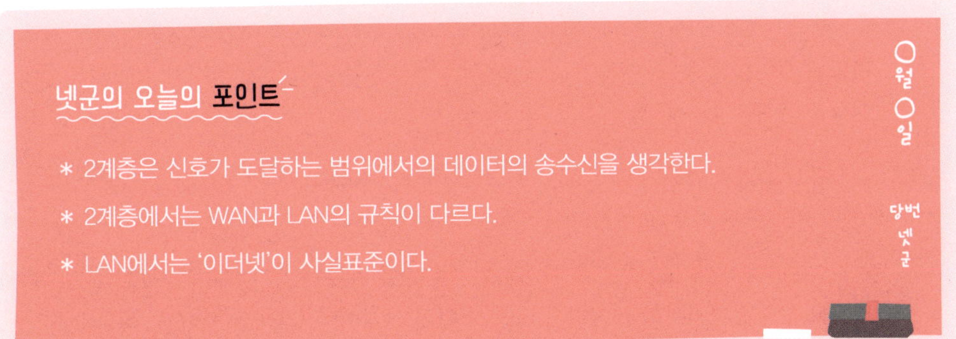

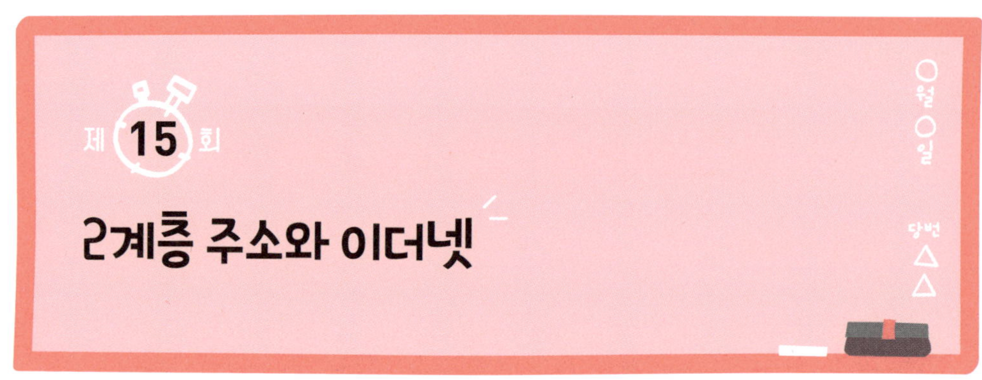

✳ 주소와 캐스트

그럼 2계층에 대해 얘기해 볼까? 2계층은 '세그먼트'라는 범위에서 어떻게 데이터를 송수신할지를 생각하는 계층이다.

세그먼트란 신호가 도달하는 범위였었죠(P41참조)? 멀티액세스 네트워크라면 허브에 연결되어 있는 범위, 포인트 투 포인트 네트워크라면 컴퓨터와 컴퓨터의 범위인 거죠?

그렇지. 2계층에서는 그 범위의 송수신에 관한 규칙이 정해져 있다. 지난 번에 LAN의 2계층에서는 이더넷이 사실표준의 규칙이라는 얘기도 했었다.

네. 2계층은 LAN하고 WAN에서 사용하는 규칙이 다르다고 하셨어요. LAN용은 이더넷을 사용한다고….

그래서 이번에는 이더넷에서 어떻게 '신호가 도달하는 범위에서 데이터를 송수신하는지'를 설명할 건데 먼저 기억해 둘 건 **주소(Address)**다. 그리고 이 주소를 어떻게 사용할지 어떻게 배정할지 같은 것을 **어드레싱(Addressing)**이라고 한다. 먼저 이더넷에서의 어드레싱을 생각해 볼까?

주소요? 무슨 주소요?

데이터를 보내는 상대와 자신을 특정하는 데이터를 말하는 거야. 데이터 통신은 데이터를 보내고 상대방에게서도 데이터가 오는 것이 일반적이야. 그래서 이쪽 주소도 가르쳐 줄 필요가 있으니까 반드시 '수신처'와 '송신처'의 주소를 알려주는 거지.

음, 역할은 진짜 '주소'하고 똑같네요. 데이터를 받는 곳하고 데이터를 보내는 자신의 주소가 데이터 통신에는 필요하다는 거군요.

그런거지. 그럼 이 주소말인데, **데이터 전송 방법에 따라 3종류가 있어. 유니캐스트(Unicast), 브로드캐스트(Broadcast), 멀티캐스트(Multicast)**라는 3종류[5]의 전송 방법인데, 이들은 각각 유니캐스트 주소, 브로드캐스트 주소, 멀티캐스트 주소를 사용해.

주소가 3종류나 있어요? 그 유니캐스트, 브로드캐스트, 멀티캐스트가 뭐가 다른지 모르겠는데요.

좋아, 설명해 줄게. 유니캐스트는 '1대1' 데이터 통신인데 이게 가장 일반적이야. 다음이 브로드캐스트인데 이건 '1대 전체'로 **전원, 즉 모두에게 메시지를 보내는 데이터 통신**이다. 2계층의 브로드캐스트는 '세그먼트내의 모든 기기'라는 의미가 되는 거다. 마지막으로 멀티캐스트인데 이건 '1대 다수'로, 지정된 복수의 기기로 메시지를 보내는 데이터 통신을 말한다. (그림15-1)

아~ 한명에게 보낼지, 전체에게 보낼지, 복수의 상대에게 보낼지에 따라 각각 주소가 있다는 거군요.

* MAC 주소

그럼 이 주소말인데, 기본으로 먼저 기억해둬야 할 건 **각각의 기기는 유니캐스트 주소를 적어도 한 개 갖고 있다**는 사실이다. 이 각각의 기기가 가진 유니캐스트 주소를 수신처로 해서 다른 기기는 그 기기에 데이터를 송신하게 되는 거야.

적어도 1개? 그럼 2개 이상 가진 기기도 있다는 거네요? 주소가 2개라는 건 좀 이상한 것 같은데요.

라우터처럼 복수의 인터페이스를 가진 기기는 **인터페이스마다 유니캐스트 주소를 갖는 거야.** 그리고 하나 더, **유니캐스트 주소는 유일해야 해.** 유일하다는 건 '같은 것이 없다(의미가 하나)'는 뜻이다. 같은 유니캐스트 주소를 가진 기기가 여러 개 있는 경우에는 수신처를 특정지을 수 없으니까. (그림15-2)

5 3종류: 애니캐스트(Anycast)라는 한 종류가 더 있지만 이 수업에서는 생략한다.

수신처를 특정하는 주소에는 1대1인 유니캐스트,
1대 전체인 브로드캐스트, 1대 다수인 멀티캐스트가 있다.

유니캐스트…특정한 1대만 수신처인 데이터 통신

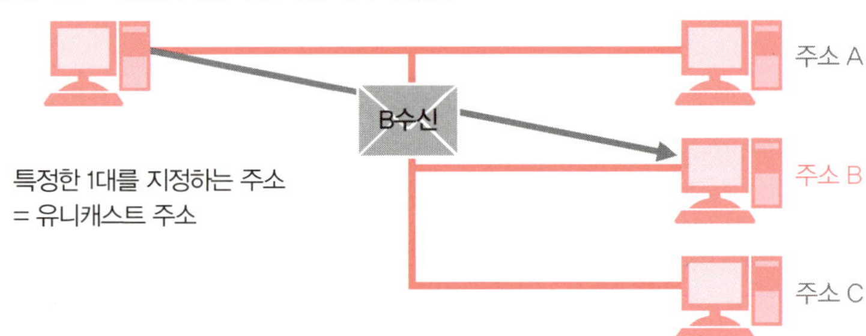

브로드캐스트…모든 기기가 수신처인 데이터 통신

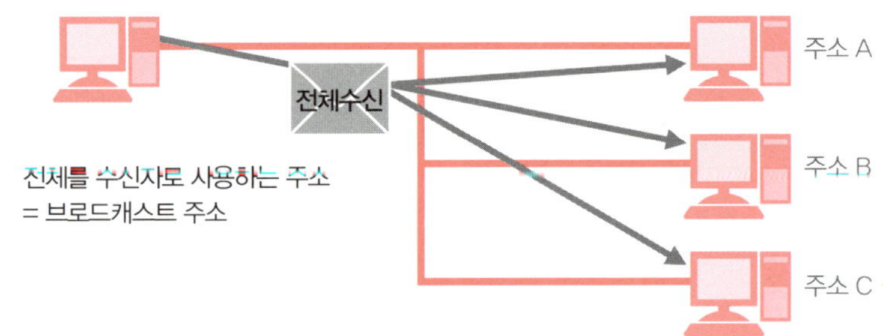

멀티캐스트…복수의 기기(기기의 그룹)를 수신처로 하는 데이터 통신

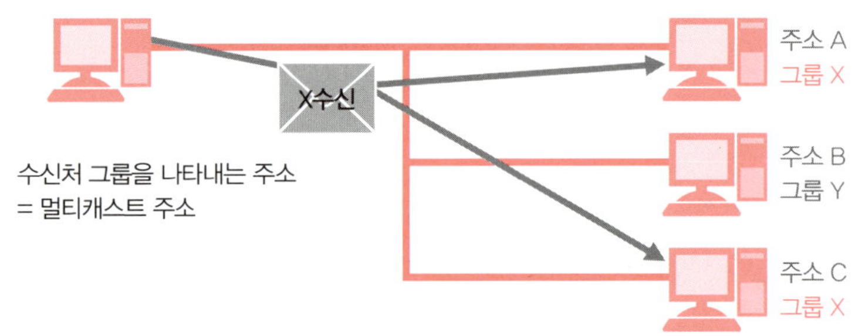

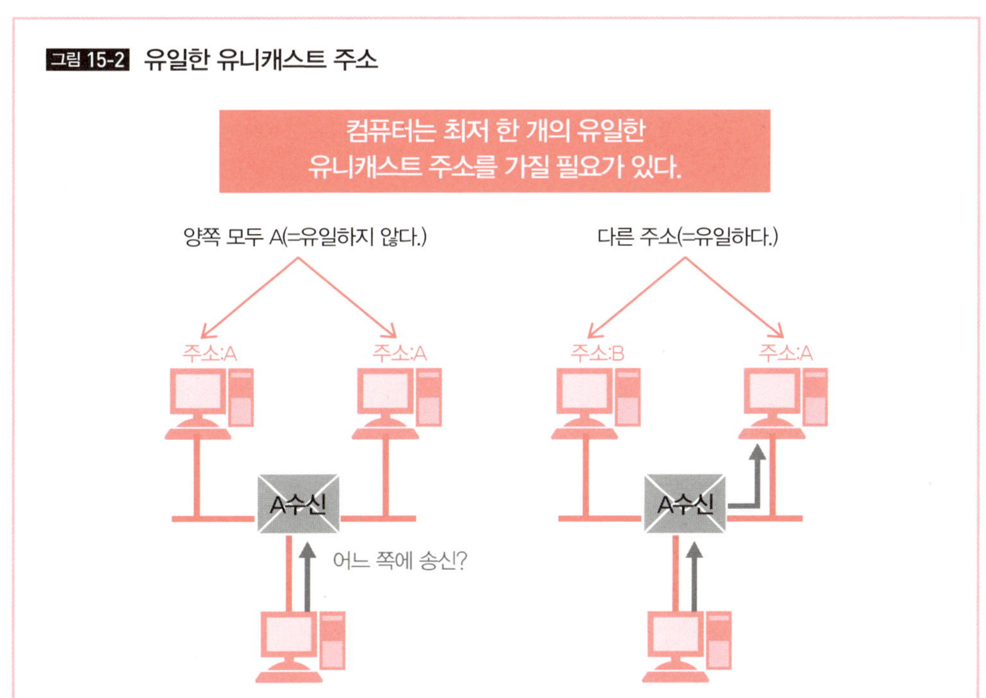

그야 그렇겠죠. 주소가 같은 집이 여러 집이면 어디를 가리키는지 모르니까요.

반면 멀티캐스트 주소는 같은 주소를 가진 기기가 여러 개 있어도 된다. 멀티캐스트 주소는 '그룹 번호'같은 취급을 하거든. 멀티캐스트에 보내고 싶은 경우에는 수신처를 그룹으로 하면 그 그룹에 속한 기기가 수신을 하니까.

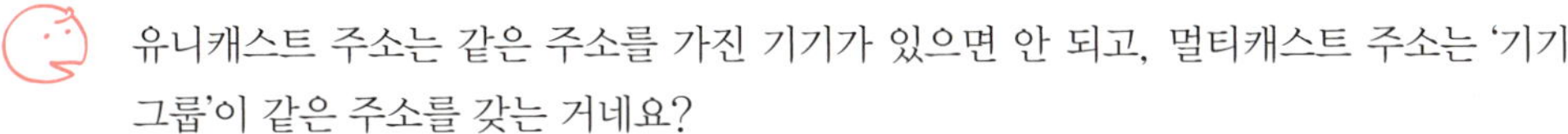

유니캐스트 주소는 같은 주소를 가진 기기가 있으면 안 되고, 멀티캐스트 주소는 '기기 그룹'이 같은 주소를 갖는 거네요?

그렇지. 멀티캐스트 그룹에 속해 있는 기기는 '유니캐스트 주소'와 '멀티캐스트 주소' 2개를 갖게 되는 거다. 그리고 브로드캐스트 주소는 '전체 수신'이 되는 거니까 이 주소로 보낸 데이터는 모든 기기가 무조건 송신을 해야만 하는 거고.

그러니까 수신처가 '인터넷 박사'인 건 유니캐스트로 박사님이 수신을 하는 거고, '인터넷 박사의 연구실에 있는 분'인 건 멀티캐스트로 박사님하고 제가 수신하는 거고, '모두'인 건 브로드캐스트로 전체가 수신한다는 그런 얘기인 거네요?

그렇게 생각하면 돼. 이더넷에서 사용되는 주소는 **MAC 주소(Media Access Control Address)**라고 불리는 주소로 이 주소는 **인터페이스에 지정된 고정 주소**야.

인터페이스에 지정된 고정 주소? 컴퓨터가 아니라 인터페이스인가요? 더구나 고정이라는 건 인터페이스가 변하면 주소가 변한다는 건가요?

그렇지. 인터페이스가 고장나서 다른 인터페이스로 교환하거나 하면 MAC 주소도 변경되거든. 이 MAC 주소는 **48비트** 값으로 4비트마다 16진수로 고쳐서 쓴다.

16진수… 0, 1, 2, 3, 4, 5, 6, 7, 8, 9, A(10), B(11), C(12), D(13), E(14), F(15)이고 16이 되면 한 자리수 올리는 수죠?

그래. MAC 주소의 선두 24비트는 **벤더코드**[6]라고 불리는 인터페이스를 제조한 메이커의 번호이고, 후반의 24비트는 제조한 메이커가 붙인 번호(벤더 할당 코드)야. 그러니까 '어느 메이커가 만든', '몇 번째 인터페이스'라는 의미인 거지. (그림15-3)

음……? 어디선가 만든, 몇 번째 인터페이스? 그게 '어드레스', 주소인가요?

이해하기 쉽게 어드레스=주소라는 말을 했지만 '수신처를 유일하게 특정할 수 있는' 것이라면 굳이 우리가 사용하는 그런 의미의 주소답지 않아도 돼. 그럼 이번에는 여기까지 할까?

예~ 하루 3분 네트워크 교실이었습니다~ ♪

---

6 벤더코드: OUI(Organizationally Unique Identifier)가 정식명칭. LAN의 규격단체인 IEEE의 홈페이지에서 찾아볼 수 있다.

그림 15-3 MAC 주소

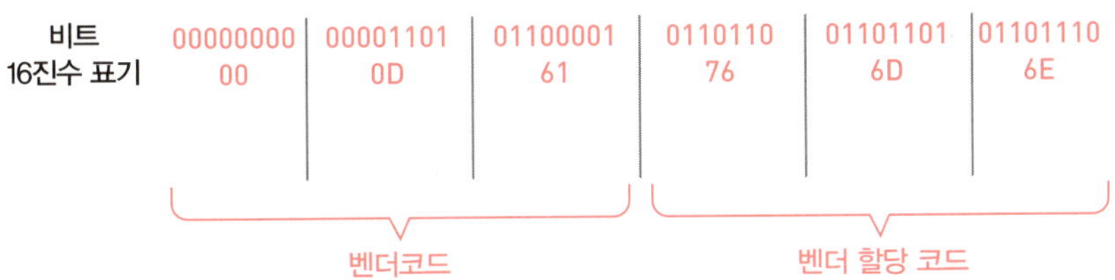

Windows XP에서 MAC 주소를 표시하면…(ipconfig/all)

```
C:\>ipconfig /all

Windows IP Configuration

        Host Name . . . . . . . . . . . . : XP01
        Primary Dns Suffix  . . . . . . . :
        Node Type . . . . . . . . . . . . : Unknown
        IP Routing Enabled. . . . . . . . : No
        WINS Proxy Enabled. . . . . . . . : No

Ethernet adapter 로컬 에리어 접속:

        Connection-specific DNS Suffix  . :
        Description . . . . . . . . . . . : Realtek RTL8139/810x Family Fast Eth
ernet NIC
        Physical Address. . . . . . . . . : 00-0D-61-76-6D-6E
        Dhcp Enabled. . . . . . . . . . . : No
```

넷군의 오늘의 포인트

* 1대1인 유니캐스트, 1대 전체인 브로드캐스트, 1대 다수인 멀티캐스트가 있다.

* 기기는 한 개 이상의 유니캐스트 주소를 가진다.

* 이더넷에서는 MAC 주소가 사용된다.

✳ 이더넷 프레임

그럼 LAN에서의 2계층에 관해 계속해서 얘기해 볼까? LAN에서의 2계층은 **이더넷**이라는 규칙이 적용된다고 설명했었지? 15회에서는 이 이더넷이 사용되는 주소, 어드레스에 관한 얘기였다.

네. MAC 주소였어요. 벤더코드랑 제조업체가 붙인 번호로 이루어진 '주소'로 이 주소를 써서 수신처랑 송신처를 특정한다는 얘기였어요.

그 주소를 사용해서 '누구로부터', '어디로'를 결정하는 건데 이 주소 정보를 헤더에 기술해서 송신하는 거다. 헤더가 무엇인지는 기억하고 있지? 캡슐화에서 설명했었는데….

헤더, 캡슐화… 그러니까 데이터에 그 계층의 제어 데이터를 덧붙여 가는 것이 캡슐화이고, 헤더는 그때 붙이는 제어 데이터잖아요(P59참조).

그렇지. 이더넷에서는 '이더넷 헤더'와 '이더넷 트레일러'를 데이터그램에 붙여서 '이더넷 프레임'으로 캡슐화하고, 이 이더넷 프레임이 신호가 돼서 케이블로 전달되는 거다. 이 '이더넷 헤더'와 '이더넷 트레일러'가 어떤 제어 데이터인가는 그림으로 설명해 줄게. (그림16-1)

그러니까 헤더에는 수신처의 주소, 송신처의 주소, 페이로드의 내용을 식별하는 타입이 붙는 거고, 트레일러에는 에러를 체크 하는 FCS(Frame Check Sequence)[7]?

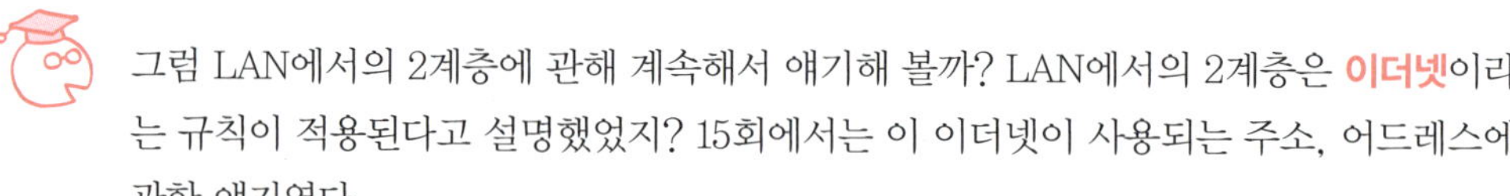

7 FCS: 순회부호 방식 (Cyclic Redundancy Check)이라고 불리는 에러 체크 데이터.

그림 16-1 이더넷 프레임

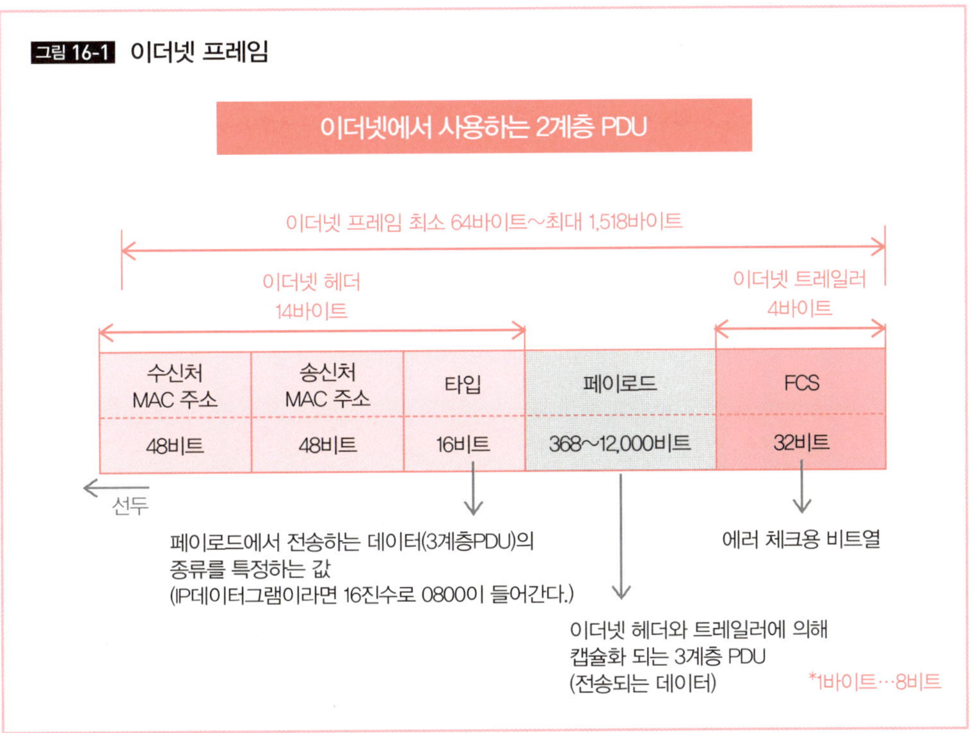

1계층의 신호에서 설명했었는데(P85참조) 신호가 전송되는 동안에 문제가 생겨서 정확하게 읽을 수 없게 되거나 '0'을 '1'로 또는 그 반대로 읽어버리는 경우가 있어. 그런 에러를 체크하기 위해 FCS를 붙여 두는 거야.

그럼 만약 FCS에 의해 '정확하게 읽을 수 없으니까 에러'라고 하면 어떻게 되는 건가요? 에러를 고치나요?

기본적으로 통신도중에는 에러를 고칠 수 없어.[8] 왜냐하면 '바른 데이터'인지 아닌지는 에러가 발생하지 않은 데이터를 수신하지 않는 한 알 수 없으니까. FCS는 에러가 발생했는지 아닌지는 알지만 어느 상태가 올바른 상태인지까지는 모르거든. 예를 들어, 넷군이 '상품을 100,000개 주세요'라는 편지를 받았다고 치고, 그게 자릿수가 너무 커서 뭔가 잘못 됐다는 건 알았어. 그럼 어떻게 바른 상태로 고칠 수가 있지?

---

8 에러를 고칠 수 없다: 허밍부호라고 불리는 에러 체크 코드를 붙이면 고칠 수 있다. 하지만 복수의 비트가 에러인 경우에는 허밍부호로도 불가능해진다.

그야 편지를 보낸 사람에게 물어볼 수 밖에 없겠죠?

그렇지. 되물을 수 밖에 없겠지. 이와 마찬가지로 통신 도중에는 에러를 고칠 수 없어. 그러니까 **에러가 있었던 프레임은 파기되는 거야.** 그 시점에서 버려지고 그 이후의 처리는 하지 않는 거지. 그리고 **파기했다는 것은 송신측에는 알리지 않는다.**

✳ 이더넷 동작

이제 이더넷이 어떻게 데이터를 송신하는지에 대해 설명하자. LAN에서는 허브를 사용한 멀티액세스 네트워크를 채용하는 경우가 많은데 허브를 사용한 경우 신호는 어떻게 되더라?

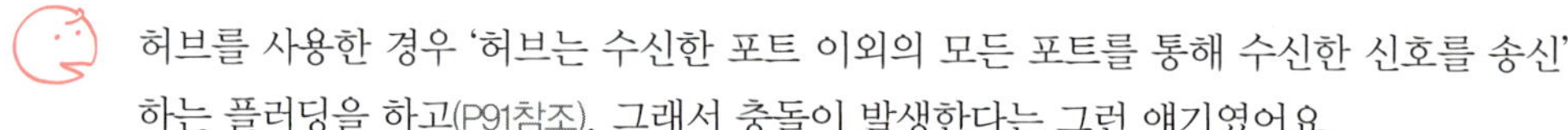

허브를 사용한 경우 '허브는 수신한 포트 이외의 모든 포트를 통해 수신한 신호를 송신'하는 플러딩을 하고(P91참조), 그래서 충돌이 발생한다는 그런 얘기였어요.

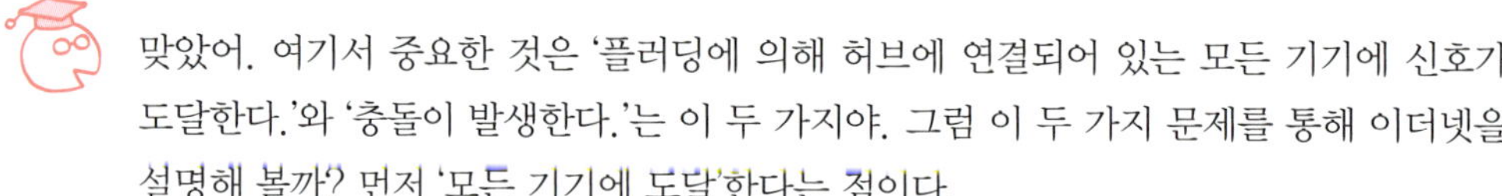

맞았어. 여기서 중요한 것은 '플러딩에 의해 허브에 연결되어 있는 모든 기기에 신호가 도달한다.'와 '충돌이 발생한다.'는 이 두 가지야. 그럼 이 두 가지 문제를 통해 이더넷을 설명해 볼까? 먼저 '모든 기기에 도달'한다는 점이다.
허브를 사용한 멀티액세스 네트워크의 경우는 신호, 즉 데이터는 모든 기기에 도달하게 되거든. 그래서 이더넷에서는 **수신한 프레임의 수신처 MAC 주소를 보고 자기에게 온 것 외의 다른 프레임을 파기**하는 거야. (그림16-2)

그렇군요. '특정 수신처에만 도달'하는 것이 아니라, '자기가 수신처가 아닌 데이터는 안 본다'는 거네요.

그런거지. 수신처 주소가 아닌 컴퓨터는 수신을 하더라도 파기해서 내용을 보지 않도록 한 거야. 극단적으로 말하자면 주소라는 것은 '수신처가 자기인지 아닌지'를 체크하기 위해 붙어있다고 할 수도 있어.

프레임에 붙어 있는 주소를 보고 자기인지 아닌지를 체크한다? 그럼 멀티캐스트랑 브로드캐스트는 어떻게 되나요?

그림 16-2 이더넷의 동작

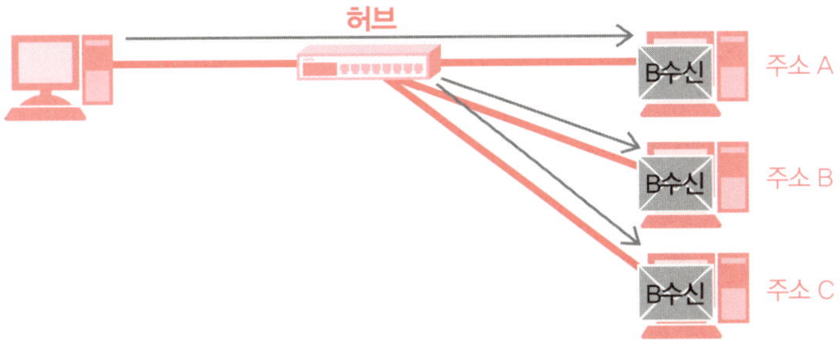

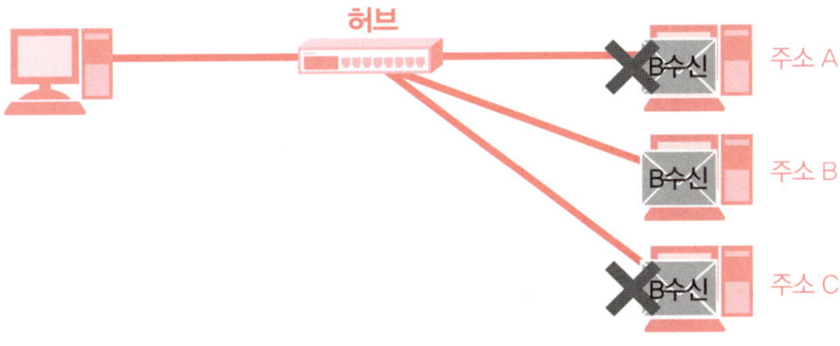

멀티캐스트의 경우는 멀티캐스트 주소에 그룹의 번호가 들어 있으니까 자신이 그 그룹의 일원이라면 수신, 그 이외의 경우는 파기하는 거고. 브로드캐스트는 전체 수신이니까 반드시 수신을 하게 되는 거다. 자, 다음은 이더넷의 두 번째 포인트인 '충돌'이다.

멀티액세스 네트워크의 경우 동시에 신호를 보내면 도중에서 신호가 충돌해서 읽을 수 없게 될 가능성이 있다는 얘기였죠(P87참조)? 그리고 이건 막아야만 한다고 했어요.

그렇지. 이더넷에서는 '신호를 보내는 타이밍을 겹치지 않도록 비켜나게'함으로써 '되도록 충돌이 일어나지 않도록' 하는데, 이를 위해서 CSMA/CD(Carrier Sense Multiple Access/Collision Detection)라는 **액세스 제어**를 시행한다.

그림 16-3 CSMA/CD

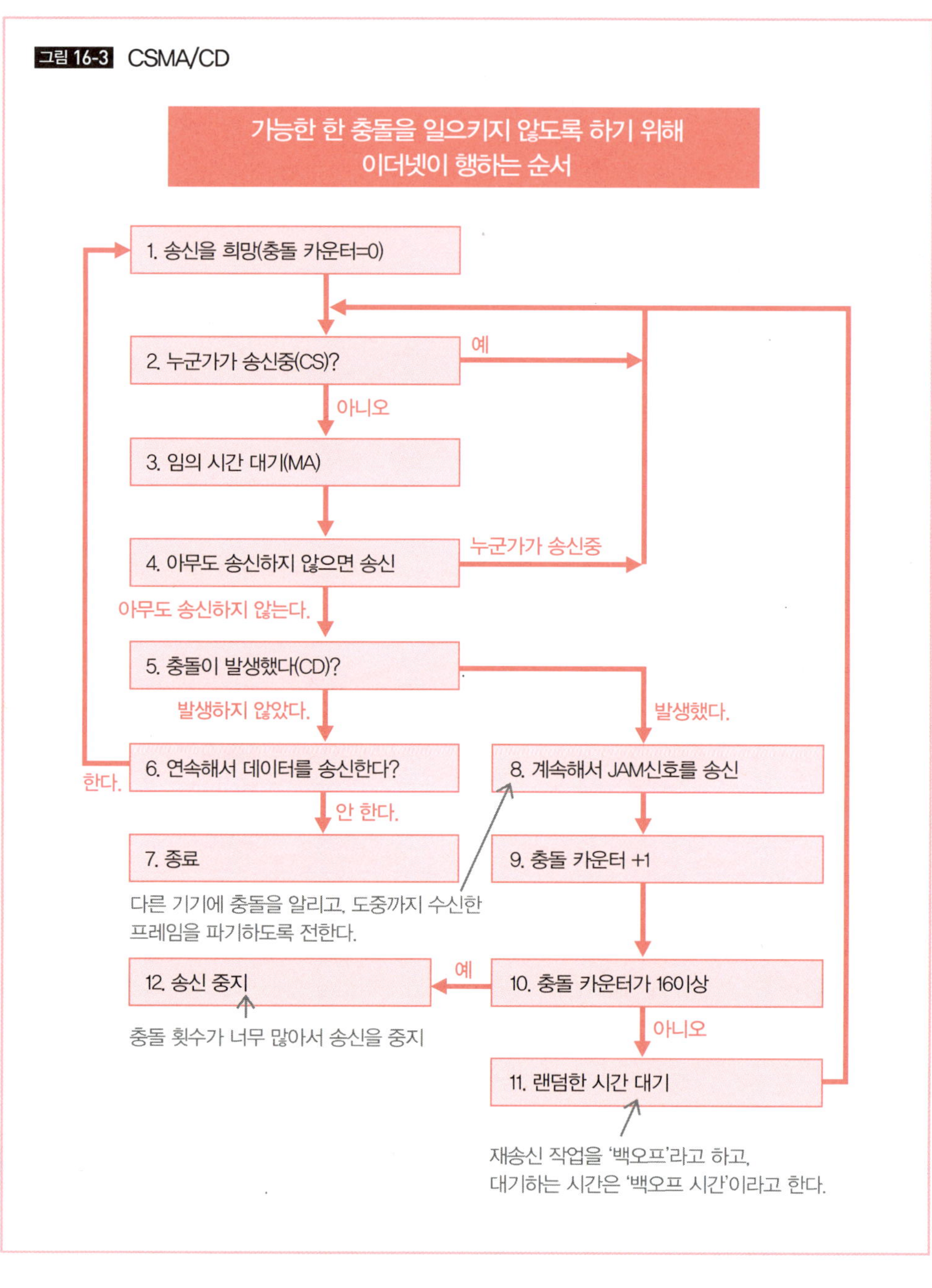

 뭔가 좀 어려울 것 같은 이름인데요, 액세스 제어는 또 뭔가요?

 인터페이스에 연결되어 있는 케이블에 신호를 보내는 '액세스'를 '제어'하는 것을 의미한다. 이 CSMA/CD를 간단히 말하면 'CS(신호 감지)는 누군가가 송신 중이라면 송신하지 않는다.'이고, 'MA(다중 액세스)는 아무도 송신하고 있지 않다면 송신할 수 있다.'이고, 'CD(충돌검사)는 송신 후에 충돌이 일어나면 다시 재수행한다.'라는 의미야. (그림16-3)

그렇게 말씀하시니까 좀 알 것 같네요. 그런데 박사님 왜 '누군가가 송신 중이라면 송신하지 않는다.'인데 '송신 후에 충돌'이 일어날 수 있나요? 아무도 송신하고 있지 않다는 것을 확인하고 나서 송신하면 충돌은 안 일어날 것 같은데요….

그건 2대가 거의 동시에 신호를 감지해버린 경우야. 그 경우에는 2대 모두 '아무도 송신하고 있지 않다'고 판단해서 2대가 송신하게 되거든. 그래서 충돌이 발생하는 거고. 이것만은 신호 감지로도 막을 수가 없어. 그러니까 '가능하면 충돌이 일어나지 않도록' 한다고 말한 거야.

그렇구나. 타이밍을 엇갈리게 하기는 하지만 어쩌다가 일치해 버리면 막을 수 없다는 거군요.

그런거지. 그럼 이번에는 여기까지하고 다음에 계속 하자.

알겠습니다. 하루 3분 네트워크 교실이었습니다~♪

넷군의 오늘의 **포인트**

* 이더넷에서는 수신처와 송신처의 MAC 주소, 에러 체크 등을 헤더. 트레일러로 붙인다.
* 수신한 프레임의 수신처가 자기가 아닌 경우는 파기한다.
* 되도록 충돌을 막기 위해 CSMA/CD를 사용한다.

✳ 허브와 스위치

16회에서는 이더넷에 관해 설명했다. 캡슐화, 이더넷 동작, CSMA/CA에 대해서도 설명했지?

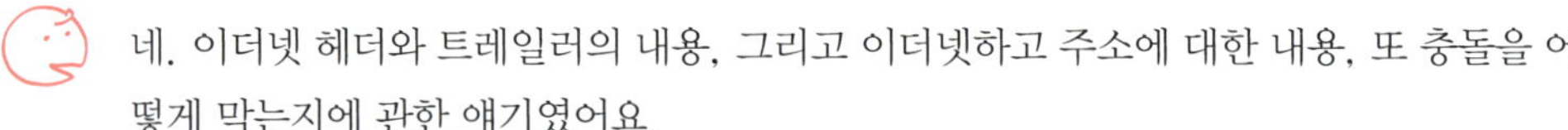

네. 이더넷 헤더와 트레일러의 내용, 그리고 이더넷하고 주소에 대한 내용, 또 충돌을 어떻게 막는지에 관한 얘기였어요.

마지막에 했던 얘기를 한 번 더 해보자. 이더넷의 CSMA/CD는 충돌을 '막는' 것이 아니라, '일어나기 어렵게' 하는 거다. 그러니까 이더넷의 CSMA/CD로 충돌이 없어지지는 않아. 충돌 도메인이라는 말을 설명했던가?

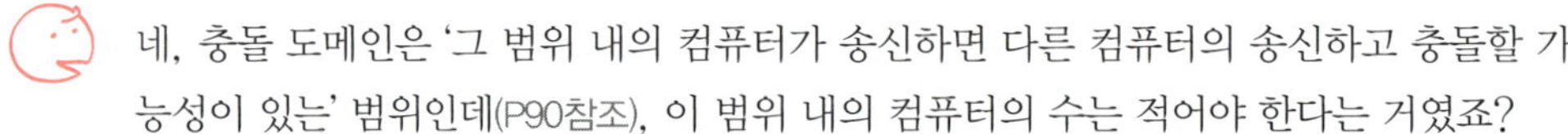

네, 충돌 도메인은 '그 범위 내의 컴퓨터가 송신하면 다른 컴퓨터의 송신하고 충돌할 가능성이 있는' 범위인데(P90참조), 이 범위 내의 컴퓨터의 수는 적어야 한다는 거였죠?

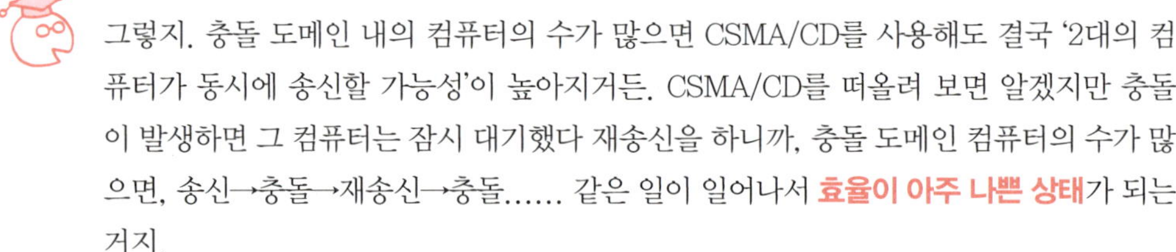

그렇지. 충돌 도메인 내의 컴퓨터의 수가 많으면 CSMA/CD를 사용해도 결국 '2대의 컴퓨터가 동시에 송신할 가능성'이 높아지거든. CSMA/CD를 떠올려 보면 알겠지만 충돌이 발생하면 그 컴퓨터는 잠시 대기했다 재송신을 하니까, 충돌 도메인 컴퓨터의 수가 많으면, 송신→충돌→재송신→충돌…… 같은 일이 일어나서 **효율이 아주 나쁜 상태**가 되는 거지.

그렇게 되면 제대로 데이터를 송신할 수 없게 되는 거네요. 몇 번을 보내도 충돌이 발생해서 다시 또 반복해야 하니까요.

그런거지. 충돌이 발생하지 않도록 하기 위해서는 '신호를 보내는 타이밍이 겹치지 않도록 엇갈리게 하는 방법'과 '신호가 지나는 길을 나누는 방법'이 있어. 이 '신호가 지나는 길을 나누기' 위한 기기가 이번에 설명하는 **스위치(Switch)[9]**야. 이것을 **허브 대신에 사용**하는 거다.

허브 대신? 허브는 복수의 컴퓨터를 연결하는 기기잖아요. 그럼 스위치도 마찬가지로 복수의 컴퓨터를 연결하는 건가요?

그렇지. 스위치도 허브와 마찬가지로 복수의 포트를 갖고 있어. 컴퓨터를 스위치에 연결함으로써 다른 컴퓨터와의 사이에서 신호를 송수신할 수 있게 되는 거지. 허브를 그냥 스위치로 치환만 하면 되는 거야.

이제 스위치가 어떻게 충돌을 막는지에 대해 얘기할 건데, 이것은 '어디에서 충돌이 일어나고 있는지'가 포인트다. 현재 LAN에서 사용되고 있는 UTP나 광파이버 케이블은 '송신 신호'와 '수신 신호'가 나뉘어 있다. 다시 말해, 케이블상에서는 자신이 송신한 신호랑 상대에게서 보내 온 신호가 동시에 지나가도 충돌은 발생하지 않는다는 거다.

아~ 그런가요? 그럼 충돌은 어디서 일어나나요?

충돌은 허브에서 발생하는 거다. 허브가 동시에 2개 이상의 기기로부터 신호를 수신하면 허브는 그것을 나누어서 보낼 수가 없거든. 그래서 거기에서 충돌이 발생하는 거야.

(그림17-1)

* MAC 주소 필터링

그래서 스위치 안에서 **수신한 프레임을 따로따로 보낼 수 있도록 처리해서 충돌을 막는 거다.** 어떻게 하느냐면 **MAC 주소 필터링과 버퍼링**, 두 가지를 시행하는 거야.

먼저 MAC 주소 필터링은 '학습'과 '스위칭'이라는 동작으로 이루어져 있어. 우선 학습인데, 이것은 **수신한 프레임의 송신처 MAC 주소를 기록**하는 거야. 이것으로 **수신한 포트랑 MAC 주소를 연관 짓는 거지.** (그림17-2)

---

9 **스위치**: 일반적으로는 '스위칭 허브', '이더넷 스위치', '2계층 스위치' 등으로 불린다.

음~ 전달되어 온 프레임의 송신처 MAC 주소하고 그것을 수신한 포트의 대응표를 만든
다는 건가요? 무엇 때문에 그런 걸 하는 건가요?

다음의 스위칭을 위해서지. 아무튼 이 '학습'에 의해 **스위치는 포트에 연결되어 있는 컴퓨
터의 MAC 주소를 기억**하는 거야. 즉, '이 포트에 이 MAC 주소를 가진 컴퓨터가 있습니
다.'라고 기억하는 거지. 이 대응표를 **어드레스 테이블**이라고 한다.

확실히 이런 '학습'이라면 포트에 연결되어 있는 컴퓨터를 기억하게 되겠네요. 그래서 다
음은 스위칭인가요?

그렇지. 프레임을 수신한 스위치는 **프레임의 수신처 MAC 주소를 보고 그 MAC 주소가
있는 포트만 프레임을 송신**하는 거야. 그 외의 다른 포트는 송신하지 않는 거지. 그럼 여
기에서 어떻게 '수신처 MAC 주소가 있는 포트'를 알 수 있냐면 아까 '학습'한 어드레스 테
이블에서 찾는 거야. (그림17-3)

그림 17-2 MAC 주소의 학습

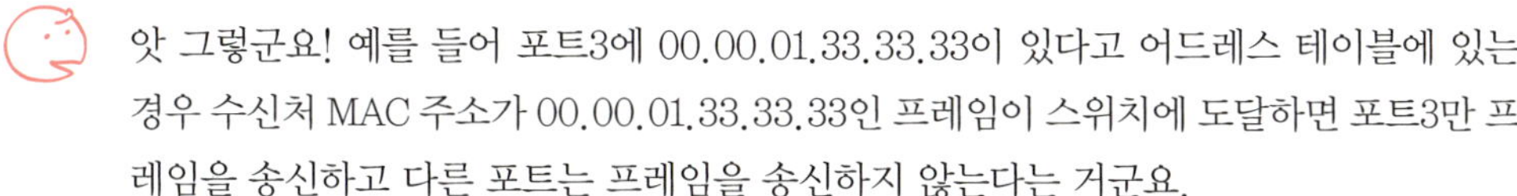

앗 그렇군요! 예를 들어 포트3에 00.00.01.33.33.33이 있다고 어드레스 테이블에 있는 경우 수신처 MAC 주소가 00.00.01.33.33.33인 프레임이 스위치에 도달하면 포트3만 프레임을 송신하고 다른 포트는 프레임을 송신하지 않는다는 거군요.

그렇지. 그 결과 **수신처가 다른 프레임이 동시에 스위치에 도달해도 충돌은 발생하지 않게 되는 거야.** 만약 허브라면 어떤 프레임이 도달해도 플러딩하려고 하니까 동시에 도달한 경우에는 충돌이 발생하지만 스위치에서는 그런 일이 일어나지 않는다는 거야.

확실히 그렇겠네요. A에서 B로, 그리고 C에서 D로 스위치에 도달했다고 해도 B수신은 B가 연결되어 있는 포트만, D수신은 D가 연결되어 있는 포트만 송신하니까 충돌하지 않겠네요.

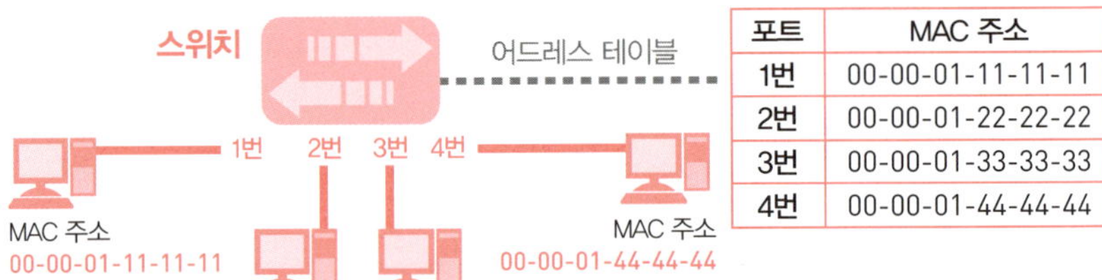

포트	MAC 주소
1번	00-00-01-11-11-11
2번	00-00-01-22-22-22
3번	00-00-01-33-33-33
4번	00-00-01-44-44-44

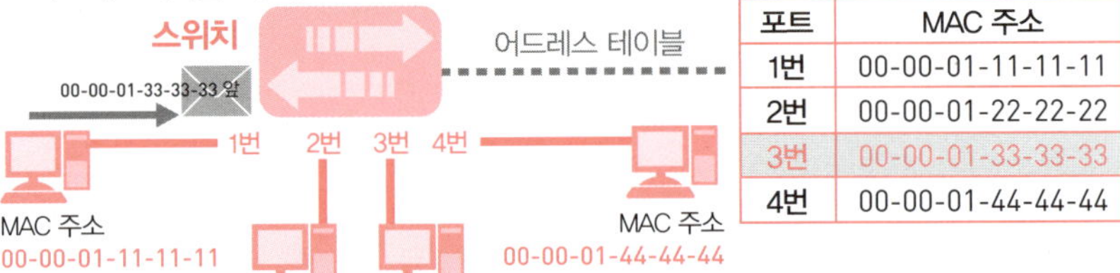

포트	MAC 주소
1번	00-00-01-11-11-11
2번	00-00-01-22-22-22
3번	00-00-01-33-33-33
4번	00-00-01-44-44-44

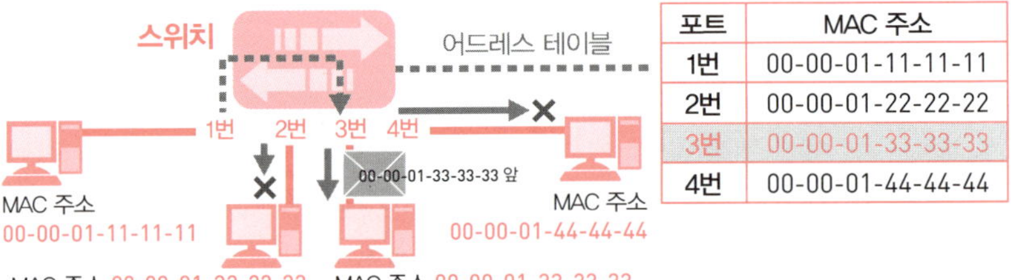

포트	MAC 주소
1번	00-00-01-11-11-11
2번	00-00-01-22-22-22
3번	00-00-01-33-33-33
4번	00-00-01-44-44-44

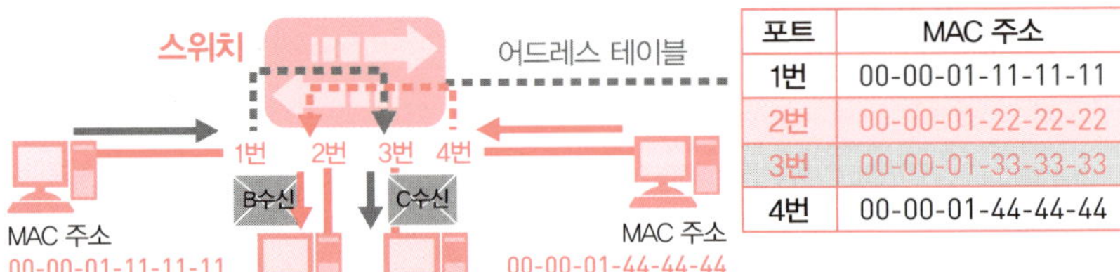

포트	MAC 주소
1번	00-00-01-11-11-11
2번	00-00-01-22-22-22
3번	00-00-01-33-33-33
4번	00-00-01-44-44-44

 이 동작은 MAC 주소에 의해 송신하는 포트를 필터링하기 때문에 MAC 주소 필터링이라고 한다. 이 MAC 주소 필터링에서 주의할 점이 있는데 스위치는 먼저 주소를 '학습'하고 포트와 MAC 주소의 대응표인 어드레스 테이블을 만들어야 한다는 점이야. 만약 그 MAC 주소가 송신처의 프레임을 수신하기 전이어서 '학습하지 않은' 상태라면 MAC 주소 필터링을 할 수 없으니까.
이 경우, 그러니까 '학습 전의 MAC 주소 수신의 프레임을 수신한' 경우랑 수신처가 1대가 아닌 멀티캐스트[10]와 브로드캐스트 수신처인 프레임을 수신한 경우에는 허브와 마찬가지로 플러딩을 하게 되는 거야.

 아~ 송신할 포트를 모르니까. 이건 어쩔 수 없겠네요. 그러고 보니 박사님? '수신처가 다른 프레임이 동시에 스위치에 도달해도 충돌은 발생하지 않는다'고 하셨는데 그럼 '수신처가 같은 프레임이 동시에 도달한 경우'에는 어떻게 되나요? 충돌해 버리지 않나요?

 그게 스위치의 또 하나의 동작인 '버퍼링'이 나와야 하는 이유지. 그럼 그건 다음에….

 네~ 하루 3분 네트워크 교실이었습니다~♪

---

10 멀티캐스트: 멀티캐스트 수신의 프레임을 수신한 경우라도 MAC 주소 필터링을 실행하는 방법은 있다. IGMP 스누핑이라고 불리는 방법을 사용한다.

넷군의 오늘의 **포인트**

* 충돌은 허브에서 발생한다.

* 스위치는 'MAC 주소 필터링'과 '버퍼링'으로 충돌을 막는다.

* 수신처 MAC 주소에 대응한 포트만 프레임을 송신하는 것이 MAC 주소 필터링이다.

 버퍼링

충돌이 발생할지도 모른다는 건 효율이 아주 나빠질 가능성이 있다는 얘기야. 그래서 충돌을 막기 위한 기기가 만들어졌는데 그것이 스위치였지?

그랬죠. 스위치는 MAC 주소 필터링으로 '수신처가 다른 프레임이 동시에 스위치에 도달해도 충돌을 일으키지 않게' 할 수 있어요. 그렇다면 이번 회에는 수신처가 같은 프레임이 동시에 도달하면 어떻게 되는가 하는 것에 대해 얘기해 주시나요?

그 역할을 하는 것은 **버퍼링**이야. 버퍼링은 **버퍼(Buffer)**를 사용한 처리를 실행하는 걸 말하는데, 버퍼는 일시적으로 데이터를 기록해 둘 수 있는 기억기기(메모리)다. 넷군! 수신처가 같은 프레임이 동시에 도달했을 때를 생각해 봐. 어떻게 되지?

어떻게 되냐면, 수신처가 같은 프레임이 동시에 도달하면 그 수신처가 연결되어 있는 포트로부터 송신하려고 하겠죠. 하지만 출구는 한 개밖에 없는데 프레임이 두 개 있으니까 거기에서 충돌이 발생하는 거 아닌가요?

바로 그런거지. 그래서 충돌이 일어나지 않도록 **충돌할 것 같은 프레임을 버퍼에 일시적으로 저장해 두는 거야.** 수신처가 같은 프레임이 두 개 도달했을 경우 한 개는 송신하고 나머지 한 개는 일시적으로 버퍼에 저장하는 거지. 그리고 첫 번째 프레임 송신이 끝나면 저장해 두었던 프레임을 송신시키는 것. 이것이 버퍼링이야. (그림18-1)

정말 그렇게 하면 출구에서 부딪칠 일이 없겠네요. 임시 피난 장소를 준비해두는 거구나.

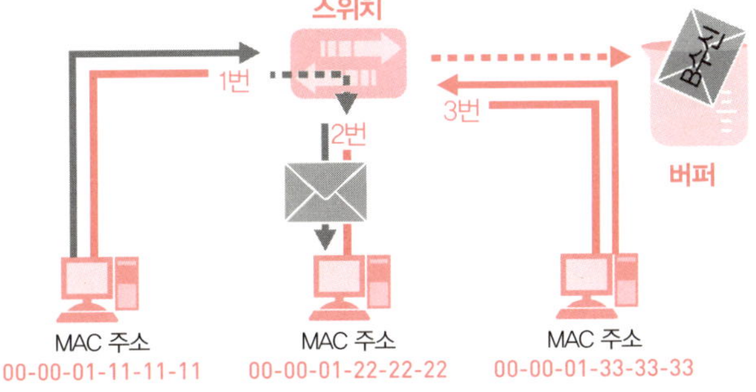

그런거지. 다만 여기에 한 가지 문제가 있는데 그건 버퍼의 용량이야. 만약 수신처가 같은 프레임이 계속해서 올 경우 버퍼에 저장할 수는 있지만 무한대로 저장할 수는 없거든. 기억기기의 용량은 제한되어 있으니까.

용량의 제한이 없는 기억기기 같은 게 있으면 좋을 것 같기는 하지만, 그건 그렇네요. 그럼 버퍼의 용량이 부족할 정도로 프레임이 도달한 경우에는 어떻게 되나요?

그 경우에는 **백 프레셔(Back Pressure)** 또는 **IEEE802.3x**라는 규격을 사용해서 송신을 조정하는 거야. 간단히 말하면 버퍼가 부족할 것 같다고 판단하면 송신을 중지하는 거지.

(그림18-2)

오오~ '버퍼가 가득 찼으니까 통신을 중지'하라는 거네요. 그런데 왜 2종류가 있나요?

그건 스위치가 다음에 얘기할 전이중 이더넷에 대응하면 IEEE802.3x를 사용하고 그렇지 않으면 백 프레셔 방식을 사용하기 때문이야. 아무튼 **스위치를 사용해서 충돌이 일어나지 않게 된다**는 건 알았겠지?

네, MAC 주소 필터링하고 버퍼링을 사용해서 충돌이 발생하지 않도록 하는 거네요. 스위치 정말 대단하다.

그래. 여기에서 충돌 도메인을 한 번 떠올려 봤으면 하는데, 충돌 도메인이란 '그 범위에 있는 기기에서 충돌 가능성이 있다'는 범위를 말하는 거였다. 그런데 스위치를 사용하면 충돌이 발생하지 않게 되는 거야. 즉, **충돌 도메인은 스위치에 의해 분할**되는 거지. 충돌 도메인은 작아야 하는데 스위치가 이것을 실현해서 데이터 통신의 효율을 높이는 거다.

그림 18-2 백 프레셔/IEEE802.3x

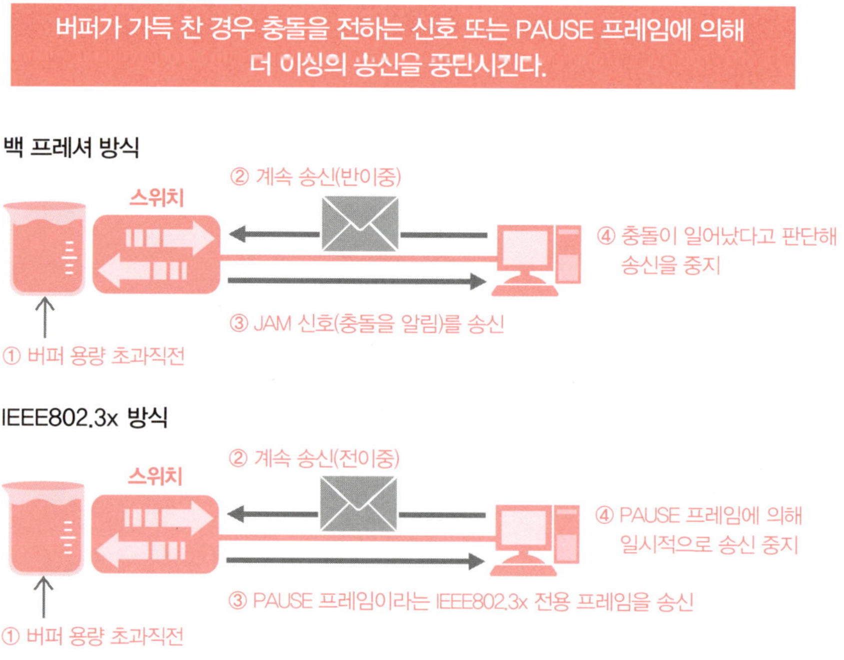

＊ 전이중 이더넷

지금 설명한 것처럼 '스위치를 사용하면 충돌이 발생하지 않게 된다'고 했는데, 여기서 기억해야 할 것은 이더넷에서는 되도록 충돌을 방지하기 위해 CSMA/CD를 사용한다는 거다 (P109참조). 그런데, 잘 생각해 보면 스위치를 사용하면 충돌이 일어나지 않는데 군이 CSMA/CD까지 사용해 충돌을 막으려고 하는 것은 쓸모없는 일 같지 않아? 더구나 **CSMA/CD는 반이중 통신**이라 효율이 나쁜 구조인데.

아, 스위치 덕분에 충돌이 발생하지 않는다면 정말 CSMA/CD는 필요 없겠네요. 그런데 박사님! 반이중 통신이란 뭔가요? 반 만 이중? 이중이란 건 뭔가요?

잠깐잠깐, 한 번에 한 가지씩만 물어봐라. 먼저 반이중 통신(Half-Duplex)이란 '누군가가 송신 중(자기는 수신 중)일 때는 송신 불가능', '자기가 송신 중일 때는 수신 불가능'같은 통신 방식을 말하는 거다. 트랜시버를 생각해보면 이해하기 쉬울 거야.

트랜시버… 그건 자기가 말하면 다른 사람 소리는 안 들리고, 반대로 듣고 있을 때는 이쪽에서 말할 수 없는 거잖아요. CSMA/CD가 이 '반이중 통신'인 건가요?

그래. 일단 신호 감지가 있어서 '누군가가 송신 중일 때는 데이터를 송신하지 않는다'. 그리고 '자신이 송신 중일 때는 충돌을 막기 위해 다른 컴퓨터가 송신해 오지 않는다'. 즉, 수신하지 않는다는 거지. 그래서 CSMA/CD는 반이중 통신이라는 거야.
반면 '동시에 송신과 수신을 할 수 있는' 방식은 **전이중 통신(Full-Duplex)**이라고 부른다. 스위치를 사용한 경우엔 충돌을 염려할 필요가 없으니까 CSMA/CD를 사용할 필요가 없어. 그래서 **전이중 통신을 할 수 있다는 거야.** 이렇게 스위치를 사용해 전이중 통신을 하는 것을 전이중 이더넷[11]이라고 한다. (그림18-3)

송신과 수신이 동시에 가능해져서 편리해진다니 굉장하네요. 스위치….

---

11 전이중 이더넷: 단, 스위치와 컴퓨터의 인터페이스 양쪽 모두 전이중 이더넷 대응 제품이어야 한다.

 전이중 이더넷

① 허브에서 충돌이 발생하기 때문에 수신 중에는 수신만 한다. 송신 중에는 다른 데서 송신해 오지 않는다(수신하지 않는다). 따라서 허브를 사용한 이더넷은 반이중 통신이다.

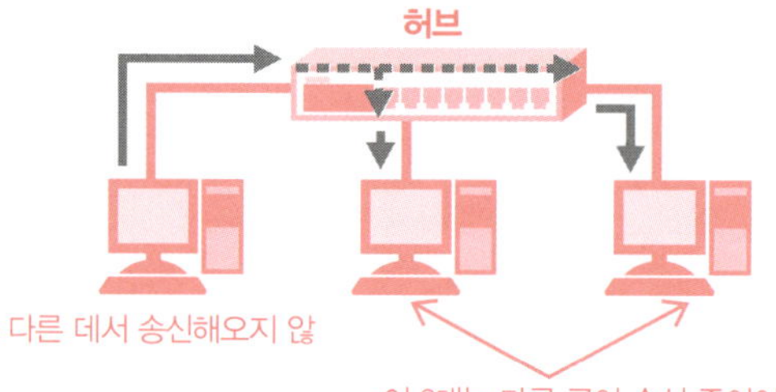

② 스위치에서는 충돌이 발생하지 않고 또 케이블상에서도 충돌이 발생하지 않기 때문에 송신 중이라도 수신할 수 있다. 따라서 스위치를 사용한 이더넷은 전이중 통신이 가능하다.

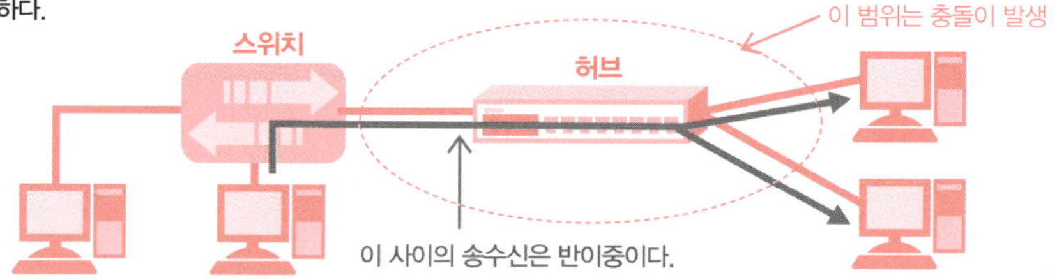

③ 단 스위치와 허브를 캐스케이드 접속한 경우에는 허브에서 충돌이 발생하기 때문에 전이중 통신은 불가능하다.

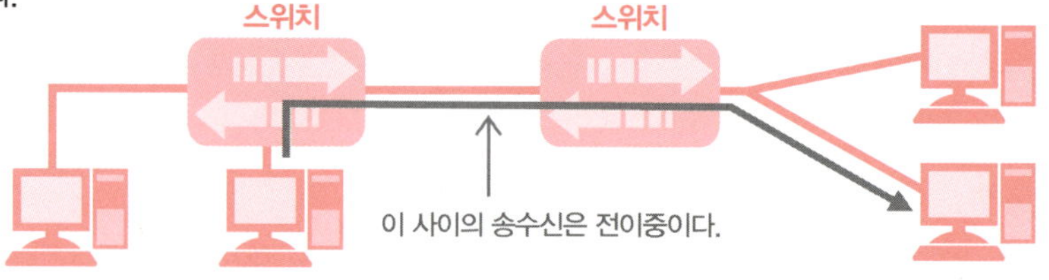

④ 스위치끼리 캐스케이드 접속을 하면 충돌이 발생하지 않기 때문에 어느 통신이라도 전이중 통신이 가능하다.

 예를 들어 5대의 컴퓨터가 허브에 연결되어 있고 케이블이 100Mbps였다고 하자. 그럼 5대의 컴퓨터가 각각 100Mbps의 데이터를 송신하고 싶은 경우 허브에서는 동시에 송신할 수 없으니까 1대가 100Mbps를 송신한 후에 다음 컴퓨터가 보내고, 또 다음으로…. 이런 식으로 반복하니까 결과적으로 5초가 걸려. 1대당 20Mbps분 밖에 사용할 수 없다는 계산이 되는 거지. 하지만 스위치를 사용한 전이중 이더넷이라면?

 전이중 이더넷이라면 동시에 송신과 수신이 가능하니까 100Mbps를 송신하는데 걸리는 시간은 1초. 1대 당 그대로 100Mbps를 사용할 수 있는 거네요!

그래 맞아. CSMA/CD로 허브에 100대 연결되어 있으면 1/100의 1Mbps가 되는 거야. 다시 말해 접속 대수로 나눈 것만큼만 사용할 수 있는데, 전이중 이더넷이라면 케이블 부분을 그대로 사용할 수 있어. 그래서 현재는 스위치가 보급되어서 전이중 이더넷이 당연하게 된 거지.

 그야 그렇겠네요. 확실히 그쪽이 뛰어나네요.

그럼 이번에는 여기까지 하자. 다음 회부터는 3계층에 관해 설명하지.

네, 알겠습니다. 하루 3분 네트워크 교실이었습니다~♪

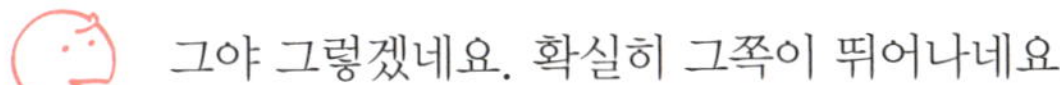

넷군의 오늘의 **포인트**

* 버퍼링으로 수신처가 같은 프레임의 충돌을 막는다.
* 스위치를 사용함으로써 CSMA/CD를 사용할 필요가 없어서 전이중 이더넷이 가능해진다.

 보충 ② '패킷 캡쳐를 사용해 보자'

안녕하세요. 하루예요. 1계층하고 2계층 이더넷에 대한 설명이 이 책에서는 끝났을 것 같네요. 하지만 '이러이러한 데이터를 보내고 있다'는 설명을 들어도 좀체 감이 안 오잖아요. 그저 컴퓨터를 사용만 해서는 어떤 데이터가 어떤 형태로 전송되는지 모르니까요.

데이터가 실제로 어떤 내용으로 전송되고 있는지 알고 싶지 않으세요? 실은 어떤 소프트웨어를 사용하면 볼 수 있어요. 그게 '패킷 캡쳐'라 불리는 소프트웨어예요(네트워크 분석기 등으로 불리기도 합니다). 패킷 캡쳐 소프트웨어를 PC에 인스톨하면 어머나 세상에~ 송수신하는 데이터를 볼 수 있어요.

패킷 캡쳐는 NIC가 수신한 이더넷 프레임을 전부 표시하는 소프트웨어예요. '수신한' 것을 표시하니까 수신처가 자기가 아닌 다른 프레임도 전부 볼 수 있어요. 네트워크 관리를 하는 사람들이랑 네트워크 소프트웨어를 만드는 사람들은 어떤 데이터가 전송되고 있는지 그 내용은 무엇인지 조사해야 하니까 이런 소프트웨어를 자주 사용하는 거죠.

네트워크 전문가가 사용한다고 하니까 '구할 수 없다'거나 '어렵다'고 생각할지도 모르겠지만 현재는 인터넷상에서 무료로 다운로드 할 수 있는 것이 제법 있어요. 프리 소프트웨어로 유명한 것 중에는 Wireshark(http://www.wireshark.org/)가 있어요.

패킷 캡쳐 소프트의 장점은 뭐니뭐니해도 실제로 어떤 데이터가 흘러가고 있는지 볼 수 있다는 점이에요. 이 '하루 3분 네트워크 교실'에서 설명하는 대로 데이터가 송수신되고 그 데이터의 내용도 그대로인 것을 보면 정말 감동적이에요. 여러분도 한 번 인스톨해서 공부한 것을 확인하는데 사용해 보면 좋을 것 같네요.

단, 패킷 캡쳐 소프트웨어는 전송되는 프레임을 전부 표시하게 되거든요. 그래서 사용법에 따라서는 '도청'이라는 형태로 악용될 수도 있으니까 주의해서 사용해 주세요.

3장

IP 어드레싱

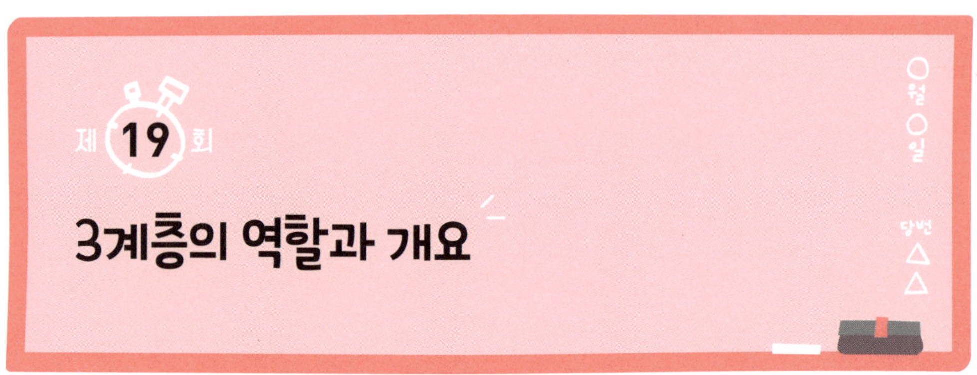

✳ 네트워크

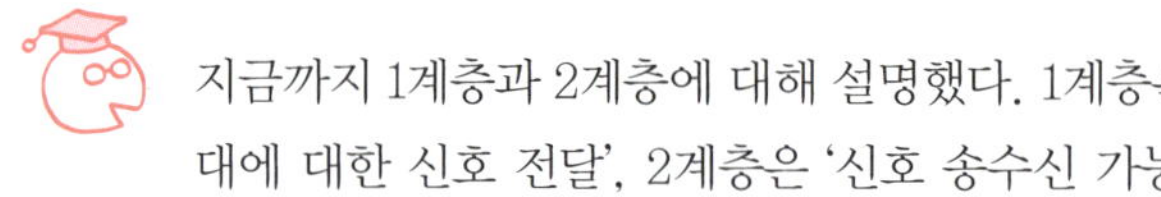

지금까지 1계층과 2계층에 대해 설명했다. 1계층은 전기적인 '케이블이 연결되어 있는 상대에 대한 신호 전달', 2계층은 '신호 송수신 가능한' 상태에서 '세그먼트 내에서 어떻게 데이터를 주고받는지'에 대한 거였다.

네. 그랬죠. 1계층이 케이블을 통해서 신호를 건네주는 역할, 2계층이 그 상위층으로 '신호를 제대로 송수신하기 위한 순서'를 생각하는 역할. 신호를 데이터로서 수신하거나 충돌이 일어나지 않도록 하는 일 같은 거….

그렇지. 전에 OSI 참조 모델에서 얘기 한 내용을 잊지 말도록(P51참조). 상위 계층은 하위 계층을 생각하지 않는다. '신호를 운반'하는 것이 1계층의 역할이고 그 상위인 2계층은 '신호가 운반된다는 전제'하에서 컴퓨터나 기기 간에서 데이터를 송수신하는 역할을 한다는 거였다.

반대로 하위인 1계층은 상위 계층인 2계층을 위해 일하는 거였죠? 2계층이 '이 타이밍에서 이렇게 데이터를 보낸다.'라고 하면 '그럼 신호를 보내겠습니다.' 같은 느낌?

그렇지. 계층의 상하 관계를 잘 기억해 둬라. 그럼 이번 회부터는 3계층을 설명하지. 3계층을 이해하기 위해서 먼저 '세그먼트'를 설명해야겠군.

세그먼트… 그건 1장에서도 2장에서도 얘기가 나왔었죠(P40참조)? 그러니까 라우터 없이 분배로 연결되어 있는 범위?

간단히 말하면 **라우터와 라우터 간의 범위**라고 생각하면 된다. 이 세그먼트 내에서 데이터의 송수신을 하는 것이 2계층의 역할이었다. 하지만 그걸로는 세그먼트 내의 컴퓨터끼리만 데이터 송수신을 할 수 있어. 그럼 세그먼트를 초월한 송수신을 하려면 어떻게 하는 거였더라?

어… 분명히 앞에서 '패킷 교환기인 라우터를 지나서 다른 세그먼트로 데이터를 보낸다.' '그것을 생각하는 것은 2계층보다 상위인 3계층이다.'라고 말씀하셨는데요(P95참조).

그래, 즉 세그먼트 내에서가 아니라 **세그먼트 간에서의 데이터 송수신을 하는 것이 3계층**이라는 얘기다. 단, 세그먼트라는 말은 1계층과 2계층에서 사용하는 말이고, 3계층에서는 이것과 같은 범위를 가리켜서 네트워크라고 한다.

네트워크? '무언가와 무언가가 그물망으로 연결되어서 무언가를 운반하는' 그것이 네트워크였잖아요(P16참조).

그건 넓은 의미의 네트워크고, 3계층에서 사용하는 '네트워크'라는 말은 좁은 의미의 네트워크로 '세그먼트'와 동의어다. **라우터와 라우터로 분배된 컴퓨터 그룹**이라는 의미야. (그림19-1)

✳ 인터넷 작업

좀 더 자세하게 설명해 줄게. 네트워크란 '컴퓨터의 그룹'이고 2계층까지의 '세그먼트'와 같은 범위를 말하는 거였다.

좀 헷갈리는데요. 그니까 '라우터와 라우터로 나뉜' 범위인 거죠?

그렇지. 세그먼트와 같은 거니까 **네트워크 내의 컴퓨터끼리는 2계층에 의해 연결되어 있어.** 즉, 멀티액세스 네트워크 혹은 포인트 투 포인트 네트워크의 형태로 컴퓨터가 연결되어 있는 거다. 1계층에서 신호를 전달하고 2계층에서 그것을 제어함으로써 데이터를 송수신할 수 있는 상태가 되는 거지.

음, 그러니까 네트워크 내라면 2계층까지 만으로도 데이터 송수신이 가능하게 되는 거네요. 3계층은 특별히 필요없다는 건가?

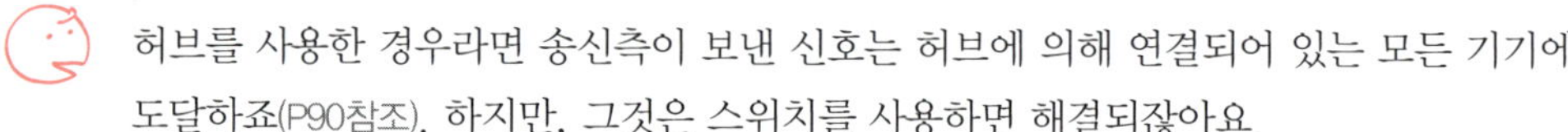

 실은 그래. 다만 2계층까지의 기능만으로는 큰 네트워크를 구성할 수가 없어. 이 '큰' 이
라는 것은 컴퓨터의 수를 말하는 거다. 이더넷으로 허브나 스위치를 사용하면 어느 정도
규모는 만들 수 있지만, 여러 가지 걸림돌이 생기거든. 예를 들어 이더넷에서는 신호를
어떻게 운반하지? 허브를 사용한 경우라면?

허브를 사용한 경우라면 송신측이 보낸 신호는 허브에 의해 연결되어 있는 모든 기기에
도달하죠(P90참조). 하지만, 그것은 스위치를 사용하면 해결되잖아요.

스위치를 사용하면 충돌이 없어지기는 하지만 스위치의 '브로드캐스트를 제어하지 않는
다'는 문제는 해결되지 않아.

스위치는 확실히 멀티캐스트, 브로드캐스트, 아직 학습하지 않은 주소 수신의 프레임을
플러딩하는 거였죠(P113참조)? 거기에 무슨 문제가 있는 건가요?

 음… 브로드캐스트를 송신하면 그 브로드캐스트가 도달하는 범위의 모든 컴퓨터가 그것을 수신해서 자기와 관계가 있는지 없는지를 확인해야 하니까 그만큼 컴퓨터의 처리가 증가하는 거야. 대수가 늘어나면 늘어날수록 브로드캐스트의 총 수도 늘어나니까. 이렇게 되면 확인하는 처리 또한 많아지게 되는 거지.

아~ 컴퓨터 수가 많아지면 빈번하게 브로드캐스트가 송신되서 그만큼 확인처리가 빈번하게 일어나게 되는 건가요? 그럼 3계층은 브로드캐스트를 어떻게 처리할 수 있나요?

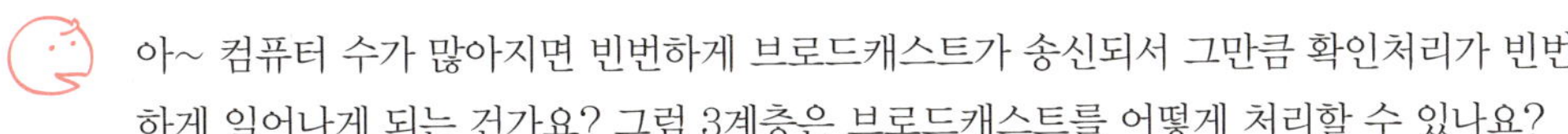 나중에 설명하겠지만 **라우터를 넘어서는 브로드캐스트는 송신되지 않는다.** 즉 1개의 큰 네트워크를 복수의 네트워크로 분할함으로써 브로드캐스트가 도달하는 범위를 제한할 수 있는 거다. (그림19-2)

그렇군요. 네트워크를 나누니까 브로드캐스트가 송신되는 양이 줄겠네요.

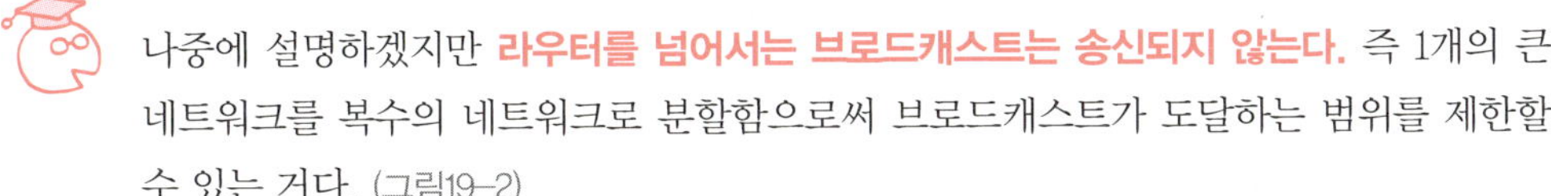 그런 얘기인 거지. 그럼 다음으로 문제가 되는 것은 '네트워크와 네트워크 사이'에서 어떻게 데이터를 송수신할지 하는 문제다. 2계층까지의 기능은 어디까지나 '같은 세그먼트의 기기', 간단히 말하면 '인접기기와의 데이터 통신'의 기능이었다.

2계층은 케이블이 직접 연결되어 있거나 허브나 스위치로 연결되어 있는 컴퓨터에서의 데이터 통신이었죠? 2계층까지의 기능으로는 네트워크와 네트워크 간의 송수신은 못한다는 건가요?

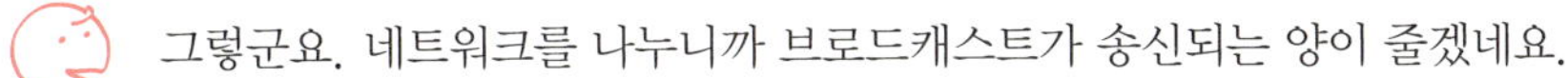 그래. 이 '네트워크 간에서의 데이터 송수신'을 **인터넷 작업(Internetwork)**이라고 한다. 또는 간단히 인터넷(Internet)이라고도 하고. (그림19-3)

인터넷? 네? 그 홈페이지 같은 것을 보는?

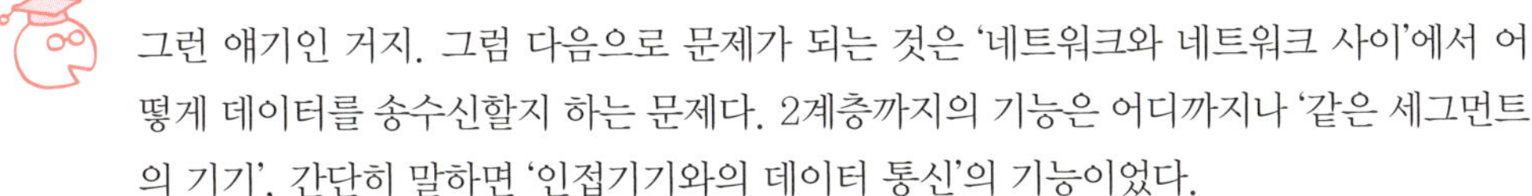 그쪽은 고유명사인 '인터넷'이야. 영어로는 'INTERNET', 'The internet', 'The Net'이라고 쓰지. 그게 아니라 여기에선 '네트워크 간에서의 데이터 전송'이라는 의미에서 인터넷이라는 말을 사용하는 거다. 영문으로 'Internet'이라고 쓰여있는 경우가 있는데 그걸 고유명사인 인터넷하고 착각하면 안 된다.

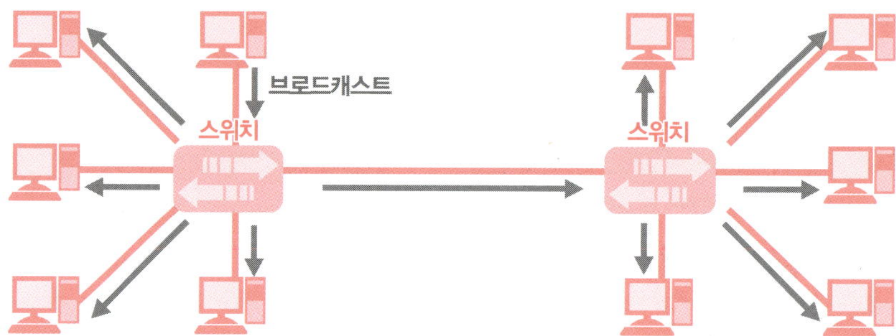

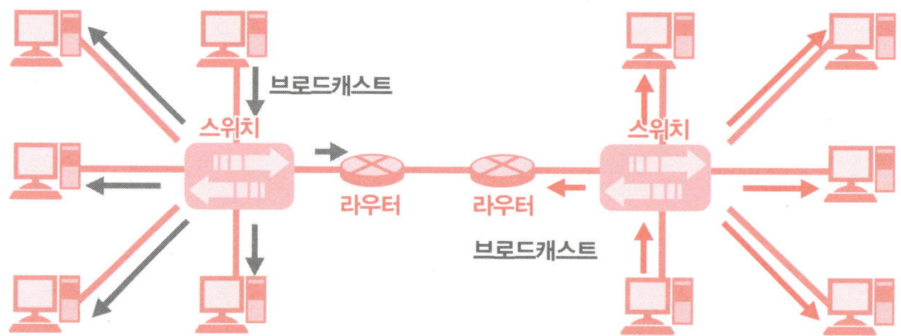

네! 조심하겠습니다.

즉, **3계층은 인터넷 작업을 수행**하는 것이 그 역할이야. 인터넷 작업에 의해 **떨어진 위치에 있는 컴퓨터끼리 데이터 통신이 가능**하게 되는 거지. 자세한 얘기는 다음 회부터 하기로 하자.

 인터넷 작업

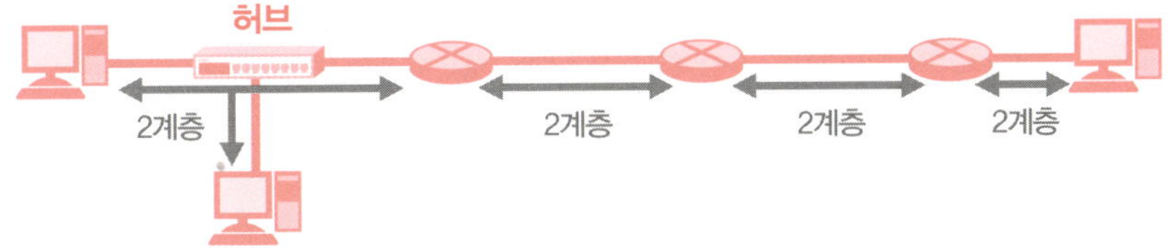

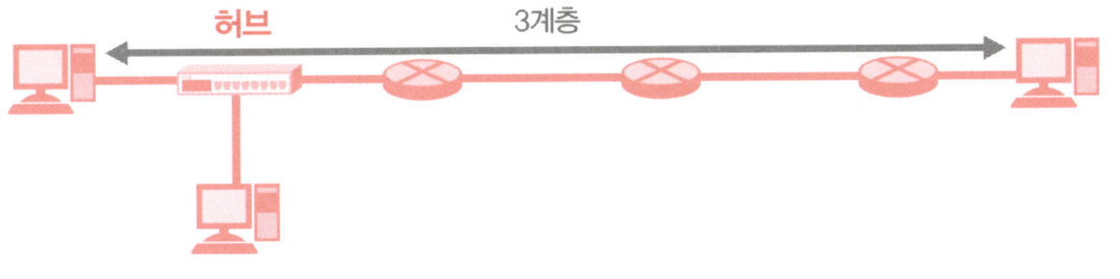

옙. 하루 3분 네트워크 교실이었습니다~ ♪

넷군의 오늘의 **포인트**

* 좁은 의미의 네트워크는 라우터로 나뉘어진 '컴퓨터 그룹'을 말한다.

* 네트워크 간에서 데이터 통신을 하는 것을 인터넷 작업이라고 한다.

* 3계층에서는 인터넷 작업을 수행한다.

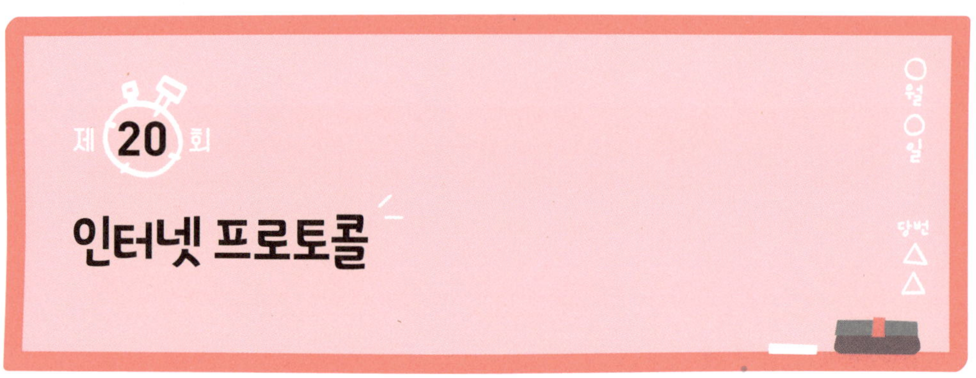

인터넷 프로토콜

✱ 3계층의 역할과 IP

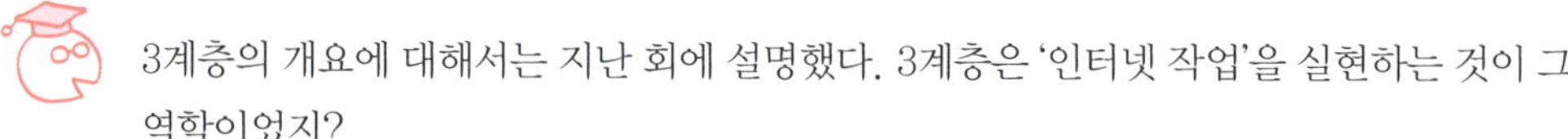

3계층의 개요에 대해서는 지난 회에 설명했다. 3계층은 '인터넷 작업'을 실현하는 것이 그 역할이었지?

네. 인터넷 작업에 의해 네트워크와 네트워크 사이에서 데이터 송수신이 가능하게 되는 거였어요. 그렇게 해서 떨어진 장소에 있는 컴퓨터끼리 데이터 통신이 가능하게 되는 거고요.

그렇지. 그럼 그 '인터넷 작업'을 실현하기 위해 필요한 것을 설명하지. 여기에서 생각할 것은 크게 2가지가 있다. 먼저 첫 번째가 **어드레싱**이다.

어드레싱? 어드레싱이라는 건 그러니까, 어드레스를 어떻게 써서 어떻게 배당할지 같은 얘기였죠? MAC 주소를 설명할 때 얘기했던(P100참조).

그렇지. 2계층 이더넷에서는 어드레스로서 MAC 주소를 사용했지만 3계층에서는 MAC 주소는 사용하지 않아. 왜냐면 MAC 주소는 '장소를 특정할 수 없는' 주소이기 때문이다.

MAC 주소는 앞 24비트가 '제조업체 번호'인 벤더코드, 뒤 24비트가 제조업체가 붙인 번호였죠(P104참조)? 그러고 보니 '어디에 있다.'같은 장소에 대한 정보는 없네요.

2계층의 '세그먼트 내'에서의 데이터 송수신에서는 이걸로도 충분해. 일단은 컴퓨터의 수가 적으니까. 하지만 3계층처럼 네트워크를 가로질러서 다른 네트워크에 데이터를 전송하게 되면 컴퓨터 수도 비약적으로 많아지니까 '어디'라는 정보가 없으면 곤란한 거지. 그러니까 **3계층을 위한 주소**가 필요하게 되는 거야.

으으응? 그러니까 2계층에서 사용하는 'MAC 주소'하고 3계층에서 사용하는 주소가 다르다? 주소가 2개 필요하다는 건가요?

2계층과 3계층에서 2개의 주소를 사용한다는 거야. 3계층에서 사용하는 주소는 **논리 주소**라고 불리는데 이 주소는 **어디에 있는지와 같은 위치정보**가 있어. 그걸로 수신처를 찾을 수 있는 거지.

2계층에서 사용되는 주소는 '물리 주소'라고 불린다. MAC 주소가 그거야. '물리 주소'와 '논리 주소'의 차이는 주소에 위치정보가 포함되어 있는지 없는지 하는 점이야. 위치정보는 **어디의 네트워크에 있는 어느 컴퓨터**라는 정보의 조합으로 실현된다. (그림20-1)

'어디에 있는', '어느 컴퓨터'…, 그냥 보통 주소랑 같은 거죠? '서울시 금천구'에 있는 '가산디지털2로 123 월드메르디앙벤처센터 2차 10층' 같은 건가요?

그림 20-1 물리 주소와 논리 주소

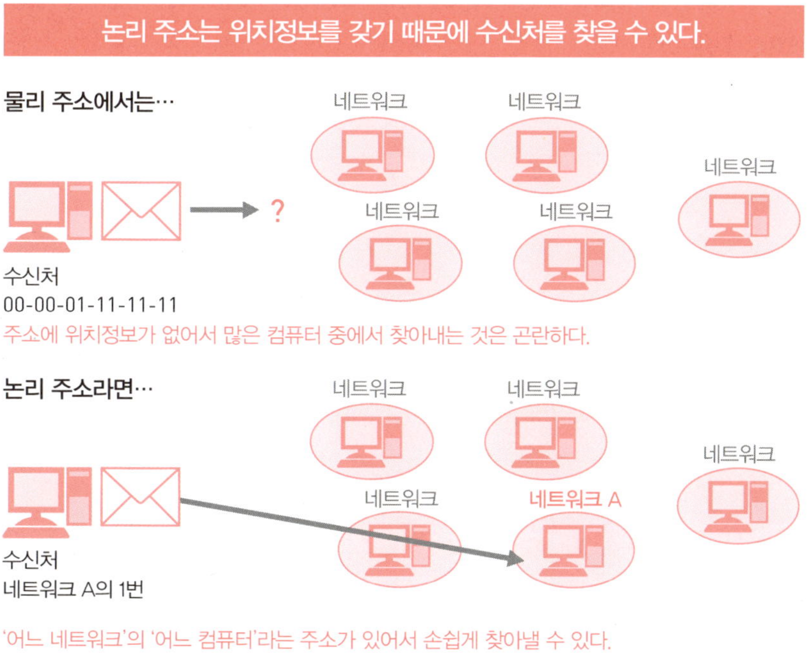

논리 주소는 위치정보를 갖기 때문에 수신처를 찾을 수 있다.

물리 주소에서는…

논리 주소라면…

그렇지. 논리 주소는 '주소'랑 '전화번호', '우편번호'와 같은 형태야. 이제 어드레싱에 이어서 3계층의 두 번째 역할인 **라우팅(routing)**인데, '경로 선택'이라고 생각하면 된다. 이건 **수신처까지 어떤 경로로 갈 지를 결정**하는 걸 말하는 거다.

예를 들어 복수의 네트워크가 연결되어 있는 상태에서 전달하고 싶은 수신처가 여러 개의 네트워크를 경유해야 도달하는 곳에 있다고 하자. 이런 경우 어느 네트워크를 경유해서 갈지를 결정해 놓을 필요가 있겠지?

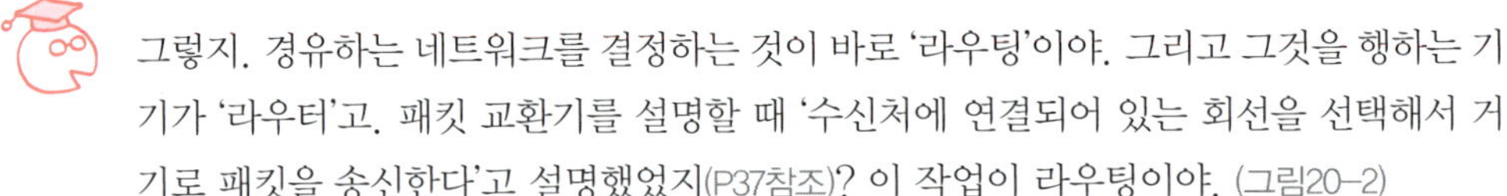

네트워크를 경유해서 간다. 즉, 수신처가 X라고 하면 A라는 네트워크를 경유해서 다음에 B라는 네트워크를 지나고 이어서 C라는 네트워크를 경유해서 X까지 간다고 결정해 둔다는 건가요?

그렇지. 경유하는 네트워크를 결정하는 것이 바로 '라우팅'이야. 그리고 그것을 행하는 기기가 '라우터'고. 패킷 교환기를 설명할 때 '수신처에 연결되어 있는 회선을 선택해서 거기로 패킷을 송신한다'고 설명했었지(P37참조)? 이 작업이 라우팅이야. (그림20-2)

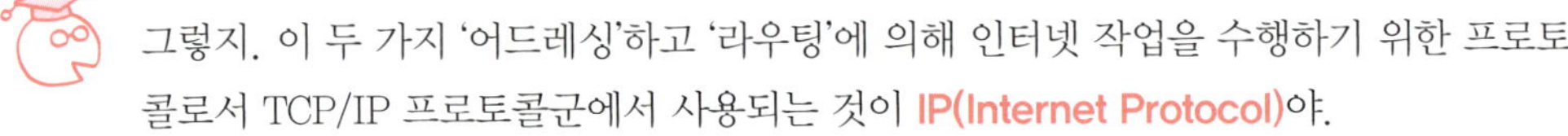

'수신처에 연결되어 있는 회선'의 '회선'은 라우터와 라우터를 연결하고 있는 회선을 말하는 거니까 그건 네트워크네요. 즉, '수신처에 연결되어 있는 네트워크를 선택해서 거기로 보내는' 것이 라우팅?

그렇지. 이 두 가지 '어드레싱'하고 '라우팅'에 의해 인터넷 작업을 수행하기 위한 프로토콜로서 TCP/IP 프로토콜군에서 사용되는 것이 **IP(Internet Protocol)**야.

＊ 인터넷 프로토콜

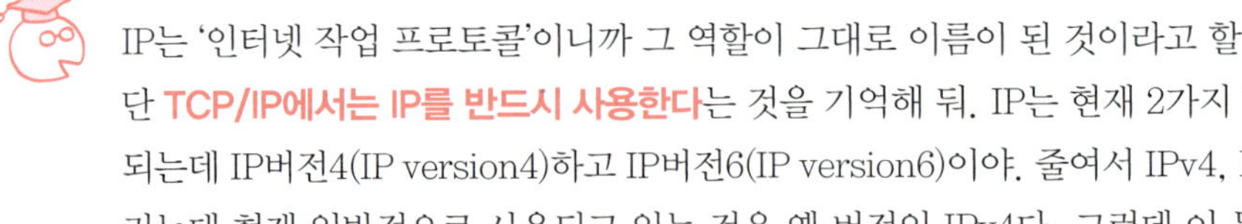

IP는 '인터넷 작업 프로토콜'이니까 그 역할이 그대로 이름이 된 것이라고 할 수 있다. 일단 **TCP/IP에서는 IP를 반드시 사용한다**는 것을 기억해 둬. IP는 현재 2가지 버전이 사용되는데 IP버전4(IP version4)하고 IP버전6(IP version6)이야. 줄여서 IPv4, IPv6라고 불리는데 현재 일반적으로 사용되고 있는 것은 옛 버전인 IPv4다. 그런데 이 두 버전 사이에는 **호환성이 없어**.

호환성이 없다는 건 어느 한 쪽 밖에 사용할 수 없다는 거네요.

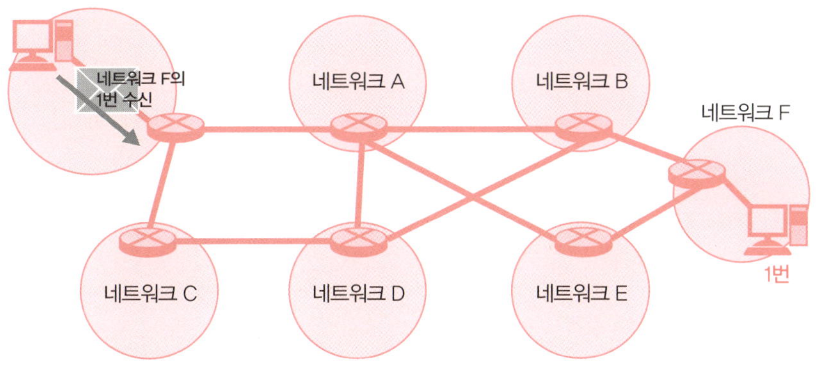

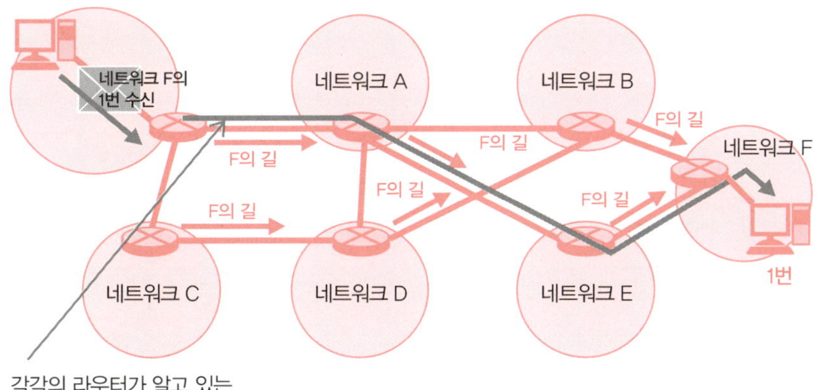

아니, 둘 다 사용할 수 있는 컴퓨터도 있어. 최근의 OS는 둘 다 사용할 수 있거든. 호환성이 없다는 건 IPv4만 사용하는 컴퓨터는 IPv6를 사용하는 컴퓨터와 데이터 송수신을 못한다는 얘기야. IPv6는 앞으로 보급될 버전인데 지금은 아직 구 버전인 IPv4 쪽이 우세하다고 할 수 있지.

IP 데이터그램

IP 헤더	페이로드 (상위 4계층PDU 등이 들어간다.)
20바이트+α(옵션)	0~8 키로바이트

1	버전	4	IP의 버전
2	헤더 길이	4	IP 헤더의 길이
3	서비스 타입	8	패킷의 우선도/중요도
4	데이터 길이	16	IP 헤더와 페이로드를 합친 길이
5	ID	16	데이터크램의 식별번호
6	플래그	3	데이터그램을 분할했는지 아닌지 판별
7	플래그먼트 오프셋	13	분할한 경우 본래대로 되돌릴 때 사용
8	TTL	8	패킷의 생존시간
9	프로토콜	8	상위 프로토콜 지정
10	헤더 체크섬	16	IP 헤더의 에러 체크용 코드
11	송신처 IP 주소	32	송신처의 논리 주소
12	수신처 IP 주소	32	수신처의 논리 주소
(13)	옵션	n	특별한 설정을 할 때 사용 없어도 된다.

음? 옛날 게 우세한가요? 새 것이 있으면 그 쪽으로 빨리 갈아타면 될 텐데.

아까도 설명했듯이 TCP/IP에서 반드시 사용하는 프로토콜이 IP다. 그러니까 IP 버전을 변경하게 되면 인터넷의 모든 기기가 거기에 대응해야 하니까 그렇게 간단하지 않은 게 현실이야. 아무튼 IP는 인터넷 작업을 수행하기 위한 기능을 가지고 있다.

인터넷 작업 수행이라는 건 '어드레싱'하고 '라우팅'인 거죠?

그렇지. IP가 인터넷 작업을 실현하기 위해 하는 일은 IP가 데이터에 붙이는 헤더를 보면 잘 알 수 있어. IP 헤더 그리고 3계층 PDU, 그러니까 데이터에 **IP 헤더**가 붙은 상태의 PDU(P59참조)는 **IP 데이터그램(Datagram)**이라고 불린다. (그림20-3)

IP 헤더와 IP 데이터그램, 캡슐화군요. 알 것 같기도 하고 아닌 것 같기도 하고….

이 IP 헤더에서 특히 중요한 건 송신처와 수신처의 IP 주소다. IP 주소라는 건 IP라는 프로토콜에서 정해진 '논리 주소'를 말하는 건데 IP에서는 이 IP 주소를 사용해서 수신처와 송신처를 정하거든. 그럼 다음 회부터 이 IP에 의한 어드레싱을 설명할거다. 이번에는 여기까지.

옙, 하루 3분 네트워크 교실이었습니다~♪

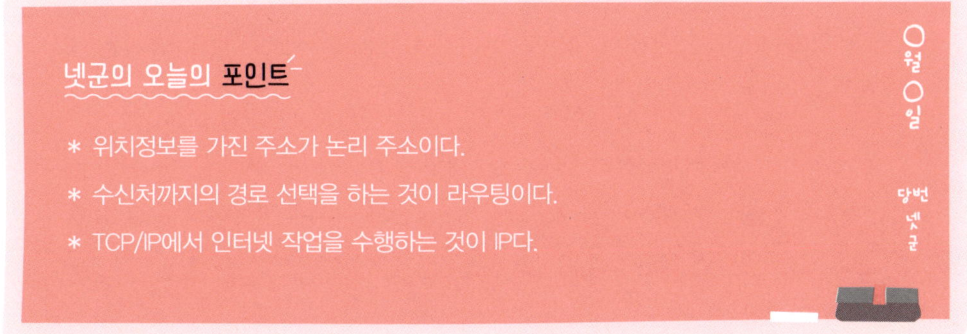

✳ IP 주소의 특징

자, 인터넷 작업에 필요한 것이 '어드레싱'하고 '라우팅'이었다. 이 두 가지를 수행해서 TCP/IP로 인터넷 작업을 수행하기 위한 프로토콜이 IP이고.

그랬죠. 그래서 이번에는 '어드레싱'을 설명하실 거죠? IP에서 정해진 어드레스 'IP 주소'였었나요?

그래. 먼저 IP 주소 같은 논리 주소의 특징으로 '계층형'이 있다. 지난 회에서도 설명했지만 논리 주소는 그 주소 자체에 의미가 있다.

'어디에 있는', '어느 컴퓨터'라는 정보였었죠(P133참조)?

'어디에 있는', '어느 컴퓨터'라는 정보를 'A에 있다', 'A의 안에 있는 B에 있다', 'C라는 컴퓨터'와 같이 더욱 세분할 수가 있어. 이런 주소를 **계층형**[1] 주소라고 부른다.

그렇군요. 주소처럼 '서울'의 '금천구'의 '가산디지털2로'의 '123' 같은 구조라는 거죠? 그렇다면 주소도 계층형 주소인가?

그래 주소도 '계층형 주소'야. 그럼 다음 특징인데 IP 주소는 **네트워크 관리자가 컴퓨터에 할당**한다는 점이다. MAC 주소는 IEEE가 붙인 벤더코드와 벤더가 붙인 할당코드로 이루어져 있어서 사용하는 쪽에서는 변경이 불가능하다고 했었지?

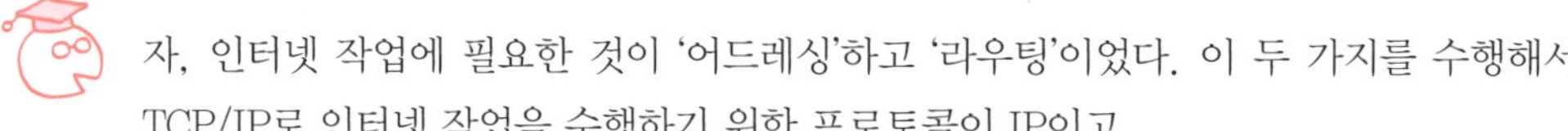

1 계층형: MAC 주소와 같이 계층형이 아닌 주소는 평면형이라고 부른다.

그랬었죠. 인터페이스에 고정된 주소였잖아요.

하지만 논리 주소는 그 네트워크의 관리자가 필요에 따라 자유롭게 붙일 수가 있어. 그리고 논리 주소는 MAC 주소 같은 물리 주소와는 다르게 **네트워크에 접속할 때마다 붙이는** 거고.

응? 네트워크에 접속할 때마다 라는 건 무슨 말인가요? 인터페이스에 붙여져 있는 MAC 주소와의 차이를 모르겠는데요. 네트워크와 컴퓨터를 연결하는 중개역이 인터페이스잖아요.

물리 주소와 다른 점은, 예를 들어 어떤 인터페이스가 고장나서 다른 인터페이스로 교환했다고 하더라도 논리 주소는 바뀌지 않는다는 거다. 즉, 인터페이스가 어느 것이든 상관없이 접속할 때마다 논리 주소가 붙여지는 거야. (그림21-1)

아~ MAC 주소처럼 고정이 아니라는 건가요?

그런 얘기야. 그러니까 논리 주소는 '어디에 있는', '어느 컴퓨터'라는 의미니까 **소속된 네트워크가 바뀐 경우 논리 주소도 바뀌게 되는** 거야.

MAC 주소는 인터페이스에 포함되어 있으니까 어디에 있어도 같은 주소지만, 논리 주소는 컴퓨터가 있는 장소를 바꾸면 주소도 바뀐다는 거네요.

맞아. 그 다음은… MAC 주소 때 설명한 3계층 주소에 대한 얘기 기억하나?

그러니까 '유니캐스트 주소', '멀티캐스트 주소', '브로드캐스트 주소'였죠(P101참조)?

그렇지. 논리 주소에도 이 **유니캐스트 · 멀티캐스트 · 브로드캐스트의 3종류의 주소[2]가 있어.** 그리고 유니캐스트 주소의 논리 주소 중 **네트워크를 표시하는 번호는 접속되어 있는 모든 네트워크에서 유일**할 필요가 있다.

---

2 3종류의 주소: IPv4에서 사용되는 IP 주소는 '유니캐스트', '멀티캐스트', '브로드캐스트'이지만, IPv6에서는 '유니캐스트', '멀티캐스트', '애니캐스트'이다.

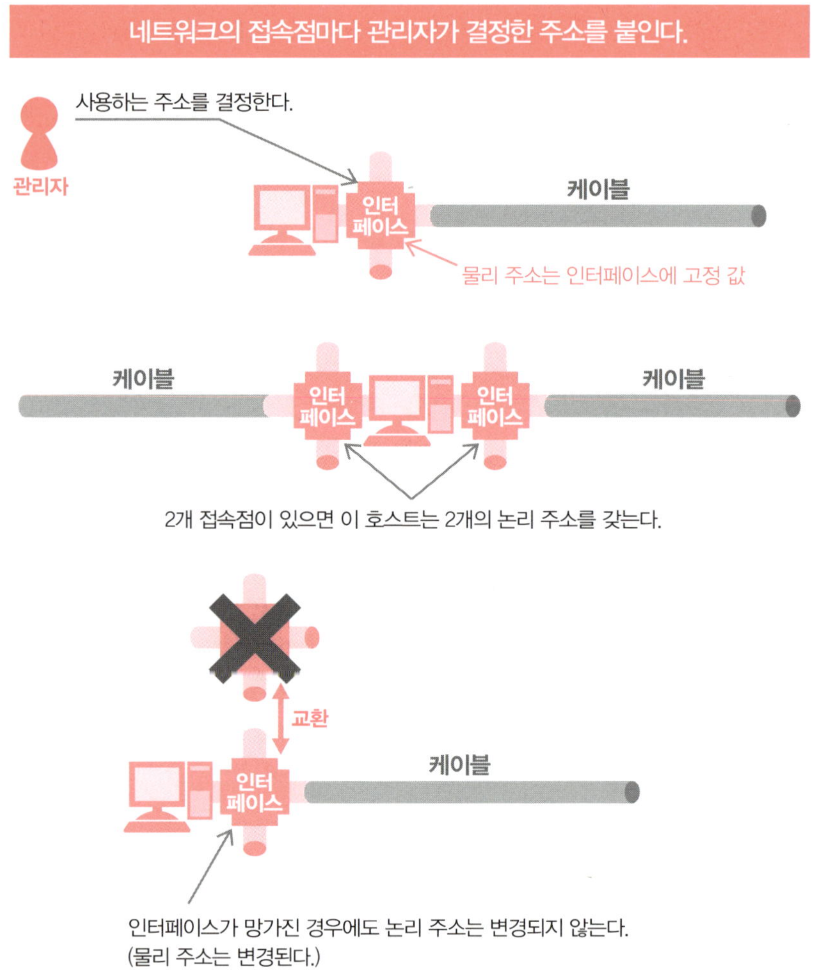

유일하다는 것은 '같은 것이 없다'는 의미였죠(P101참조)? 유니캐스트는 특정한 한 대를 지정하는 거니까 같은 주소가 있어서는 안 된다는 얘기인 거잖아요. 하지만 '접속되어 있는 모든 네트워크에서 유일하다'는 얘기는 접속되어 있지 않으면 유일하지 않아도 된다는 건가요?

 그렇지. 독립한 네트워크끼리라면 상관없다는 얘기야. 통신할 때 구별할 필요가 없으니까. 하지만 컴퓨터 번호는 **소속된 네트워크 내에서 유일**해야 하는 거다.

 그 말씀은 다른 네트워크에 소속되어 있으면 같은 번호여도 된다는 건가요?

 그런 얘기지. 같은 '가산디지털2로'라는 주소라도 시가 다르면 다른 주소라는 걸 알 수 있잖아? 그러니까 다른 네트워크에 같은 번호를 가진 것이 있어도 네트워크 번호가 다르면 결과적으로 유일하게 되는 거야. (그림21-2)

오오~ 그러네요. 그러니까 네트워크 번호+컴퓨터 번호라는 형태가 되면 반드시 유일하게 되는 거네요.

그림 21-2 네트워크에서 유일한 주소

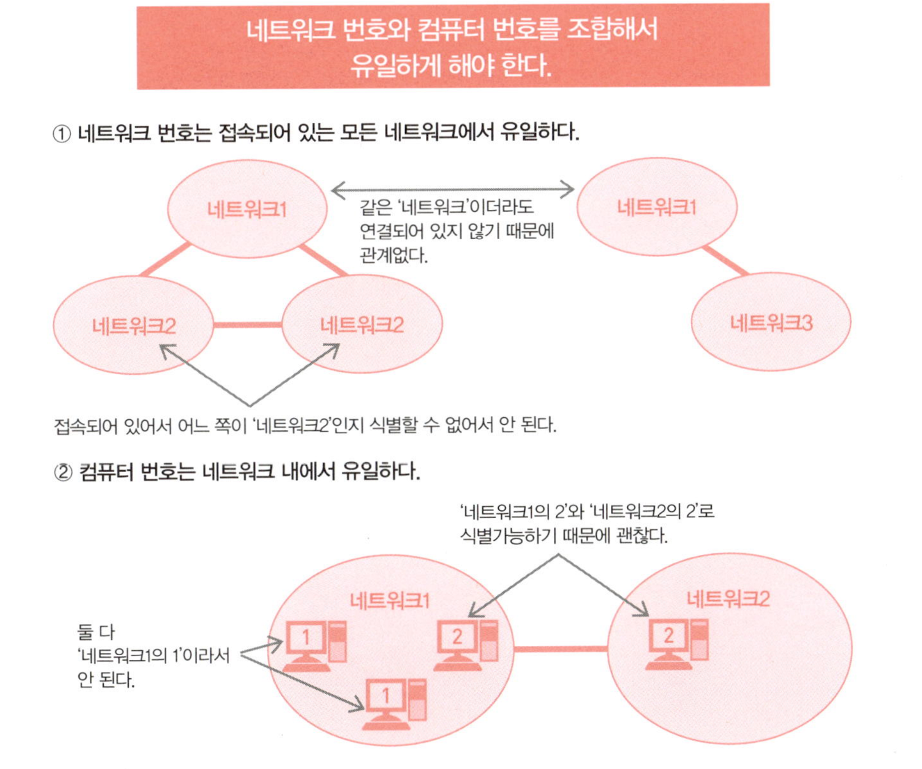

* IP 주소

그럼 IP에서 사용되는 주소인 **IP 주소에 대해 설명해 볼까.** MAC 주소는 16진수 12자리, 48비트였다. 그에 비해 IP 주소는 IPv4에서는 **32비트**다.

IPv4에서라는 말씀은 IPv6에서는 다른가요?

IPv6에서는 128비트다. 이번 강의에서는 IPv4에 관해 설명할거니까 **IP 주소는 32비트**라고 생각하면 일단은 문제없다. **32비트, 32비트**다.

32비트를 엄청 강조하시는데요.

IP 주소는 10진수로 표기되기 때문에 실체가 비트라는 걸 잊어버리는 경우가 있어서 그래. 알겠지? 32**비트**, 잊지 말도록. 즉, 다음과 같은 형태가 되는 거야. (그림21-3)

아아~ **8비트마다 10진수로 표기**하고, 그리고 **8비트 사이에 점을 찍는 거네요.**

이 8비트의 단락을 **옥텟(Octet)**이라고 한다. 일반적으로 8비트는 '바이트(Byte)'라는 단위를 사용하는 경우가 많지만 네트워크에서는 이 옥텟을 사용한다.

옥텟?

그래. 이 4개의 옥텟, 다시 말해 32비트로 **'네트워크 번호'**의 **'컴퓨터 번호'**를 나타내는 거야.

그래서 박사님? 어디가 '네트워크 번호'이고, 어디가 '컴퓨터 번호'인가요?

그건 **클래스**라는 것에 의해 정해지는 거다. 그럼 다음 회에서는 IP 주소의 클래스에 대해 공부하자.

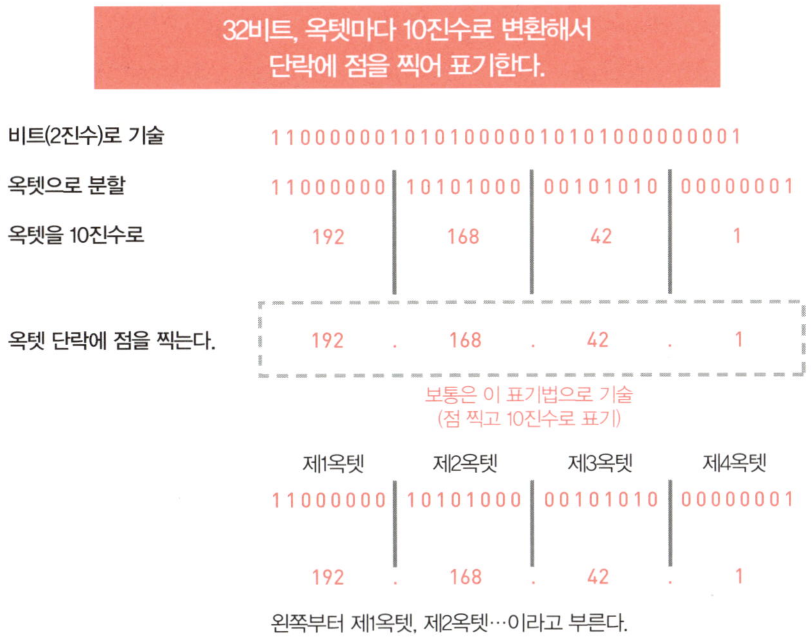

옙, 하루 3분 네트워크 교실이었습니다~ ♪

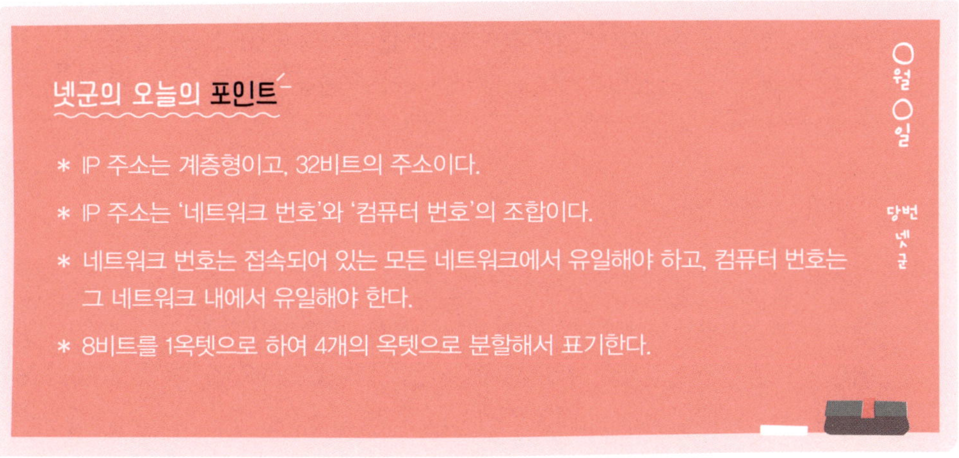

* IP 주소의 클래스

그래서 박사님! 어디가 '네트워크 번호'이고 어디가 '컴퓨터 번호'인가요?

지난 회에 거기서 얘기가 끝났지? IP 주소는 컴퓨터를 식별하는 주소이고 '그 컴퓨터가 있는 네트워크 번호'와 '그 컴퓨터 번호'로 구성되어 있다는 얘기였다.

그랬죠. 그리고 IP 주소는 32비트이고 '네트워크 번호'의 '컴퓨터 번호'를 표시하는 거죠? 어디까지가 '네트워크 번호'이고, 어디부터가 '컴퓨터 번호'인가요? 그걸 결정하는 것이 '클래스'라고 하셨던 것 같은데, 그건 뭔가요?

알았어, 일단 진정해라. 먼저 네트워크 번호인데, 이건 '접속되어 있는 모든 네트워크에서 유일'했었다. 인터넷의 경우 인터넷에 접속되어 있는 네트워크 전체에서 유일하고. 네트워크 번호가 제멋대로 정해져서는 곤란하니까 인터넷에서는 ICANN[3](The Internet Corporation for Assigned Names and Number)이라는 조직에서 실제로 번호를 사용하는 조직에 할당하는 거다.

아이칸? 사용하는 조직? 할당?

IP 주소를 유일하게 관리하기 위한 단체인데, ICANN이 IP 주소를 실제로 사용하는 인터넷 사업자나 기업 등에 할당하는 거지. 쉽게 말하면 ICANN이 IP 주소를 가지고 있다가 그것을 기업이나 인터넷 사업자에게 '대출'한다고 생각하면 되는 거야. ICANN은 이

3 ICANN: 아이칸이라고 읽는다. 인터넷에서의 IP 주소나 도메인명을 관리하는 비영리단체.

'대출'을 할 때 그 할당된 조직의 규모에 따라 대출 IP 주소의 범위를 변경하는데, 그게 **클래스**라는 거다.

할당된 조직의 규모에 따라 IP 주소의 범위를 변경한다? 큰 규모의 조직에는 이쪽 범위, 작은 규모의 조직에는 이쪽 범위, 이런 식으로요?

그렇지. **클래스는 A~E의 5개로 나뉘어있어.** 클래스A는 최초의 8비트, 즉 최초의 옥텟이 네트워크 번호이고, 나머지가 컴퓨터 번호다. 클래스B는 16비트와 16비트. 클래스C는 24비트와 8비트. (그림22-1)

클래스D와 클래스E는 어떤가요?

그림 22-1 클래스

IP 주소를 조직의 규모에 따라 A~E로 나누고
그 범위의 주소를 할당한다.

클래스	제1옥텟	제2옥텟	제3옥텟	제4옥텟
	네트워크 번호	컴퓨터 번호		
A	0xxxxxxx	xxxxxxxx	xxxxxxxx	xxxxxxxx
B	10xxxxxx	xxxxxxxx	xxxxxxxx	xxxxxxxx
C	110xxxxx	xxxxxxxx	xxxxxxxx	xxxxxxxx
D	1110xxxx	xxxxxxxx	xxxxxxxx	xxxxxxxx
E	1111xxxx	xxxxxxxx	xxxxxxxx	xxxxxxxx

클래스D와 E는 특별한 주소라 보통은 할당하지 않는다. D하고 E의 IP 주소를 요구하는 조직이 있어도 이 주소는 사용되지 않거든. 그럼 이들 클래스를 어떻게 식별하는가 하면 **최초 옥텟의 맨앞 몇 비트로 판별**하는 거야. 예를 들어 IP 주소 32비트의 1비트와 2비트가 '1', '0'이라면 그건 클래스B인 거다.

그렇구나. IP 주소의 선두를 보면 그 클래스를 알 수 있겠네요. 예를 들어 '10.1.1.1'이라면 32비트에서는 '00001010000000010000000100000001'이고, 선두 비트가 '0'이니까 클래스A가 되는 거네요.

그렇지. 그리고 네트워크 번호 부분의 비트수가 적으면 그만큼 컴퓨터 번호 부분의 비트수가 많아지게 되는 거야. 비트수가 많다는 건 그만큼 사용할 수 있는 번호가 많아 진다는 의미인 거고. 즉, 그만큼 **많은 컴퓨터를 소유하는 네트워크가 될 수 있다**는 얘기인 거지. (그림22-2)

그림 22-2 클래스와 규모

클래스에 의해 컴퓨터 번호의 비트수가 정해지고,
이것으로 조직이 가질 수 있는 IP 주소의 수량이 결정된다.

클래스	규모	네트워크의 수(*)	1개의 네트워크가 가진 IP 주소의 수
A	정부 · 연구기관 · 대기업(특히 인터넷 창설에 관여한 미국의 기업 · 연구기관이 많다.)	128개	16,777,216개
B	대~중규모 기업	16,384개	65,536개
C	중~소규모 기업 프로바이더	2,097,152개	256개
D	멀티캐스트용		
E	연구용		

* 특별한 역할을 가진 네트워크도 포함한다.

그럼, 클래스A라면 네트워크 번호 8비트, 컴퓨터 번호가 24비트니까. 2의 24승 16,777,216개의 컴퓨터를 가질 수 있다는 거네요.

그렇지. 그래서 큰 규모의 네트워크에는 A를, 작은 규모에는 C를 할당하는 거야. 가장 가까운 예가 전화번호의 지역번호야. 왜 서울만 02, 두 자리 수 일까? 인천광역시나 대전광역시는 3자리인 032, 042인데. 왜 자리수가 다른 거지?

지역의 규모인가요? 큰 도시는 지역번호의 자리수가 작고 작은 동네는 자리수가 크네요?

그렇지. 일반 전화번호는 10자리야.* 만약 지역번호가 크면 지역번호+가입자번호 부분이 작아지잖아. 즉 번호의 수가 줄게 되는 거지. 서울이라면 10자리에서 두 자리를 뺀 8자리, 그러니까 0~99999999 번호가 있는 거야. 1억개.

대전지역은 지역번호가 3자리니까 10에서 3을 빼면 7자리. 0~9999999니까 천만개. 만약 서울에서 전화번호가 천만개 밖에 없다면 그건 정말 곤란하겠네요.

IP 주소도 전화번호 10자리와 마찬가지로 사용할 수 있는 건 반드시 **32비트**로 정해져 있어. 네트워크 번호를 지역번호라고 생각하면 클래스의 의미를 알 수 있을 거다.
이처럼 클래스로 나누어 IP 주소를 할당하는 방식을 **클래스풀 어드레싱(Classfull Addressing)**이라고 한다. 이 클래스풀이 IP어드레싱의 전제가 되는 거니까 꼭 기억해라.

* 예약 완료 주소

네트워크 번호가 몇 비트인지는 할당된 클래스에 따라서 정해지는데, ICANN이 할당하는 것은 이 네트워크 번호까지다. 네트워크 번호를 할당하면 컴퓨터 번호, 이것을 호스트 번호[4]라고 하는데 이 호스트 번호는 그 네트워크의 관리자가 마음대로 정하는 거야.

그럼… 아까 예로 든 걸로 말하면 네트워크 번호가 '서울시'라고 정해진 다음에는 '서울시'의 관리자가 '금천구 가산디지털2로 123 월드메르디앙벤처센터 2차 10층'이라고 정하는 거네요.

---

* 역자주: 통신서비스의 발전 및 전화수요의 증가로 국번을 많이 확보하기 위해 과거 9자리에서 현재는 10자리로 전화번호 자릿수를 늘렸다.

4 호스트 번호: 호스트(Host)란 컴퓨터 등 통신의 주체가 되는 기기를 가리킨다.

> **호스트 번호의 비트가 모두 0, 모두 1인 주소는 특별한 의미를 가진다.**

클래스 C의 네트워크 번호가 192.168.10인 네트워크의 경우
① 네트워크 주소

제1옥텟	제2옥텟	제3옥텟	제4옥텟
네트워크 번호			호스트 번호
11000000	10101000	00001010	00000000
192	168	10	0

전부 0

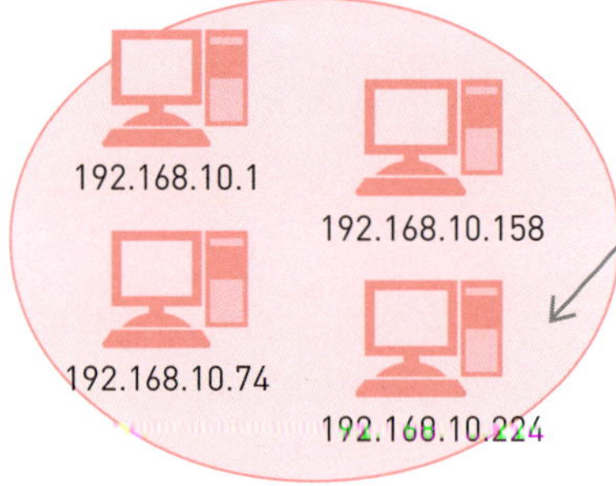

이들 호스트가 소속된 네트워크 자체를 표시하는 주소로써 192.168.10.0을 사용한다.

② 브로드캐스트 주소

제1옥텟	제2옥텟	제3옥텟	제4옥텟
네트워크 번호			호스트 번호
11000000	10101000	00001010	11111111
192	168	10	255

전부 1

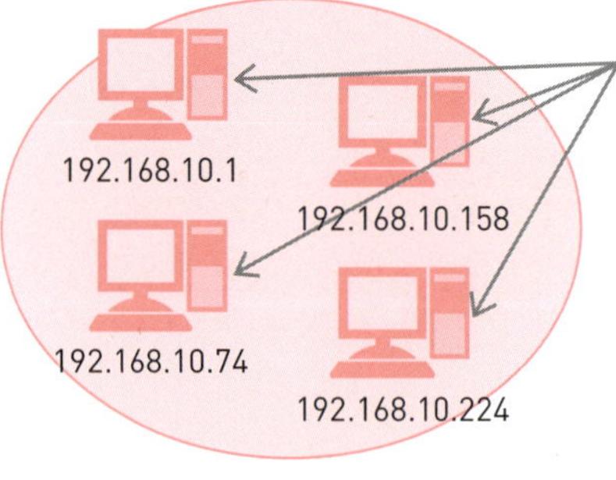

이들 192.168.10.0에 소속된 호스트 모두를 표시하는 주소로써 192.168.10.255를 사용한다.

그런거지. 단, 이 호스트 번호 중에는 **특별한 의미를 가지기 때문에 실제의 컴퓨터에 할당해서는 안 되는 주소**가 존재한다. 그건 **호스트 번호의 비트가 모두 0이 되는 주소**와 **호스트 번호의 비트가 모두 1인 주소**다.

호스트 번호가 모두 0인 거랑 모두 1인 것… 예를 들어, 클래스C에서 네트워크 번호가 192.168.10인 경우, 192.168.10.0하고 192.168.10.255 말인가요?

그렇지. 각각 **네트워크 주소, 브로드캐스트 주소**라고 한다. 브로트캐스트는 전에도 설명했지만 '전체가 수신'하는 주소야. 반면, 네트워크 주소는 그 네트워크 자체를 표시할 때 사용하는 거다. (그림22-3)
예를 들어 전화번호에서 '서울시' 자체를 표시하고 싶은 경우에는 어떻게 하지? 서울시의 지역번호는 '02'인데 전화번호는 10자리야. '02'만으로는 자리수가 부족해. 그러니까 02-0000-0000이라는 전화번호로 '서울시'를 나타내는 것으로 하기로 한 거야. 오늘은 여기까지.

네. 하루 3분 네트워크 교실이었습니다~ ♪

넷군의 오늘의 **포인트**

* IP 주소는 규모에 따라 할당되는 범위가 정해져 있으며 그것은 클래스라고 한다.

* 클래스에 따라 네트워크 번호를 표시하는 부분의 비트수가 정해져 있다.

* 호스트 번호의 비트가 모두 0인 주소는 네트워크 주소이다.

* 호스트 번호의 비트가 모두 1인 주소는 브로드캐스트 주소이다.

❋ 네트워크를 분할한다

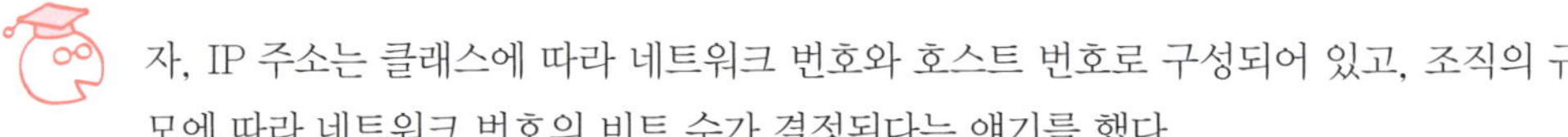

자, IP 주소는 클래스에 따라 네트워크 번호와 호스트 번호로 구성되어 있고, 조직의 규모에 따라 네트워크 번호의 비트 수가 결정된다는 얘기를 했다.

클래스 말이죠? ICANN이 조직의 규모에 따라 할당하는 IP 주소의 클래스를 정하고, 클래스가 정해지면 그에 따라 네트워크 번호의 비트 수가 결정된다는 얘기였어요.

그래. 그럼, IP 주소의 클래스A를 예를 들어 생각해 볼까? 클래스A의 네트워크는 호스트 번호가 24비트였다. 즉, 16,772,214대[5]의 호스트(컴퓨터)를 소유할 수 있는 거지. 넷군이 클래스A 주소를 갖는 최대 규모의 네트워크 관리자가 됐다고 가정하고, 이 네트워크에서는 800만대의 컴퓨터를 갖는 걸로 하자. 여기에 번호를 할당하는 것이 네트워크 관리자인 넷군의 일이야.

800만대에 할당하라는 거예요? 힘들 것 같은데요. 1번부터 순서대로 할당하는 것이 간단하지 않나? 이쪽 컴퓨터부터 1번, 2번……, 이렇게 하는 거죠.

지금 얼마나 말도 안 되는 소리를 하고 있는지 알아? 그건 인구 800만 명의 대도시에 각각의 주소를 1번부터 순서대로 할당한다는 것과 같은 의미야. '너희 집 주소가 A시 569만 3478번지'라고 해도, 거기가 어디인지 모르지 않을까? 한 가지 힌트를 주면 IP 주소가 계층형이라는 거다.

---

5 16,777,214대: 2의 24승은 16,777,216이지만 거기서 네트워크주소, 브로드캐스트 주소를 제외하기 때문에 16,777,214대가 된다.

응? 계층형이란 A안에 B안… 같은 식으로 만드는 거였는데……. 아! 생각났다. **커다란 네트워크를 몇 개의 네트워크로 작게 분할하는 거였어요.**

그래. 계층형이니까 커다란 네트워크 안에 작은 네트워크를 만들 수 있는데, 이렇게 분할된 작은 네트워크를 **서브네트워크(Subnetwork)** 또는 서브넷(Subnet)이라고 한다.

아~ 작은 네트워크가 서브네트워크로 큰 네트워크를 작게 분할해서 쉽게 관리한다는 거군요. 확실히 큰 단위를 작은 단위로 분할하면 알기 쉽겠네요.

서브넷으로 분할할 때는 서브네트워크를 나타내는 번호인 서브넷 번호가 필요해. 하지만 IP 주소는 32비트로 고정되어 있어서 새롭게 서브넷 번호를 추가하는 것은 불가능하거든, 그래서 **호스트 번호의 비트를 서브넷 번호와 호스트 번호로 분할하는 거야.**

호스트 번호의 일부를 줄여서 서브넷 번호를 만든다는 거군요.

그렇지. 예를 들어, 클래스B 네트워크의 172.16.0.0이 있다고 하자. 이 호스트 번호 16비트를 서브넷 번호 6비트와 호스트 번호 10비트로 분할한다. 이 상태에서 서브네트워크 1번의 호스트 번호 1번 컴퓨터의 IP 주소는 그림과 같은 거야. (그림23-1)

172.16.4.1이에요? 4번 서브넷의 1번 컴퓨터로도 보이는데요.

그것은 10진수의 표기법이랑 헷갈려서 그런 거야. 어디까지나 **IP 주소는 비트**야. 옥텟마다 점을 찍어서 표기하는 것은 사람들이 보기 쉬우라고 그렇게 한 것 뿐이야.

＊ 서브넷마스크

몇 비트를 서브넷 번호로 사용할지에 대해서 설명하지. 앞에서도 말했듯이, 호스트 번호는 그 네트워크 관리자가 결정하는 거다(P147참조). 서브넷 번호 부분도 원래는 호스트 번호 부분에서 가져다 썼을 뿐이야. ICANN과 상관없이 그 네트워크 관리자가 마음대로 정할 수 있어.

제1옥텟	제2옥텟	제3옥텟		제4옥텟
서브넷화 전 네트워크 번호		호스트 번호		
172	16	4		1
10101100	00010000	000001	00	00000001
서브넷화 후 네트워크 번호		서브넷 번호	호스트 번호	

네트워크 번호는 ICANN이 클래스를 사용해서 결정하고, 호스트 번호는 그중에서 네트워크 관리자가 결정한다는 거군요.

그렇지. 호스트 번호를 가져다 쓰기 때문에 네트워크 관리자가 자유롭게 결정해도 좋다는 거야. 또한 **서브넷은 그 네트워크의 내부에서만 유효**하다. 예를 들어 네트워크 외부에서 보면 네트워크A의 서브넷1이나 서브넷2나 같은 네트워크A에 있기 때문에 일일이 내부까지 몰라도 되거든.

아, 그런가요? 인천광역시가 4개의 구로 분할되어 있다 하더라도 외부에서 보면 그것은 같은 인천광역시인 것과 같은 거네요.

그렇지. 그리고 이렇게 서브넷화 하는 것을 **서브네팅(Subnetting)**이라고 한다. 여기서 서브네팅의 예를 들어볼게. 다음 그림은 192.168.100.0 클래스C 네트워크를 예로 든 거다. 보면 알겠지만 **서브넷의 숫자를 크게 하면 각 서브넷의 호스트 수는 감소해.** (그림23-2)

서브넷 부분에 비트수를 뺏기니까 서브넷 마다의 호스트 수가 줄어든다는 거네요.

그림 23-2 서브넷화의 예

서브넷 부분의 비트 수에 의해 서브넷의 수와 서브넷마다 사용할 수 있는 IP 주소의 수가 결정된다.

| 제1옥텟 | 제2옥텟 | 제3옥텟 | 제4옥텟 | | 서브넷의 최대 수 | 서브넷 마다 호스트 수 |
			서브넷부분	호스트부분		
			-	00000000	없음	254대
			0	0000000	2개	126대
			00	000000	4개	62대
			000	00000	8개	30대
11000000	10101000	01100100	0000	0000	16개	14대
			00000	000	32개	6대
			000000	00	64개	2대
			0000000	0	128개	0대
			00000000	-	256개	0대

예를 들어 서브넷이 10개 필요한 경우는 서브넷 부분 4비트, 호스트 부분 4비트가 되기 때문에 서브넷마다 최대 14대까지가 된다.

또한 호스트가 각 서브넷에 50대가 있을 경우는 서브넷 부분 2비트, 호스트 부분 6비트가 되기 때문에 서브넷의 수는 최대 4개까지가 된다.

그런데 이 서브네팅과 관련해서 문제가 하나 있어. 그것은 컴퓨터가 **어느 네트워크에 소속되어 있는가**라는 문제야. 이것은 경로 선택을 할 때 매우 중요한데, **IP 주소의 어디까지가 네트워크 주소인지** 모르면 그것이 자신과 동일한 네트워크인지 아니면 다른 네트워크인지 모르게 되거든.

그래도 클래스풀 어드레싱이라면 최초의 1~4비트로 클래스를 알 수 있잖아요. 클래스를 알면 어디까지가 네트워크 번호인지 간단히 알 수 있고요.

그럼, 서브네트워크는 어떻게 할건데? 물론 클래스를 알면 어디까지가 네트워크 번호인지를 알 수 있지만, 어디까지가 서브넷 번호인지는 모르잖아.

그러네요. 서브네트워크는 네트워크 관리자가 임의로 결정하는 거였죠?

그렇지. 그래서 서브넷을 사용할 경우에는 **서브넷마스크(Subnetmask)라고 불리는 비트열을 IP 주소와 동시에 표기**해야 해. 서브넷마스크는 IP 주소 중에 **어디까지가 서브넷 번호인지를 나타내는데**, IP 주소와 같은 32비트이고 **네트워크 번호 · 서브넷 번호의 비트를 모두 1, 호스트 번호를 0**으로 한 거다. (그림23-3)

오호! IP 주소와 똑같이 쓰는군요. 그래서 서브넷마스크하고 IP 주소의 같은 위치의 비트를 비교해서 보는 거군요.

그런거지. 간단하게 말하면 **서브넷마스크의 비트가 1인 부분이 네트워크 번호**야. 서브넷마스크와 IP 주소를 조합하면, 그 IP 주소의 네트워크 번호와 서브넷 번호의 비트 수를 알게 되는 거야. **IP 주소와 서브넷마스크는 반드시 세트로 기술**한다.

네? 왜요? 서브네팅하지 않으면 클래스로 어디까지가 네트워크 번호인가를 알 수 있잖아요.

그렇기는 하지만 그것은 다음 회의 클래스리스 어드레싱하고도 관련이 있으니까 다음 회에서 설명하기로 하자.

알겠습니다. 하루 3분 네트워크 교실이었습니다~ ♪

네트워크 번호와 서브넷 번호의 비트 수를 나타내기 위해
IP 주소와 함께 기술한다.

IP 주소

제1옥텟	제2옥텟	제3옥텟		제4옥텟
172	16	4		1
10101100	00010000	000001	00	00000001
네트워크 번호		서브넷 번호	호스트 번호	

IP 주소에 대응한 서브넷마스크

제1옥텟	제2옥텟	제3옥텟		제4옥텟
네트워크 번호		서브넷 번호	호스트 번호	
11111111	11111111	111111	00	00000000
255	255	252		0

네트워크 부분의 비트는 1　　　호스트 부분 비트는 0

'IP 주소 172.16.4.1, 서브넷마스크 255.255.252.0'로 나열해서 기술한다.

넷군의 오늘의 **포인트**

＊네트워크를 작은 네트워크(서브넷)로 나눈다.

＊서브네트워크를 사용할 경우 IP 주소는 네트워크 번호, 서브넷 번호, 호스트 번호가
된다.

＊네트워크 번호, 서브넷 번호의 비트수를 나타내기 위해 서브넷마스크를 사용한다.

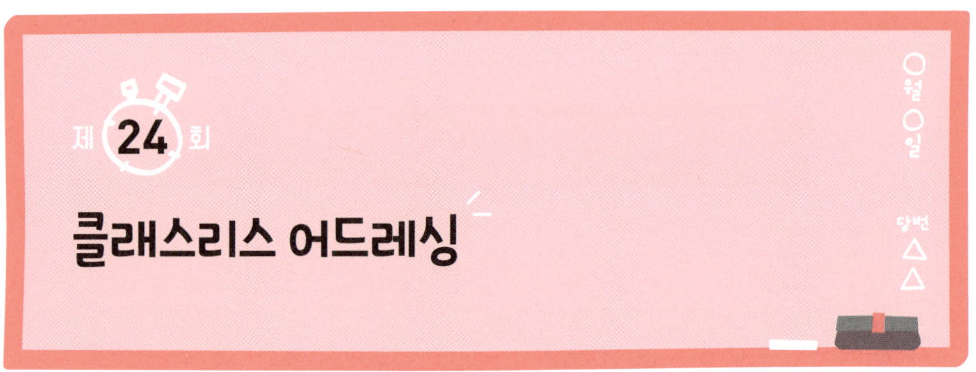

✳ 클래스풀과 클래스리스

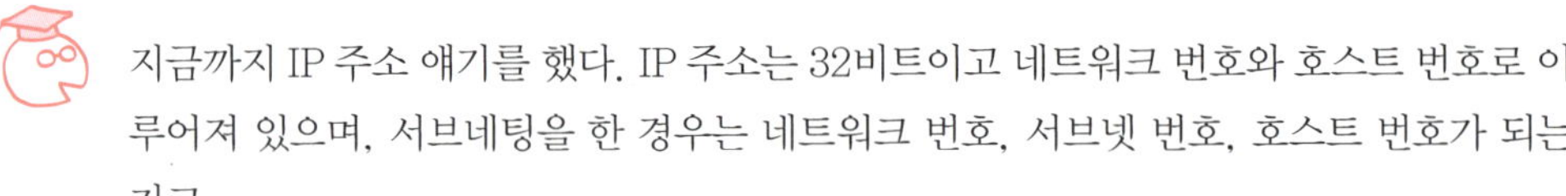

지금까지 IP 주소 얘기를 했다. IP 주소는 32비트이고 네트워크 번호와 호스트 번호로 이루어져 있으며, 서브네팅을 한 경우는 네트워크 번호, 서브넷 번호, 호스트 번호가 되는 거고.

네, 그랬어요. 네트워크 번호는 ICANN으로부터 클래스에 따라 할당받는 거고, 호스트 번호는 그 조직의 관리자가 정한다, 맞죠? 그리고 서브넷 번호는 호스트 번호에서 가져다 만든다고 했어요.

그래. 한번 더 정리하자면 IP 주소는 컴퓨터의 위치를 나타내는 건데, '그 컴퓨터가 소속되어 있는 네트워크 번호'와 '그 컴퓨터 번호'를 조합한 것이라고 했다.

맞습니다. '그 컴퓨터가 소속되어 있는 네트워크 번호'는 ICANN이 정한 '클래스'에서 비트 수가 결정되는 거구요. 조직의 규모에 따라 클래스가 정해지고 거기서 그 네트워크에서 사용할 수 있는 IP 주소의 수가 정해진다고 하셨어요.

그래 확실히 그렇기는 한데, 그 이야기는 실은 이미 옛날 얘기다. 지금은 클래스로 IP 주소를 할당하지 않거든.

어…? 그게 무슨 말이죠? 그럼, 지금까지의 설명은 의미가 없는 건가요?

그렇지는 않아. IP 주소를 이해하기 위해서는 클래스부터 설명하는 편이 이해하기 쉽거든. 어쨌든 지금은 클래스풀 어드레싱은 사용되지 않는다. 인터넷 보급에 따라 IP 주소를 필요로 하는 조직이 많아져서 클래스풀 어드레싱으로는 문제가 있었거든.

문제요? IP 주소를 필요로 하는 조직이 많아진 것은 IP 주소를 많이 사용한다는 거잖아요. 그래서 문제가 있다는 건가요?

그래. 클래스풀 어드레싱은 3개의 클래스, A · B · C라는 대략적인 구분 밖에 없어. 클래스A라면 약 1,600만개, B라면 6만5천개, C라면 256개의 IP 주소를 가진다. 그럼 만약에 3,000개정도의 IP 주소가 필요하다면 어떻게 할래?

3,000개라면 C의 256개로는 부족하니까 B가 되겠네요. 그런데 65,000개 중에서 3,000개 밖에 사용하지 않으니까 좀 아까운가?

그렇지. 크기를 3개로만 구분하니까 그 구분에 딱 맞지 않으면 아무래도 낭비가 많아 지고, 사용되지 않는 IP 주소가 증가하는 거지. 인터넷이 급속히 보급되어 IP 주소를 필요로 하는 조직이 늘어난 결과라고나 할까. (그림24-1)

그렇게 되면 낭비가 많은 것은 문제네요. 클래스로 할당하니까 사용되지 않는 IP 주소는 있지만 할당할 IP 주소는 없어진다는 거죠?

그런거지. 그래서 등장한 것이 **클래스리스 어드레싱(Classless Addressing)**이란 거다.

** 클래스리스 어드레싱

클래스라는 구분을 없앤 어드레싱이 클래스리스 어드레싱이다. 클래스에 따른 고정된 할당을 하지 않고 자유롭게 할당할 수 있게 된 거다.

할당은 그거잖아요. ICANN이 네트워크 번호를 할당하는 거. 클래스를 사용하지 않는다는 것은? 그럼 어떻게 되요?

클래스를 사용하면 클래스에 따라 네트워크 번호에 사용할 비트 수가 자동적으로 정해지고, 그걸로 호스트 번호에 사용할 비트 수도 정해지는 거야. 이에 비해 클래스리스의 경우는 클래스를 사용하지 않고 필요에 따른 비트 수로 정한다. 예를 들어, 네트워크 번호가 18비트 필요하고 그 번호를 '1010 0000 0000 0001 01'로 한다는 식으로 정해지는 거지.

음… 필요에 따라 비트 수를 정한다는 것은 어떤 방식으로 정한다는 건가요?

그것은 필요한 IP 주소로부터 정하는 거야. 예를 들어 네트워크 번호가 18비트라면, 호스트 부분에 사용할 수 있는 것은 32−18로 14비트, 약 16,000개가 사용할 수 있는 IP 주소가 되는 거지. 이렇게 필요한 IP 주소의 개수로부터 네트워크 번호를 결정하는 방식이야. 그리고 원래는 클래스에 의한 할당 클래스풀 어드레싱을 해왔기 때문에 그 클래스를 '통합해서' 1개로 하는 것도 가능해. 이것을 **슈퍼넷(Super Network)**이라고 부르기도 한다. (그림24-2)

이게 클래스C의 네트워크를 8개 모아서 큰 네트워크로 만든다는 건가요?

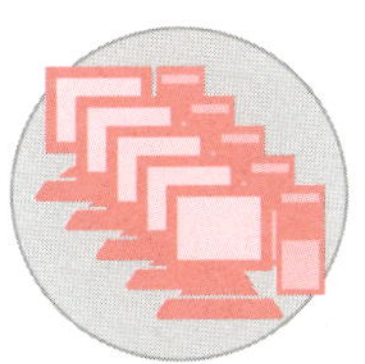

192.168.32.0~192.168.39.0의 8개의 클래스C 네트워크
1개의 네트워크는 256개의 IP 주소 x 8 = 2,048개

| 192.168.32.0 | 192.168.33.0 | 192.168.34.0 | 192.168.35.0 |
| 192.168.36.0 | 192.168.37.0 | 192.168.38.0 | 192.168.39.0 |

8개의 클래스C를 통합해서 2,048개의 IP 주소를 갖는 네트워크로 만든다.

	제1옥텟	제2옥텟	제3옥텟	제4옥텟
192.168.32.0	1100 0000	1010 0000	0010 0000	0000 0000
192.168.33.0	1100 0000	1010 0000	0010 0001	0000 0000
192.168.34.0	1100 0000	1010 0000	0010 0010	0000 0000
192.168.35.0	1100 0000	1010 0000	0010 0011	0000 0000
192.168.36.0	1100 0000	1010 0000	1100 0100	0000 0000
192.168.37.0	1100 0000	1010 0000	1100 0101	0000 0000
192.168.38.0	1100 0000	1010 0000	1100 0110	0000 0000
192.168.39.0	1100 0000	1010 0000	1100 0111	0000 0000

21비트를 네트워크 번호로 한다.

호스트 번호로 11비트를 사용하면
000 000000000~111 11111111인
2,048개가 있다.

192.168.32.0(네트워크 번호 21비트)인 2,048개의 IP 주소를 갖는 슈퍼넷

그래. 클래스라는 울타리가 없어진 클래스리스 어드레싱이라서 가능한 거지. 지금까지 사용했던 클래스 할당에 의한 클래스C 네트워크를 통합해서 하나로 운영하는 거야.
낭비가 없고 편리해서 지금은 이 클래스리스 어드레싱이 주로 사용되고 있다. 네트워크에서 사용하는 장치도 지금은 클래스리스 어드레싱이 사용할 수 있는 장치가 일반적이야. 그런데 이 편리한 클래스리스 어드레싱에도 문제가 있어. 서브넷마스크를 설명할 때 나온 문제다.

서브넷마스크 때? 뭐였더라…? 어디까지가 네트워크 번호의 비트인지를 모른다(P154참조)?

그래, 그거야. 클래스가 없기 때문에 어디까지가 네트워크 번호의 비트인지를 모른다는 거지. 그러니까 **어디까지가 네트워크 번호인지를 나타내는 값**을 부여할 필요가 있는 거야.

서브넷마스크처럼요? 그럼 서브넷마스크를 사용하면 되잖아요?

물론 서브넷마스크도 좋지. 하지만 정확히 말하면 서브넷마스크는 클래스풀 네트워크의 서브네팅에서 사용하는 거고, 클래스리스 어드레싱에서 사용하는 건 아니야. 단, 실제로는 서브넷마스크도 사용하기는 해.
원래는 서브넷마스크가 아니라 **프리픽스 길이(Prefix-Length)**[6]라는 것을 사용한다. 프리픽스 길이는 **네트워크 번호의 길이를 나타내는 값**인데 이것을 IP 주소랑 같이 쓰는 거야. (그림24-3)

그러니까 IP 주소 뒤에 슬래시를 넣고 그 뒤에 프리픽스 길이를 쓰는 거네요.

맞아. 프리픽스 길이가 있으면 네트워크 번호의 비트 수를 알 수 있는 구조인 거지. 서브넷마스크와 거의 비슷한 역할이다. 그래서 실제로는 서브넷마스크를 대신 사용하거나 서브넷마스크 대신에 프리픽스 길이를 사용하기도 한다.
자, 다음 회에서 설명하기로 하고 여기까지 하자.

옙. 하루 3분 네트워크 교실이었습니다~ ♪

---

6 프리픽스길이: 프리픽스 길이 또는 CIDR(Classless Inter- Domain Routing)로 표기해서 부르기도 한다.

그림 24-3 프리픽스 길이

'서브넷마스크'와 마찬가지로
'네트워크 번호'의 비트 수를 나타내는 값

제1옥텟 제2옥텟 제3옥텟 제4옥텟
192.168.32.0 1100 0000 1010 0000 0010 0000 0000 0000

21비트를 네트워크 번호로 한다. 11비트가 호스트 번호

192.168.32.0 / 21

주소 뒤에 슬래시를 넣고
그 뒤에 네트워크 번호 비트 수
(프리픽스 길이)를 기술한다.

서브넷마스크의 255.255.248.0과
거의 같은 의미

255 255 248 0
1111 1111 1111 1111 1111 1000 0000 0000

21비트

넷군의 오늘의 포인트

* 클래스풀 어드레싱은 낭비가 많다.

* 클래스를 사용하지 않는 할당 방식이 클래스리스 어드레싱이다.

* 클래스리스에서는 프리픽스 길이로 네트워크 번호의 비트 수를 나타낸다.

○월 ○일
당번 넷군

✳ 송신처의 IP 주소와 MAC 주소

 넷군! IP 주소에 관한 '클래스풀 어드레싱', '서브넷마스크', '클래스리스 어드레싱'에 대해 설명했다. 그럼 이 IP 주소는 무엇 때문에 필요한 거였지?

 네? 그러니까… 그건 수신처랑 송신처를 지정하기 위해서가 아니었나요?

 그래. 데이터 통신을 할 때는 수신처랑 송신처를 지정하기 위해 주소가 필요한데, 3계층에서는 이 주소로 IP 주소를 사용한다. IP 주소는 IP 헤더에 '송신처 IP 주소'하고 '수신처 IP 주소'로 기술되는 거였다. 그리고 주소가 또 하나 있었지?

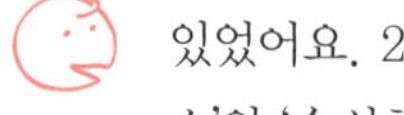 있었어요. 2계층의 이더넷에서 사용하는 MAC 주소요. 이더넷 헤더에 '송신처 MAC 주소'와 '수신처 MAC 주소'가 써 있어요.

 그렇지. 그래서 이더넷을 사용해서 IP 데이터그램을 송수신하기 위해서는 **4개의 주소**가 필요해. **'수신처 MAC 주소'**, **'송신처 MAC 주소'**, **'수신처 IP 주소'**, **'송신처 IP 주소'**. 그럼 이 **4개의 주소가 어떻게 결정되는지**를 생각해 볼까. 먼저, 송신처 MAC 주소, 이건 송신처인 자신의 MAC 주소인데 이것은 **송신할 인터페이스의 MAC 주소를 사용**한다.

 그러니까, MAC 주소란 인터페이스 고유의 주소니까, 송신할 인터페이스에 고유의 MAC 주소를 송신처로 사용한다는 거네요.

그런거지. 그럼 또 하나, 송신처의 IP 주소가 어떻게 결정되는지를 생각해 보자. 송신처 IP 주소는 송신할 인터페이스에 설정되어 있는 IP 주소를 사용한다. 그럼 IP 주소가 어떻게 설정되냐 하면, '정적'인 것과 '동적'인 것 2종류가 있어.

정적인 것은 **수동으로 IP 주소를 설정**하는 방법인데, 네트워크 관리자가 정한 IP 주소를 자신의 컴퓨터에 입력하는 거다. 또 하나는 동적인 것인데, IP 주소가 자동으로 컴퓨터에 설정되는 방법이야. 이것은 **DHCP(Dynamic Host Configuration Protocol)**라고 하는 프로토콜을 사용한다.

＊ DHCP

DHCP는 **할당할 IP 주소를 관리하고, 실제로 할당 작업을 수행하는 서버(Sever)하고 할당 받는 클라이언트(Client)로 이루어진다.**

DHCP의 서버를 **DHCP 서버**라고 부르는데, DHCP 서버 소프트웨어라는 전용 소프트웨어를 실행하는 거다. 그리고 클라이언트는 **DHCP 클라이언트**라고 불리고, DHCP 클라이언트 소프트웨어를 실행하는 거고. (그림25-1)

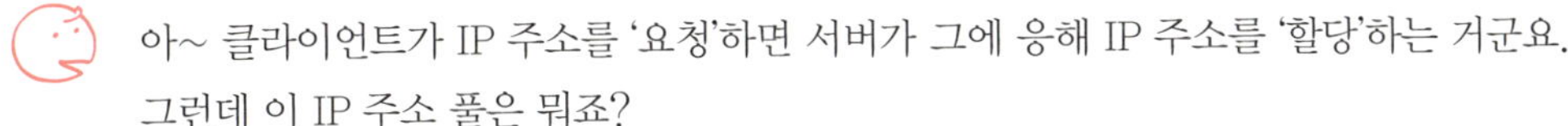
아~ 클라이언트가 IP 주소를 '요청'하면 서버가 그에 응해 IP 주소를 '할당'하는 거군요. 그런데 이 IP 주소 풀은 뭐죠?

IP 주소 풀이라는 것은 사전에 **관리자가 할당할 주소의 범위**를 말하는 거다. DHCP 서버가 이 네트워크의 호스트에게 할당할 주소는 이거, 이거라고 자동으로 결정해 주는 것은 아니거든. 이 범위 내의 주소를 호스트에게 할당해도 좋다고 관리자가 결정해 줄 필요가 있는 거지. 예를 들어 192.168.1.0/24라는 네트워크에 있는 호스트에게 주소를 할당할 경우 어떻게 될까?

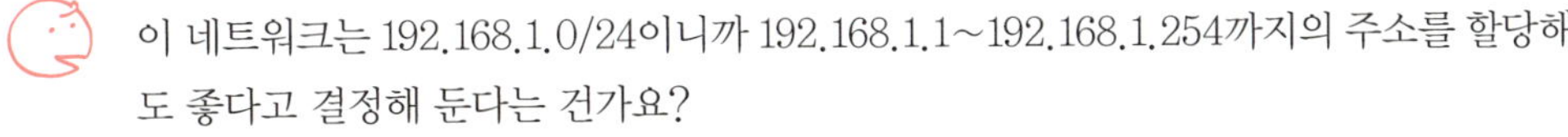
이 네트워크는 192.168.1.0/24이니까 192.168.1.1~192.168.1.254까지의 주소를 할당해도 좋다고 결정해 둔다는 건가요?

그래, 맞아. 서버는 **설정된 IP 주소 풀 중에서 요청한 클라이언트에게 각각 유일한 것이 되도록 주소를 할당하는 거야.**

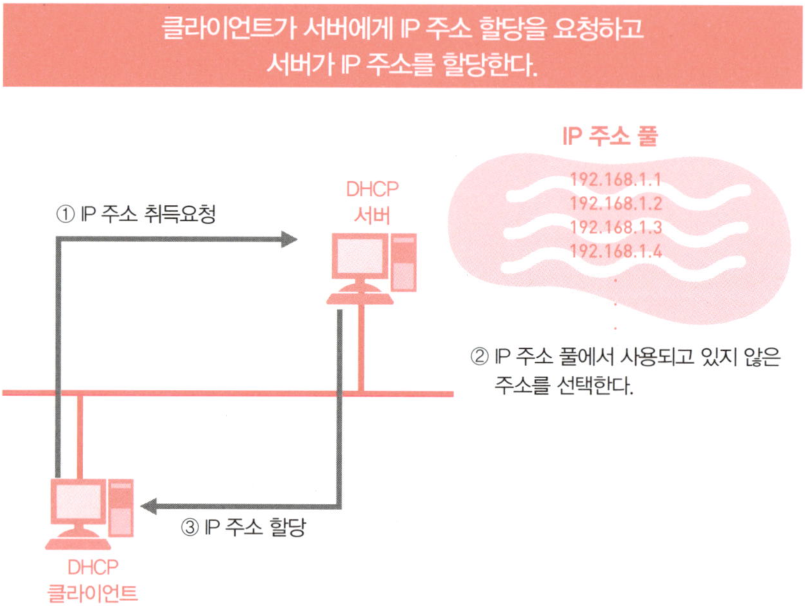

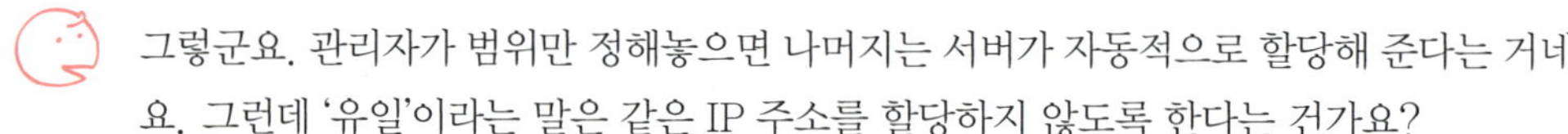

그렇군요. 관리자가 범위만 정해놓으면 나머지는 서버가 자동적으로 할당해 준다는 거네요. 그런데 '유일'이라는 말은 같은 IP 주소를 할당하지 않도록 한다는 건가요?

그래. 또 하나, 네트워크 관리자는 사전에 IP 주소의 **대여 기간**을 결정해 놓을 필요가 있어. 지금까지 할당한다는 표현을 했는데 실제로는 IP 주소 풀에서 IP 주소를 대여한다는 표현이 가장 적절할지도 모르겠군.

클라이언트는 대여받아서 그것을 사용한다는 거군요. 서버가 IP 주소를 갖고 있고, 그것을 호스트에게 빌려준다. 그리고, 대여 기간이 있다는 말이네요.

그래. 왜 기간을 설정해 두는가 하면, 예를 들어 IP 주소를 할당하는 것은 좋지만 그 다음에 그 호스트가 이동하거나 고장 난 경우에는 어떻게 될까? 서버는 IP 주소를 할당했기 때문에 그 IP 주소는 이미 사용되고 있다고 생각하거든.

 그렇게 되면 그 컴퓨터에 할당한 IP 주소는 더 이상 사용할 수 없게 되겠네요. 결국, IP 주소를 가지고 도망간 것이 되버리는 거네요.

 그렇지. 그래서 IP 주소에는 대여 기간을 설정해 두는 거야. 클라이언트 측이 계속해서 사용하고 싶으면 기간 연장을 신청하는 거지.

다음은 DHCP에서 주고받는 내용, **DHCP 메시지**와 그 동작을 생각해 보자. 여러 항목이 있어서 어려워 보이지만 여기서 중요한 것은 **옵션**이다. 이 옵션이야말로 현재 DHCP가 주류가 된 이유거든. (그림25-2)

 와~ 상당히 많은 항목이 있네요. 그런데 옵션? 클라이언트 설정?

그림 25-2 DHCP 메시지

주소와 옵션 설정 등의 정보를 갖는다.[*1]

이더넷 헤더	IP 헤더	UDP 헤더	DHCP 메시지

옥텟	이름	설명
1	오퍼레이션 코드	클라이언트→서버…1 서버→클라이언트…2
4	클라이언트 IP 주소	현재의 클라이언트 주소 (재 대여 시에만)
4	할당 IP 주소	서버가 할당한 주소
4	서버 IP 주소	서버 주소
16	클라이언트 하드웨어 주소	클라이언트의 MAC 주소
가변	옵션	메시지타입[*2]과 클라이언트 설정 (서브넷마스크 · 디폴트게이트웨이 · DNS 서버 주소 · 대여기간 등)

*1 DHCP 메시지에는 그 외에 다른 항목도 있지만 여기서는 그 일부만 기재한다.
*2 메시지 타입은 그림25-3에서 설명하고 있는 DISCOVER 등의 메시지 종류

DISCOVER, OFFER, REQUEST, ACK 4 종류의 메시지를
클라이언트와 서버 간에 브로드캐스트를 사용해서 주고받는다.

① 클라이언트는 DHCP DISCOVER 메시지를 브로드캐스트한다.

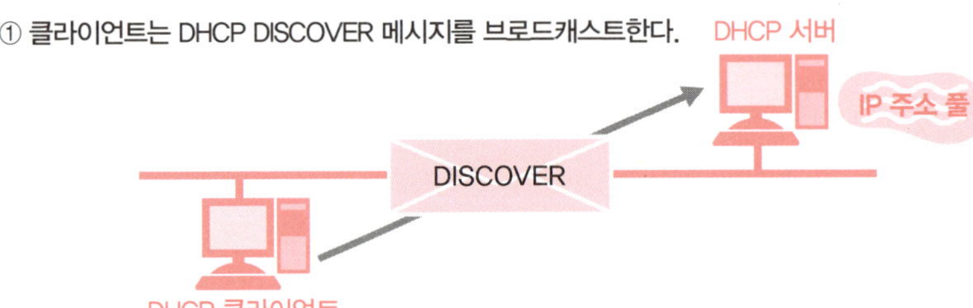

② DISCOVER를 받은 서버는 할당할 IP 주소를 풀에서 선택해서
그것을 클라이언트에게 브로드캐스트해서 통지한다.
(DHCP OFFER)

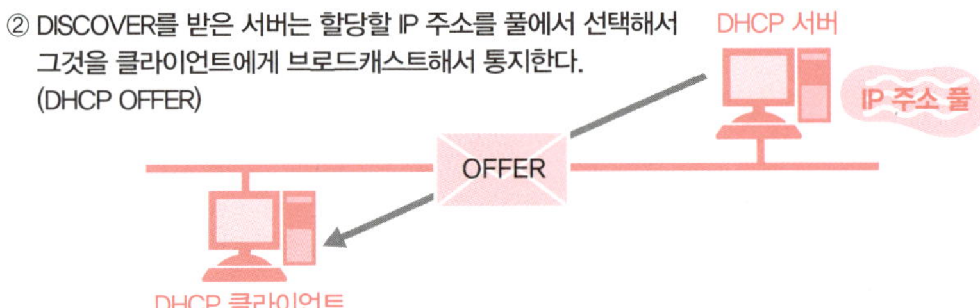

③ 클라이언트는 OFFER에서 받은 IP 주소로 문제가 없으면
DHCP REQUEST를 서버에 브로드캐스트한다.

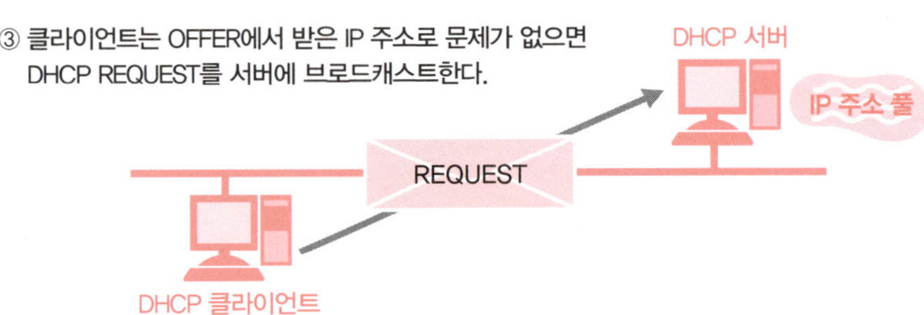

④ REQUEST를 받은 서버는 문제가 없으면 DHCP ACK를 보낸다.
그 때 서브넷마스크 등 옵션 설정도 ACK에 넣어서 보낸다.

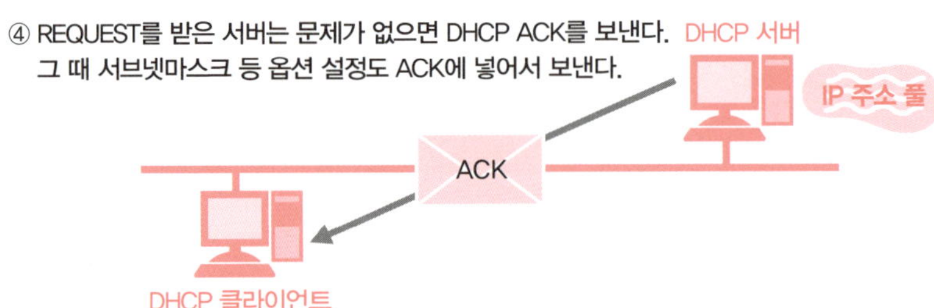

 그래. DHCP는 IP 주소만이 아니라 다른 네트워크의 설정 정보도 보낼 수 있어. 그래서 동적 호스트 설정[7] 프로토콜이라고 불리는 거야. 그럼 다음은 DHCP의 실제 동작을 설명할게. (그림25-3)

 송수신은 브로드캐스트를 사용해서 전체 수신으로 보내는 거군요.

 맞아. **브로드캐스트**를 사용하는 거지. 컴퓨터가 기동한 시점에서는 **클라이언트는 누구에게 메시지를 보내면 좋을지 모르기 때문**에 전체 수신으로 보내버리는 거야.

 아~ 그렇구나. 자기가 메시지를 어디로 보내야 할지 또는 어느 네트워크에 소속되어 있는지를 모르니까 전체에게 보낸다는 거군요? 그렇게 하면 뭐가 됐든지 다 수신한다는 거네요.

 그래. 꽤 잘 만들어져 있지? 그럼, 여기까지. 다음 회에서는 수신처 MAC 주소를 어떻게 알아내는가에 대해서 얘기하자.

 옙. 하루 3분 네트워크 교실이었습니다~ ♪

---

7 호스트 설정: DHCP에서 설정할 수 있는 것은 서브넷마스크, 디폴트 게이트웨이, DNS 서버, 대여기간 등이 있다.

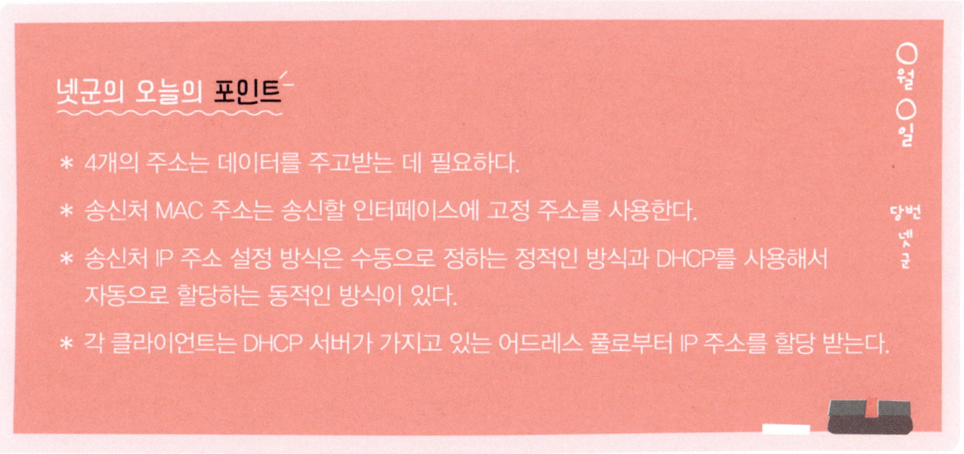

✱ 주소해결 프로토콜

자, 데이터 통신에서는 4개의 주소가 필요했다. 송신처의 IP 주소와 MAC 주소. 수신처의 IP 주소와 MAC 주소. 앞에서 그 중 2개 주소를 결정하는 방법을 설명했지?

네. 송신처, 즉 자신의 MAC 주소는 송신할 인터페이스에 고정된 주소를 사용하고, 송신처 IP 주소는 송신할 인터페이스에 수동이나 DHCP에서 설정된 IP 주소를 사용한다고 하셨어요.

그래. 이걸로 송신처의 주소는 2개 다 결정된 거다. 나머지는 수신처의 IP 주소와 MAC 주소다. 먼저 **수신처 MAC 주소는 수신처의 IP 주소가 결정된 후에 정해지는 거다.**

그럼 수신처 IP 주소는 어떻게 정해지는 건가요?

그건 다음 회에 할 거다. 원래 순서와는 다르게 앞뒤가 바뀌었지만, 먼저 수신처 MAC 주소 결정 방법부터 얘기하지. 여기서는 이미 수신처 IP 주소가 정해지고 이어서 수신처 MAC 주소를 결정한다고 가정하기로 하자. 여기에서 사용되는 것이 **ARP(Address Resolution Protocol)**라는 건데.

에이…알…피…? 'Resolution'은 '해결'이라는 뜻이니까….

'주소 해결 프로토콜'이라고 한다. ARP는 '**이 IP 주소의 호스트님, 당신의 MAC 주소를 알려 주세요.'라고 질문하는 프로토콜**인데 이걸로 'MAC 주소를 모르는' 상태를 '해결'하는 거야. 그래서 '주소 해결 프로토콜'이라고 부르는 거다. (그림26-1)

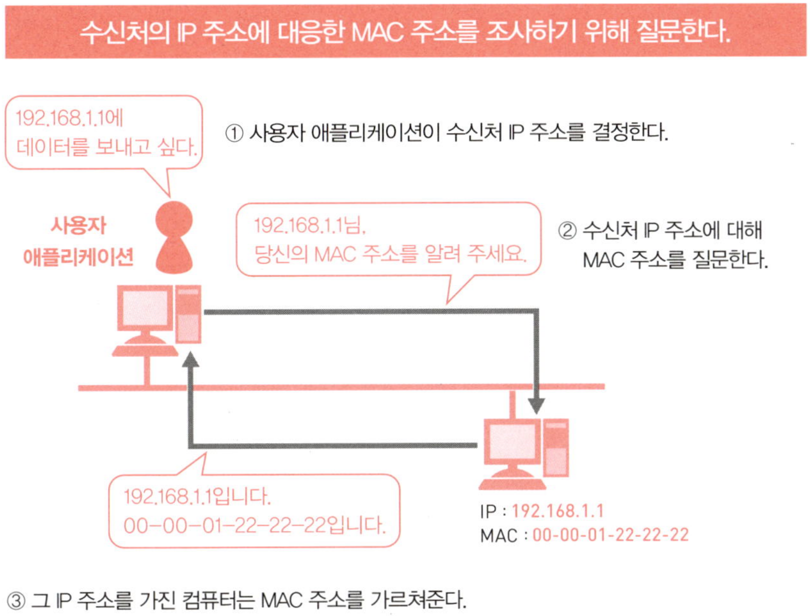

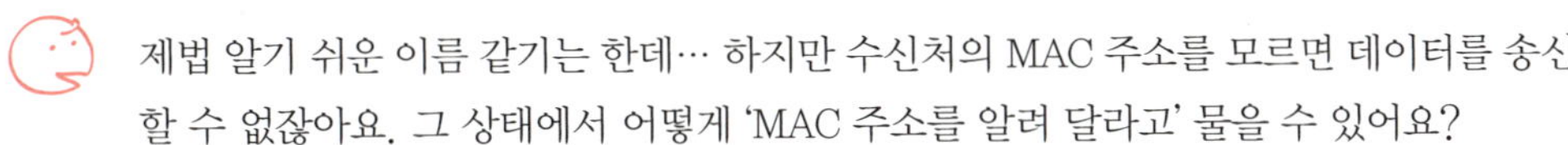

제법 알기 쉬운 이름 같기는 한데… 하지만 수신처의 MAC 주소를 모르면 데이터를 송신할 수 없잖아요. 그 상태에서 어떻게 'MAC 주소를 알려 달라고' 물을 수 있어요?

＊ ARP 테이블과 ARP

음…, 그것에 대해서 얘기해 보자. 먼저 데이터를 전송하고 싶은 컴퓨터는 수신처의 IP 주소를 결정하고, 그 후에 수신처 **MAC 주소를 알기 위해서 ARP 테이블을 참조**하는 거야.

ARP 테이블? ARP도 잘 모르는데 갑자기 또 모르는 말이 나왔는데요?

ARP 테이블은 **IP 주소와 MAC 주소의 대응표**를 말하는 거야. IP 주소의 컴퓨터 MAC 주소는 이것이라는 정보가 기재되어 있어. '192.168.0.1의 MAC 주소는 00-40-26-f4-1a-02입니다.'라는 표가 있는 거지.

그러니까 ARP 테이블에 수신처 IP와 MAC 주소의 대응이 있으면 그 시점에서 수신처 MAC 주소를 알 수 있는거네요. 그러면, 아까처럼 알려달라'고 할 필요가 없지 않나요?

그렇지. 필요 없지. 하지만 ARP 테이블에 수신처 IP 주소와 MAC 주소의 대응이 없는 경우에는 수신처 MAC 주소를 모르잖아. 그래서 ARP 테이블에 알고 싶은 IP와 MAC의 대응을 기재해야만 하는 거야.
'이 IP 주소의 호스트님, 당신의 MAC 주소를 알려 주세요.'라고 ARP를 사용해서 묻고, 그 결과를 ARP 테이블에 기재하는 거야. 그렇게 해서 수신처의 MAC 주소를 알 수 있게 되는 거지. 그리고 이 '알려달라'는 동작을 ARP 요청이라고 불러. ARP 요청은 브로드캐스트로 네트워크 내의 모든 컴퓨터에 송신되는 거고.

아, 그렇구나. 수신처의 MAC 주소를 모르니까 일단 전체에게 보내는 거군요. DHCP에서도 브로드캐스트를 사용했었는데요?

그래. 누구에게 보내야 좋을지 모르는 경우에는 브로드캐스트가 자주 사용되거든. 어쨌든 ARP 요청을 받은 컴퓨터 중에 지정된 IP 주소를 갖는 컴퓨터만이 ARP 응답을 보내는 거야. 간단히 말하면 '알려달라'고 요청 받았기 때문에 '내 MAC 주소는 이거에요.'라고 응답을 하는 거지.

그렇군요. '알려달라'고 하니까 '이거야'라고 응답하는 거군요. 그렇게 하면, 응답을 받은 측은 그 IP 주소에 대응한 MAC 주소를 알 수가 있는 거네요.

그런거지. ARP 응답을 받은 컴퓨터, 즉 ARP 요청을 송신한 측의 컴퓨터는 ARP의 결과를 ARP 테이블에 기재하고. 이렇게 해서 수신처의 MAC 주소가 결정되는 거야. (그림 26-2) 그런데 이 ARP 테이블 말인데, ARP 테이블에 기재되어 있는 IP 주소와 MAC 주소의 대응은 일정 기간이 지나면 파기된다. 아마도 300초 경과하면 사라지도록 설정되어 있는 경우가 많을 거야.

네? 없어져 버린다는 말인가요? 모처럼 ARP에 의해 입수한 IP 주소와 MAC 주소의 대응을, 300초… 5분만에 사라지다니.

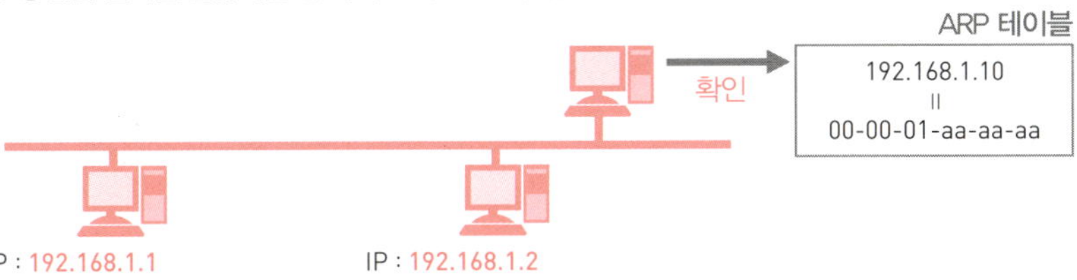

브로드캐스트로 ARP 요청을 보내고
대응하는 컴퓨터만 응답한다.
① 송신을 원하는 컴퓨터는 먼저 자신의 ARP 테이블을 참조한다.
ARP 테이블
192.168.1.10
=
00-00-01-aa-aa-aa
확인
IP : 192.168.1.1
MAC : 00-00-01-22-22-22
IP : 192.168.1.2
MAC : 00-00-01-33-33-33

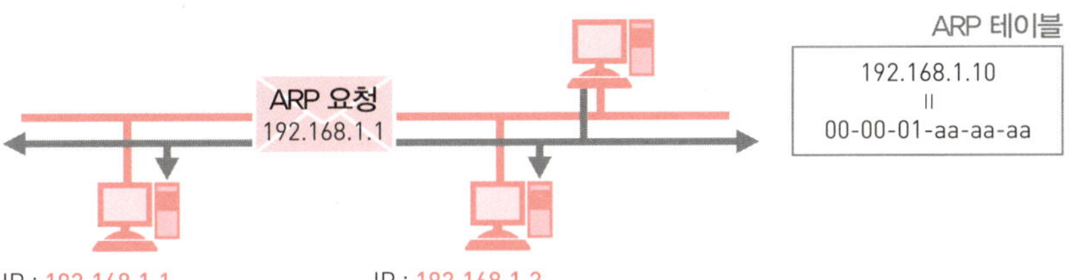

② ARP 테이블에 수신처 IP 주소가 없을 경우 ARP 요청을 브로드캐스트한다.
ARP 테이블
192.168.1.10
=
00-00-01-aa-aa-aa
ARP 요청
192.168.1.1
IP : 192.168.1.1
MAC : 00-00-01-22-22-22
IP : 192.168.1.2
MAC : 00-00-01-33-33-33

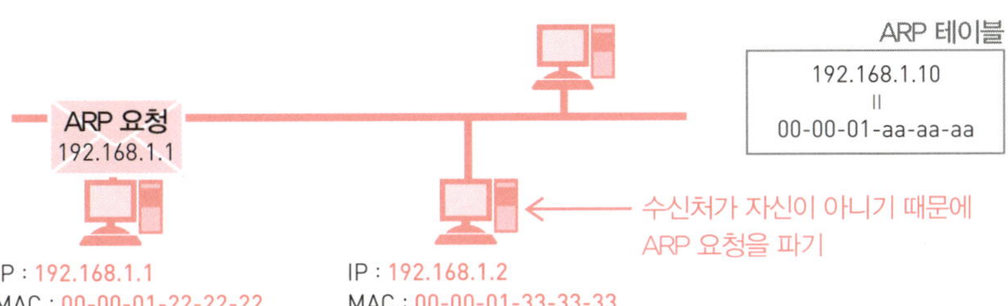

③ ARP 요청의 수신처를 확인하고 자신인 경우에는 응답한다. 그렇지 않은 경우는 파기한다.
ARP 테이블
192.168.1.10
=
00-00-01-aa-aa-aa
ARP 요청
192.168.1.1
수신처가 자신이 아니기 때문에
ARP 요청을 파기
IP : 192.168.1.1
MAC : 00-00-01-22-22-22
IP : 192.168.1.2
MAC : 00-00-01-33-33-33

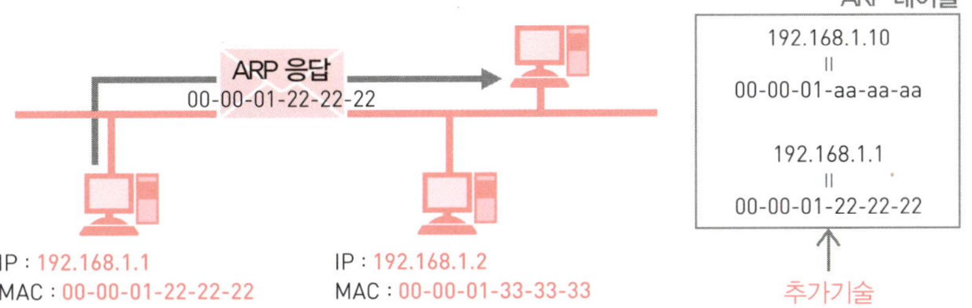

④ ARP 응답을 받으면 ARP 테이블에 응답 결과를 추가로 기술한다.
ARP 테이블
192.168.1.10
=
00-00-01-aa-aa-aa
192.168.1.1
=
00-00-01-22-22-22
ARP 응답
00-00-01-22-22-22
추가기술
IP : 192.168.1.1
MAC : 00-00-01-22-22-22
IP : 192.168.1.2
MAC : 00-00-01-33-33-33

그래. 만약 수동으로 IP 주소와 MAC 주소의 대응을 ARP 테이블에 설정한다면 사라질 일은 없지만 일반적으로 그렇게 하지는 않아.

어째서요? 사라지지 않는 편이 좋지 않은가요? 사라지게 되면 IP 주소와 MAC 주소의 대응을 알 수 없게 되고, 또다시 ARP 요청과 ARP 응답을 주고받아야 하잖아요?

그렇지. 하지만 MAC 주소는 인터페이스에 고정된 주소라서 만약 인터페이스가 고장 나서 다른 인터페이스로 교환하면 MAC 주소도 바뀌잖아. 예를 들어 ARP 테이블이 사라지지 않는 설정이었다고 하자. 만약에 ARP를 통해서 IP 주소에 대응한 MAC 주소를 받은 후에 인터페이스가 고장나면 어떻게 될까?

어떻게 되냐면… 인터페이스를 교환하니까 그 컴퓨터의 MAC 주소가 변경되겠네요.

그리고 IP 주소는 인터페이스가 고장나서 교환해도 변경되지 않는다고 전에 설명했잖아. 그러니까 IP 주소는 전 주소 그대로고 MAC 주소는 새로운 값이 되는 거야. 따라서 ARP 테이블이 사라지지 않는 설정이라면 앞에서 ARP로부터 받은 IP 주소와 MAC 주소의 대응은 어떻게 되는 거지?

그야 ARP 테이블에 기재되어 있는 IP 주소와 MAC 주소의 대응은 MAC 주소가 변경되었기 때문에 일치하지 않게 되겠죠. 그건 곤란한데요….

당연히 곤란하지. IP 주소에 대응한 MAC 주소가 틀리게 되니까. 그렇게 되면 틀린 MAC 주소로 데이터를 보내게 되니까 데이터가 도달하지 않게 되는 거지. (그림26-3)

게다가 ARP 테이블은 사라지지 않으니까 계속 틀린 상태로 남아 있겠네요. 아~ 그래서 사라지게 하는 거구나.

이해한 것 같군. 좋아, 그럼 여기까지.

옙. 하루 3분 네트워크 교실이었습니다~ ♪

 ARP를 파기하는 이유

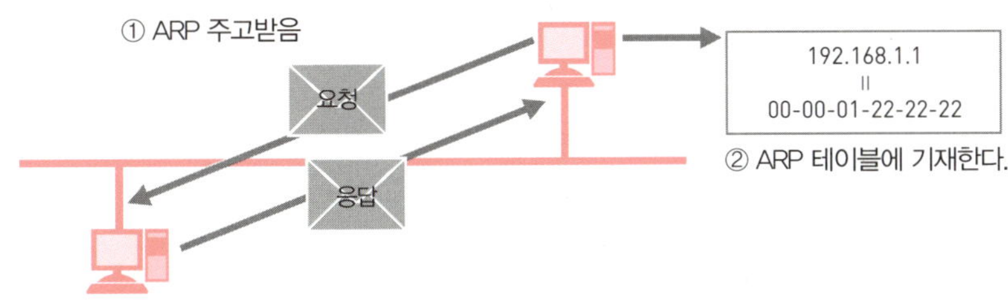

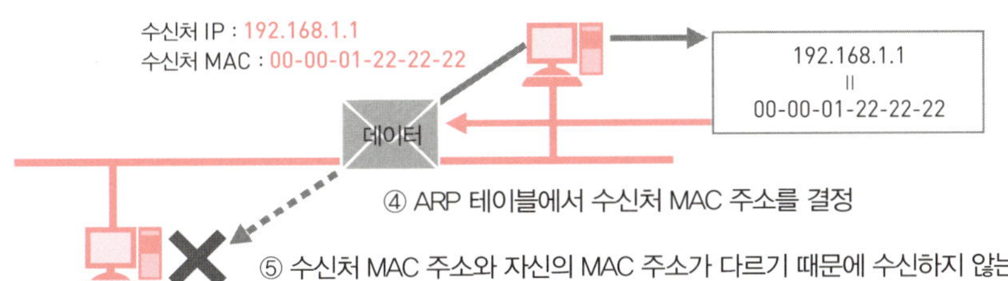

넷군의 오늘의 **포인트**

* 수신처 MAC 주소를 알기 위해서는 ARP를 사용한다.

* IP 주소와 MAC 주소의 대응표인 ARP 테이블을 갖는다.

* ARP 테이블은 일정기간 경과하면 파기된다.

✳ 수신처 IP 주소를 안다

데이터 통신에 필요한 4개의 주소를 입수하는 방법이다. 앞에서 송신처의 MAC 주소, IP 주소, 수신처의 MAC 주소를 입수하는 방법까지 설명했었다.

인터페이스에 고정된 것이 MAC 주소. 수동 또는 DHCP로 입수하는 것이 송신처 IP 주소. ARP로 입수하는 것이 수신처 MAC 주소예요.

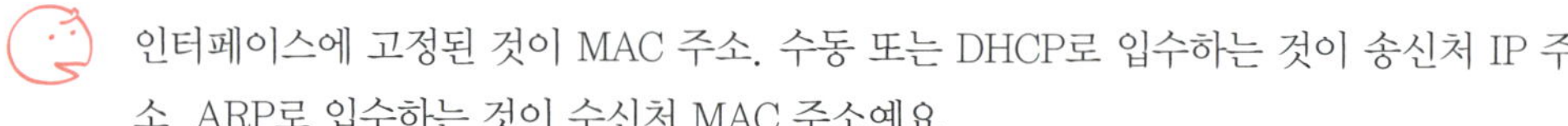
이번에는 마지막 1개, **수신처 IP 주소를 알아내는** 방법이다. 먼저 가장 간단한 방법은…….

그 방법이란 뭐죠?

데이터 전송을 원하는 애플리케이션이나 사용자가 **수신처의 IP 주소를 알고 있는** 경우야. 예를 들면 브라우저에 수신처 IP 주소를 수동으로 입력해서 웹페이지를 보러 갈 수가 있어. 그렇게 사용자가 입력하거나 사용하는 애플리케이션에 등록되어 있으면 가능한 거야.

그건 그렇네요. 처음부터 IP 주소를 알고 있으면 문제가 없어요.

이렇게 데이터를 전송하고 싶은 상대의 IP 주소를 처음부터 알고 있으면 데이터는 전송할 수 있어. 그런데 곤란하게도 인간은 단순한 숫자 나열을 잘 못 외운다.

맞아요. 숫자에 언어 유희라도 없으면 외우기 어려워요. 저는 대학교 학번도 자주 틀리는데요.

 그건 아마도 너라서 그럴 거다. 어쨌든 단순한 숫자인 IP 주소는 외우기 어려워. 그래서 **도메인 명(Domain Name)**이라는 것이 사용되는 거지.

✳ DNS

 도메인 명은 요약하면 송신할 상대의 **컴퓨터 이름**을 말하는 거야. 외우기 쉽도록 영문과 숫자로 구성되는데, 가장 좋은 예는 WWW로 사용되고 있는 http://의 뒤에 오는 문자열이다.

 http://뒤? 그럼 영진닷컴의 홈페이지가 있는 컴퓨터는 'www.youngjin.com'이 이름이라는 말인가요?

 그래. 당연히 다른 컴퓨터와 구별하기 위해서 **유일한 이름**이 아니면 안되겠지? 그럼, 인터넷에서 유일한 이름이어야 한다는 것은?

 그것은…? 혹시, IP 주소의 네트워크 번호와 마찬가지로 관리하는 조직이 있다는 건가요?

 제법이군. **도메인 명은 IP 주소와 마찬가지로 ICANN이 관리**하고 있어. 어째든 도메인 명으로 **송신하고 싶은 상대를 간단하게 기억할 수 있도록 되어 있다**고 보면 돼. 단, **문제는 역시 데이터 통신에는 IP 주소가 필요**하다는 거야.

 아~ 그건 그렇네요. IP 주소를 직접 기억하는 것은 어려우니깐 이름을 붙였다는 거네요. 이름과 IP 주소에는 어떤 관계가 있나요?

 그것을 결정하는 것이 DNS(Domain Name System)인데, DNS는 **이름과 IP 주소를 대응시킨 시스템**이야. **이름과 IP 주소의 대응 데이터베이스**를 갖고 있는 **DNS 서버에 문의**해서 수신처의 IP 주소를 입수하는 거야. (그림27-1)

 이 DNS 서버라는 것은 어디에 있나요? 전 세계에 있는 도메인 명을 기억해야 하니까 역시 ICANN?

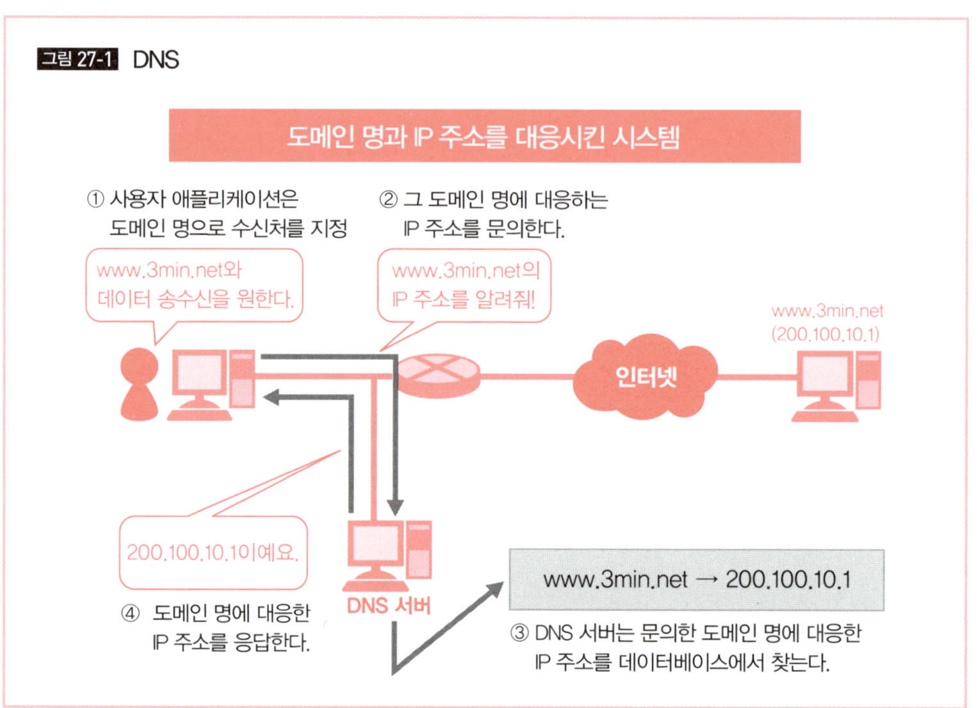

누가 전 세계의 도메인 명을 기억한다고 했어? **DNS 서버는 각 조직에 1개씩** 있고, **그 조직의 도메인 명만 관리**하는 거야.

어? 그 조직의 도메인 명만 관리한다고요? 그럼 다른 조직의 도메인 명으로부터 IP 주소를 알고 싶은 경우에는 어떻게 해요?

지극히 당연한 질문이군. **다른 조직의 호스트 명과 도메인 명은, 그 조직의 DNS 서버에 묻는** 거지. 다시 말하면 DNS란 전 세계의 도메인 명·호스트 명을 관리하는 일종의 **분산형 데이터베이스**라는 거다. (그림27-2)

그렇군요. 아는 곳에 물으러 가는 거네요. 여러 이름의 데이터베이스가 여기저기에 분산되어 있으니까 분산형 데이터베이스라는 거군요.

그렇다고 할 수 있지. 이번에는 DNS의 기본을 설명하자. 잘 기억해 둬.

기본이라고 말씀하신 것은 응용도 있다는 의미죠?

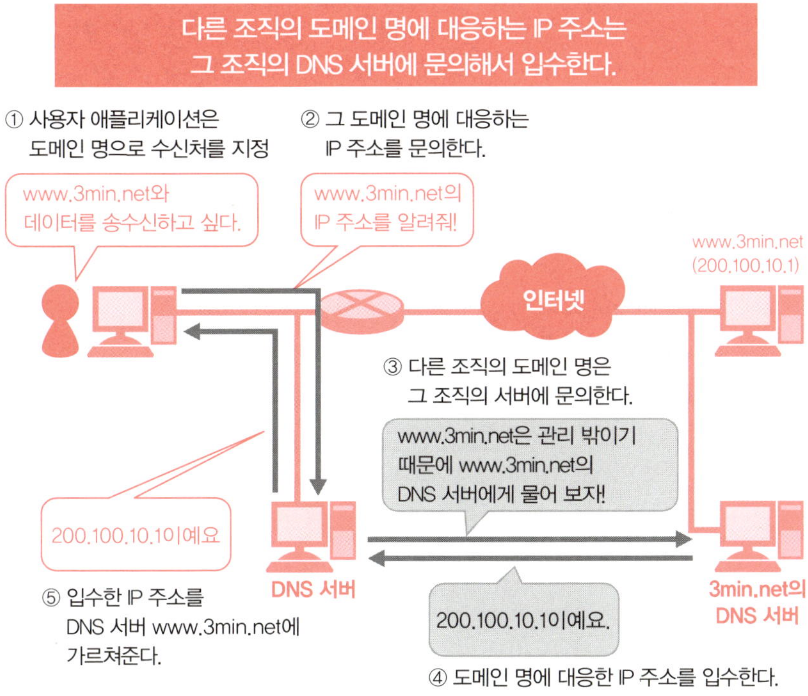

물론 응용도 있지. 자세한 것은 이 책 시리즈의 하나인 "3분 DNS기초강좌 *"를 읽어봐. 그건 그렇고 뭐니뭐니해도 DNS는 **현재의 인터넷을 지탱하는 기간 기술**이니까. 지금 현재, 인터넷은 모두가 도메인 명으로 서비스를 하도록 되어 있어. DNS가 없으면 인터넷은 성립되지 않는 거야.

생각해 보니 그렇네요. 웹사이트에서도 메일에서도 IP 주소를 직접 입력하는 경우는 거의 없으니까요.

---

* 역자주: '3분 DNS 기초강좌(3分間DNS基礎講座)' 도서는 이 책의 저자 '아미노 에이지'의 '3분 네트워킹 시리즈' 도서 중의 하나이다.

 데이터 전송을 하기까지의 흐름

DHCP, ARP, DNS를 사용하여 4개의 주소를 결정한다.

① 자신의 IP 주소는 수동 또는 DHCP에서 할당 받고, MAC 주소는 자동적으로 안다.

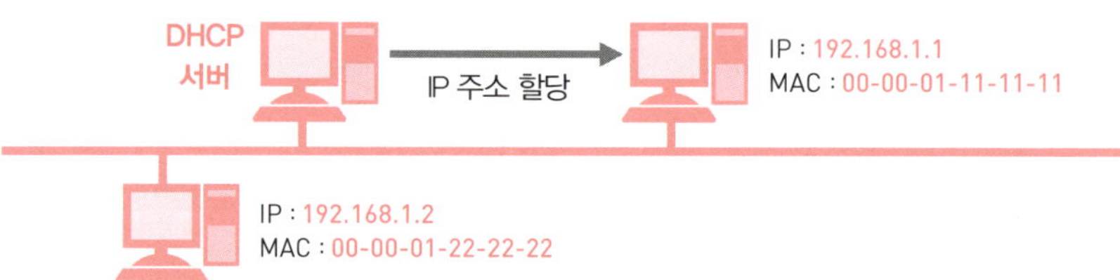

② 사용자 애플리케이션이 수신처의 도메인 명을 결정하면 DNS로 IP 주소를 취득한다.

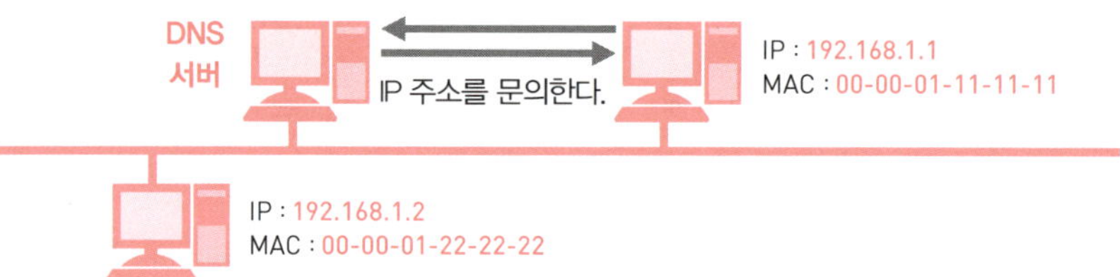

③ IP 주소가 결정된 후, ARP에 의해 MAC 주소를 취득한다.

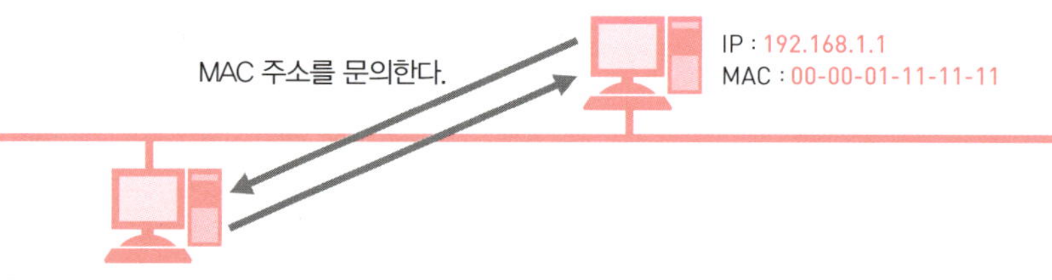

④ 이것으로 송신처, 수신처의 MAC 주소, IP 주소를 알았기 때문에 데이터 전송이 가능해진다.

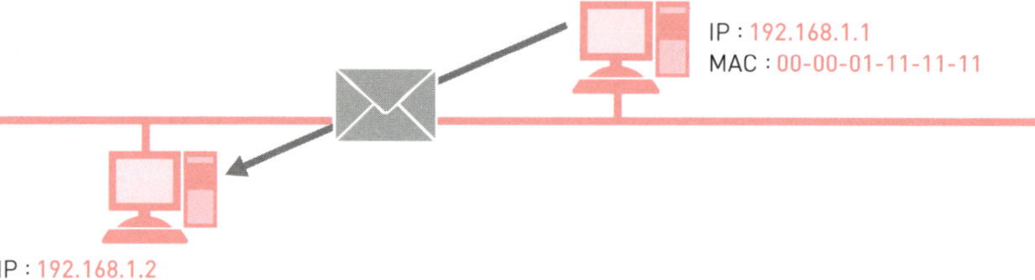

☀ 4개의 주소·완결편

 오랫동안 설명한 4개의 주소도 이것으로 끝이다. 여기서 복습! 데이터를 전송하고 싶어 하는 컴퓨터가 있다고 가정하자. 먼저 송신처의 주소는?

 **송신처 MAC 주소는 NIC를 장치하면 자동적**으로 알 수 있어요. **송신처 IP 주소는 수동 또는 DHCP로 할당 받아서** 알 수 있고요.

 음, 그래서 데이터 전송을 하는 건데 사용자 혹은 애플리케이션이 **수신처의 도메인 명을** 결정하면?

 넵. **DNS로 수신처 IP 주소를 알 수 있죠.**

 그래. 여기는 수동으로 IP 주소를 입력해도 상관없다. 그럼 수신처 IP 주소를 알면?

 **ARP로 수신처 MAC 주소를 알 수 있고 데이터 전송이 가능해져요.** (그림27-3)

 그렇지. 이런 흐름을 잊으면 안 된다. 전송이 가능하게 됐으니까, 다음 장부터는 인터넷 작업에서의 데이터 전송에 대해 얘기해 보자.

 네. 하루 3분 네트워크 교실이었습니다~ ♪

넷군의 오늘의 **포인트**

* 사용자 혹은 애플리케이션이 수신처를 결정한다.
* IP 주소를 알고 있으면, 그것을 사용할 수가 있다.
* 호스트 명을 알고 있는 경우는 DNS를 사용한다.
* DNS 서버에 호스트 명에 대응하는 IP 주소를 문의한다.

보충 ③ **'IP 주소와 도메인 명을 알아 보자!'**

안녕하세요. 하루예요. 드디어 3계층에서 IP 주소가 등장했네요. 제22회에서 설명했지만, 인터넷에서 사용하고 있는 IP 주소는 어떤 단체에서 관리하고 있어요. 그 단체에 대한 얘기를 조금 해 볼게요.

IP 주소를 관리하는 단체는 본편에서도 설명한 대로 ICANN이예요. ICANN은 IP 주소, DNS의 도메인 명, AS 번호(제32회에서 설명)를 관리하고 있어요. 정확히 말하면, 관리하는 것은 그 하부조직이고, ICANN은 관리나 할당의 방침 또는 그 조정을 하는 단체에요.

ICANN의 하부조직으로 IANA(Internet Assigned Numbers Authority)가 있는데 '아이아나'라고 불러요. 여기서는 IP 주소·도메인 명을 관리하고, 표준화와 조정기능은 ICANN에서 하죠. 현재 IANA은 ICANN의 정책 하에 IP 주소·도메인 명을 관리, 할당하는 일을 해요.

IANA는 전 세계에 5개 있는 지역 인터넷 레지스트리(Regional Internet Registry: RIR)에 실질적인 할당을 위탁하고 있어요.

- ARIN … 북미담당
- RIPE … 유럽, 중동, 중앙아시아 담당
- APNIC … 아시아, 태평양 지역 담당
- LACNIC … 중남미, 카리브해 지역 담당
- AfriNIC … 아프리카 담당

RIP는 국가나 지역별 단체에 위탁하는 경우도 있어요. 이것을 국가별 인터넷 레지스트리(National Internet Registry: NIR)라고 불러요. RIR이랑 NIR을 통틀어서 NIC(Network Information Center)라고도 하고요. 한국에서도 한국인터넷정보센터(Korea Network Information Center)가 한국의 인터넷 주소 자원을 관리하는 조직이에요. 현재는 한국인터넷진흥원(KISA)이 설립되면서 한국인터넷진흥원 산하의 인터넷 주소자원 관리 담당부서로서 그 역할을 수행하고 있어요.

4장

라우팅

✳ IP 주소와 MAC 주소

자, 그러면 계속해서 3계층의 이야기를 해볼까? 3계층은 인터넷 작업을 수행하는 역할을 한다고 했었지?

네, '네트워크 간의 데이터 전송'이 인터넷 작업이죠? 1계층이 케이블을 통해 신호를 전송하고, 2계층이 케이블로 연결된 구간의 네트워크 내에서 데이터를 전송해요. 그리고 3계층이 네트워크 간 전송인 거죠?

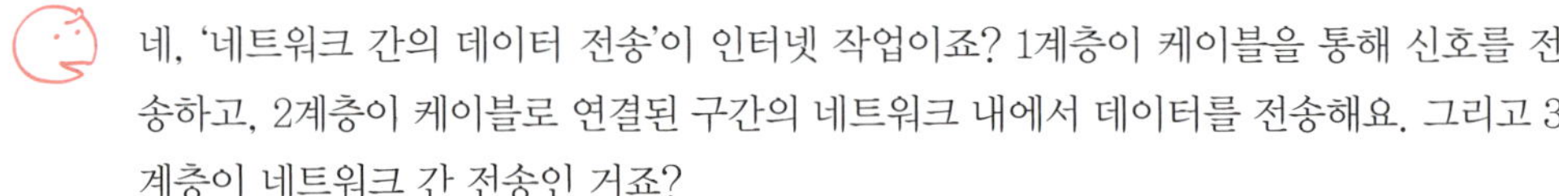
그렇지. 각 계층은 각각의 구간 내에서 데이터 송수신을 결정하는데 그중 3계층은 '어드레싱'과 '라우팅'으로 인터넷 작업을 수행하는 거지. 앞장에서는 어드레싱에 대해 설명했다.

어드레싱이… 아! IP 주소 말이죠? '네트워크가 어디 있는지', '어느 컴퓨터에 있는지'와 같은 정보가 IP 주소였죠? IP 주소로 위치를 정하고, 라우팅으로 경로를 결정하는 거였나요?

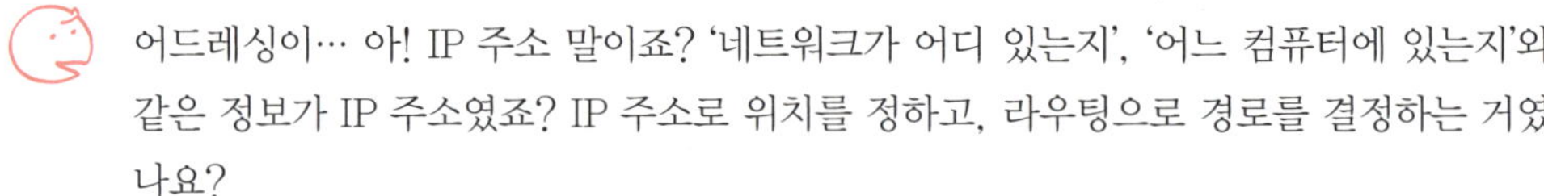
그래. IP 주소는 수신처를 정하는 역할이었어. 그런데 넷군, 이 '수신처'라는 것은 무슨 말이지?

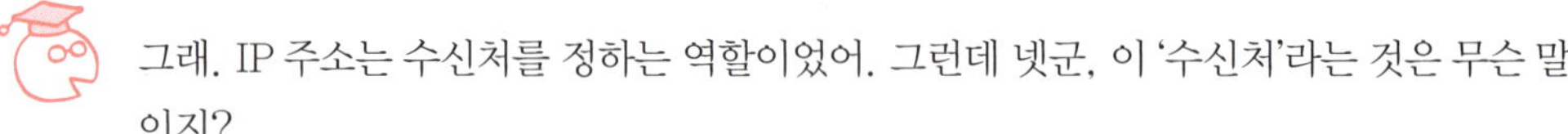
글쎄요? 데이터를 수신하는 컴퓨터 아닌가요?

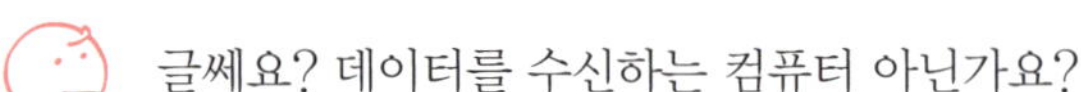
맞아. 그럼 MAC 주소는?

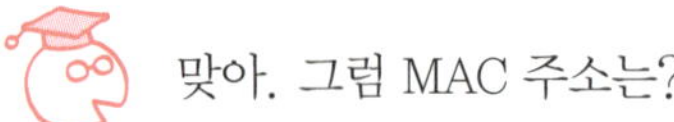
MAC 주소는 수신처 컴퓨터를……, 어라?

IP 주소도 MAC 주소도 양쪽 다 수신처를 의미하는 거야. 그럼 무엇이 다른가 하면 **MAC 주소는 같은 네트워크 내에서의 수신처**를 결정하고, 그에 비해 **IP 주소는 수신처의 컴퓨터를 결정**한다고 할 수 있어. 다시 말해 IP 주소가 데이터의 최종 수신처가 되고, MAC 주소가 그 다음에 정의되는 수신처가 되는 거야.

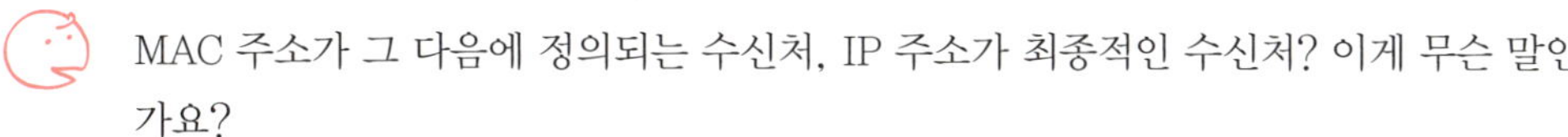
MAC 주소가 그 다음에 정의되는 수신처, IP 주소가 최종적인 수신처? 이게 무슨 말인가요?

인터넷 작업에서 데이터는 복수의 네트워크를 경유해서 최종 수신 컴퓨터까지 도달하잖아. 그런데 경유하는 것은 좋은데 '어디를 통해서 경유할지'를 모르면 곤란하지 않을까? 예를 들어, 어떤 네트워크A에서 네트워크B를 경유해서 네트워크C에 간다고 하자. A에서 나온 데이터그램은 B로 들어가고, 이어서 C로 가는데, B로 들어간 시점에서 'C로 중계해 줄 어딘가'의 장소로 가야 한다는 거야. 그것을 MAC 주소로 지정해서 '다음으로 보낼 장소'를 결정한다는 얘기다. (그림28-1)

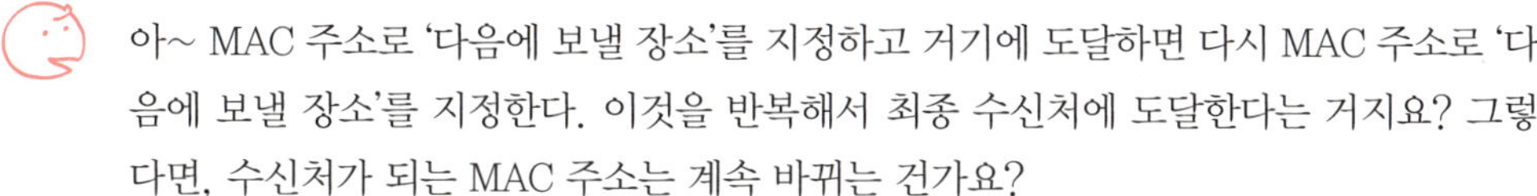
아~ MAC 주소로 '다음에 보낼 장소'를 지정하고 거기에 도달하면 다시 MAC 주소로 '다음에 보낼 장소'를 지정한다. 이것을 반복해서 최종 수신처에 도달한다는 거지요? 그렇다면, 수신처가 되는 MAC 주소는 계속 바뀌는 건가요?

그런 셈이지. MAC 주소는 '다음 수신처'니까 그 컴퓨터에 도달하면 이어서 다음을 지정할 필요가 있는 거야. 그래서 MAC 주소는 변경되는 거고. 반면 IP 주소는 변경이 없어. 따라서 IP 주소가 데이터의 최종 수신처, MAC 주소가 다음 수신처가 되는 거다.

✳ 경로

MAC 주소로 '다음 수신처'를 지정하고 IP 주소로 '최종 수신처'를 지정해서 이런 식으로 **최종 수신처까지의 경로**가 만들어지는 거야.

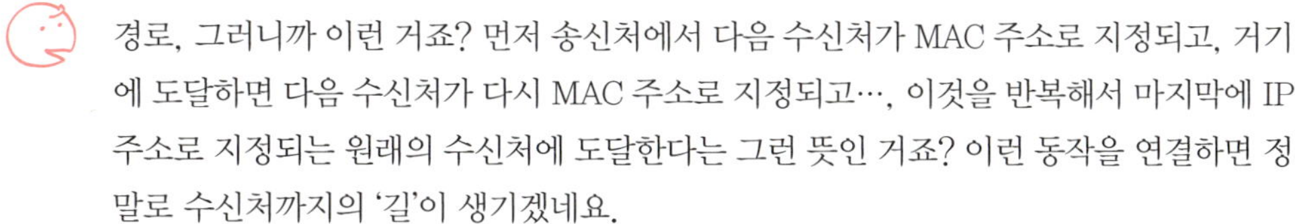
경로, 그러니까 이런 거죠? 먼저 송신처에서 다음 수신처가 MAC 주소로 지정되고, 거기에 도달하면 다음 수신처가 다시 MAC 주소로 지정되고…, 이것을 반복해서 마지막에 IP 주소로 지정되는 원래의 수신처에 도달한다는 그런 뜻인 거죠? 이런 동작을 연결하면 정말로 수신처까지의 '길'이 생기겠네요.

그래. 그것이 '수신처까지의 경로'가 되는 거다. 그리고 **라우터라는 장치가 이 경로를 결정하는 역할**을 하는 거야. 그런데 이 라우터가 실행하는 경로 결정 말인데, 실제로 '경로를 결정'하는 것은 아니야.

네? 그럼 무엇을 결정하는 건가요? 라우팅하는 것이 라우터이고, 라우팅으로 수신처까지 어떻게 갈지를 결정하는 것이 경로를 결정하는 것이 아닌가요?

 그야 그렇지만, 기본적으로 라우터가 결정하는 것은 '경로의 일부'에 지나지 않아. 다시 말해 자신의 위치에서 수신처까지 가기 위해 **다음에 어디로 보내야 할지** 그것만 결정하는 거야. 즉, '송신처에서 수신처'까지의 모든 길을 이해하고 있는 것은 아니라는 거지.

 그러니까 다음 장소는 알고 있지만 그 다음부터 어떻게 갈지는 모른다는 말씀인 거죠? 뭐랄까, '방향 지시기'같은 거네요. 저쪽에 가고 싶으면 이쪽으로 가라, 그리고 거기까지 갔으면 다시 지시를 기다려라 같은?

그래, 맞아. 이렇게 반복해서 '다음 길'을 제시해 가는 방식을 **홉 바이 홉(Hop-by-Hop)** 이라고 하는데, 라우팅에서 홉이란 라우터를 가리키는 용어야. (그림28-2)
이런 식으로 복수의 라우터가 '다음' 수신처를 가리키는 과정을 반복함으로써 전체의 '경로'가 만들어져 가는 거다. 그리고 라우터가 **네트워크 경계상에 배치**되어서 전송받은 데이터그램을 라우팅해서 다음 수신처를 결정하는 거지.

그림 28-2 홉 바이 홉

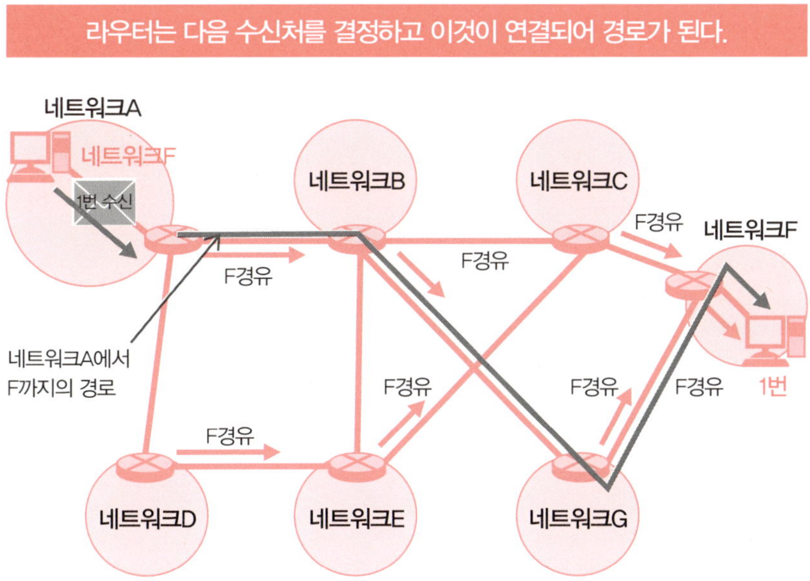

음…, 그럼 다음 수신처는 구체적으로 뭔가요?

기본적으로는 **수신처에 가기 위한 다음 라우터**를 말한다. 다만, 수신처가 그 라우터와 접한 네트워크 내에 있는 경우에는 수신처의 컴퓨터 자체가 다음 수신처가 되는 거지. 여기에서 중요한 것은 **라우터가 없으면 다른 네트워크에 데이터그램을 보낼 수 없다**는 점이다. 이것은 절대적인 규칙이거든. 라우터가 라우팅함으로써 다른 네트워크에 대한 '경로'가 생기는데, 이 '경로'가 없으면 다른 네트워크에 도달하지 못한다는 얘기인 거지.

정말요? 만약에 직접 연결되어 있어도 그런가요? 네트워크라는 것은 컴퓨터 그룹 같은 거잖아요? 같은 멀티액세스 네트워크에 다른 네트워크 컴퓨터가 연결되어 있으면 어떻게 되는 건가요?

그래도 안 돼. 예를 들어 같은 허브에 두 대의 컴퓨터가 연결되어 있는데 그 두 대가 서로 다른 네트워크에 소속되어 있다고 하자. 이런 경우, 비록 같은 허브에 연결되어 있더라도 다른 네트워크에 소속되어 있는 다른 한 대의 컴퓨터에는 데이터그램이 전달되지 않거든.

네? 하지만 데이터그램을 전송해 버리면 허브는 플러딩되어 버리잖아요. 그러면 수신처인 컴퓨터에 전달되는 거 아닌가요?

아니, 그렇지 않아. 왜냐하면 컴퓨터는 '다른 네트워크에 수신처가 있는 경우에는 라우터로 송신한다.', '같은 네트워크에 수신처가 있는 경우에는 수신처에 직접 송신한다.'같은 규칙이 작용하고 있거든. 그래서 라우터가 없으면 다른 네트워크에는 전송할 수 없는 거야. (그림28-3)

그럼 만약 컴퓨터에 '라우터가 설정되어 있지 않다면' 다른 네트워크에 대한 데이터 전송 자체가 불가능하다는 거네요?

그렇지. 이 경우 컴퓨터가 지정하는 라우터를 **디폴트 게이트웨이(Default Gateway)**라고 하는데, 이것은 다음에 설명하기로 하고(P194참조) 우선 이번에는 여기까지 하자.

네. 하루 3분 네트워크 교실이었습니다~ ♪

다른 네트워크 수신이면 라우터(디폴트 게이트웨이)로
동일 네트워크 수신이면 직접 통신한다.

① 라우터(디폴트 게이트웨이)가 설정되어 있는 경우

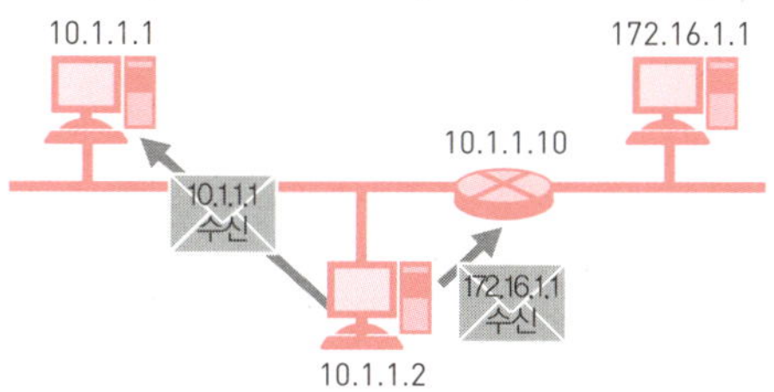

라우터(디폴트 게이트웨이): 10.1.1.10

- 동일 네트워크 수신이면 수신처에 직접 송신한다.
- 다른 네트워크 수신이면 디폴트 게이트웨이에 설정된 라우터로 송신한다.

② 라우터(디폴트 게이트웨이)가 설정되어 있지 않은 경우

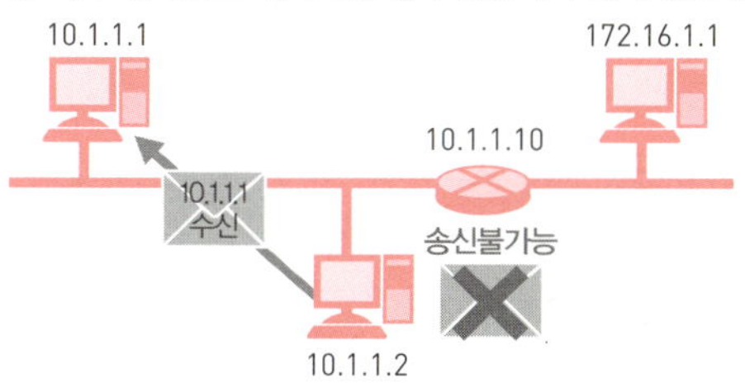

라우터(디폴트 게이트웨이): ────

- 동일 네트워크 수신이면 수신처에 직접 송신한다.
- 다른 네트워크 수신이면 송신 불가능이 된다.

넷군의 오늘의 **포인트**

* IP 주소는 '최종 수신처', MAC 주소는 '다음 수신처'를 결정한다

* 라우팅은 다음 수신처를 지정하기 위해 수행하는 홉 바이 홉 방식이다.

* 라우터가 없으면 다른 네트워크에 데이터그램을 보낼 수 없다.

* 컴퓨터에 설정되어 있는 라우터는 디폴트 게이트웨이라고 부른다.

* 라우터란

자, 라우터가 없으면 다른 네트워크에 데이터그램을 송신할 수 없는 거였지? 즉, 인터넷 작업을 가능하게 하는 장치가 라우터라는 거다.

네. 그랬죠. 인터넷 작업은 '네트워크 간의 데이터 전송'이었어요(P127참조). 라우터가 없으면 다른 네트워크에 데이터그램을 보낼 수 없어요. 그러니까, 라우터가 없으면 네트워크 간에 정보를 주고받는 것이 불가능하다는 거였어요.

그렇지. 라우터는 라우팅을 하고 다른 네트워크에 데이터를 전송하는 거야. **라우터야 말로 인터넷 작업에 있어서 가장 중요한 장치**인 거지. 그런데, 계속해서 라우터라는 말이 나왔는데 실제로 어떤 장치인지는 아직 설명하지 않았다.

음… 라우팅을 한다, 네트워크의 경계상에 배치된다. 또 뭐가 있었나요?

먼저, 네트워크 경계상에 배치되는 것부터 설명하자. 라우터는 어떤 네트워크에서 다른 네트워크에 데이터그램을 보내는 역할을 하고 '네트워크와 네트워크의 경계상'에 배치되기 때문에 **복수의 인터페이스를 가질 수 있다.**

복수의 인터페이스를 가지고 거기서 복수의 네트워크에 연결되어 있다는 거네요. 그것이 네트워크 경계상에 있다는 의미인가요?

그렇다고 볼 수 있지. 라우터의 인터페이스에는 논리 주소인 IP 주소가 설정되어 있어. 즉, 라우터의 각 인터페이스는 **각각의 네트워크에 소속되어 있는** 형태야. (그림29–1)

아~ 그래서 라우터는 단독이 아니라 복수의 네트워크에 소속되어 있는 거군요.

그리고 '라우팅을 한다'에서 라우팅이란 간단하게 말하면 **데이터그램의 수신처 IP 주소를 근거로 다음에 송신하는 라우터를 결정**하는 건데, 이것을 수행함으로써 '경로'가 결정되는 거야.

그림 29-1 라우터 접속

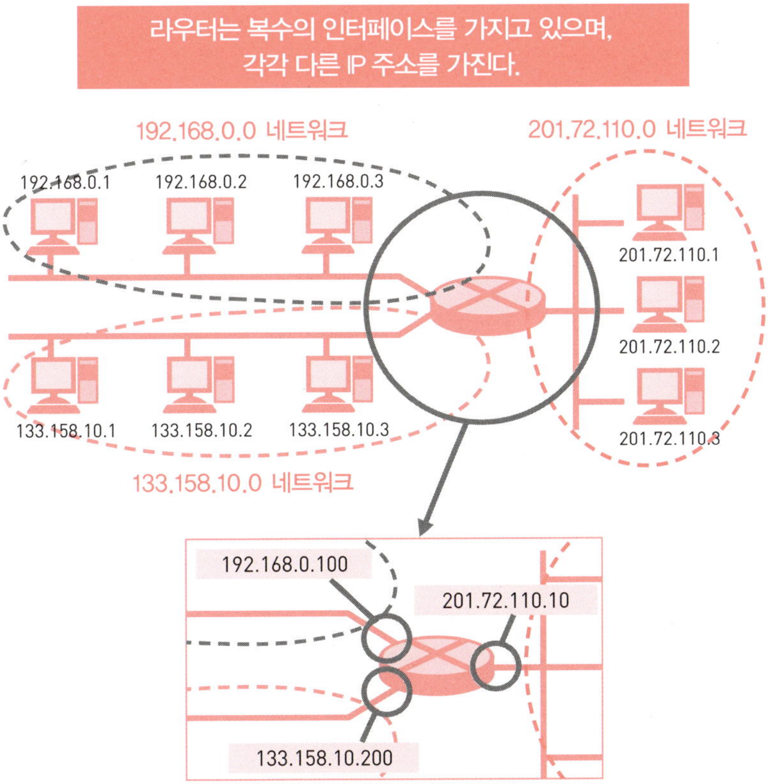

음~ 경로를 결정한다는 거군요. 라우터는 '네트워크 경계상에 배치'되어 '라우팅한다' 말고 또 다른 역할은 없어요?

있지. 먼저, 라우터는 네트워크 경계선상에 있기 때문에 **복수의 네트워크끼리 연결**하는 역할을 한다. 이들 '복수의 네트워크'는 LAN으로 사용되는 이더넷인 경우도 있고 WAN으로 사용되는 회선인 경우도 있어. 이렇게 다른 종류의 네트워크를 '연결'하는 것도 라우터의 역할이다.

이쪽은 이더넷, 이쪽은 WAN회선. 다른 종류의 네트워크 사이에서 데이터 '중계'를 한다는 거네요.

그런 셈이지. 그리고 전송받은 데이터그램에 대해 조건을 붙여 그 데이터그램을 파기하는 **필터링(Filtering)**이라는 처리를 하기도 한다. 예를 들어 대학교 컴퓨터 실습실의 네트워크에서는 학생들의 데이터가 저장되어 있는 사무실의 네트워크로는 데이터를 전송하지 못하게 한다든지.

아~ 그렇구나. 학생들 모두가 사용하는 컴퓨터 실습실에서 사무실로 데이터를 송수신할 수 있게 되면 학생들이 나쁜 일을 할 수도 있겠네요. 내 성적증명서를…….

물론, 우리 학교에서는 그런 일은 불가능하지. 자, 정리하면 라우터는 '네트워크 경계상에 있고', '복수의 네트워크끼리 연결한다'는 거였다.

'라우팅으로 다음 라우터를 지정해서 경로를 만든다'는 역할도 있고요.

또한 '필터링에 의해 라우팅하는 데이터를 분류할 수도 있다'는 거다.

✳ 라우터의 동작

그럼 실질적인 라우터의 동작에 대해 설명하자. 먼저, 라우터는 **라우팅 테이블**이라는 것을 가지고 있다.

라우팅 테이블?

그래. **최적 경로의 지도**라고 생각하면 이해하기 쉬울 거야. 라우터가 수신한 패킷이 수신처까지 도달하기 위한 최적의 경로가 그려져 있는 지도라고 할 수 있지.

최적의 경로가 그려져 있는 지도. 그걸 보고 라우터는 수신처 네트워크까지의 경로를 결정하는 건가요?

그래. 이 지도에는 **수신처 네트워크까지의 거리, 다음에 도달하는 라우터, 그 라우터에 연결되어 있는 자신의 인터페이스** 등이 기재되어 있어. 라우터는 이 테이블을 따라 수신 받은 패킷을 수신처까지 보내는 거야. **라우팅 테이블이야말로 라우터의 중요한 요소**인 거지. (그림29-2)

라우팅 테이블에서 수신처 네트워크를 찾아내어 다음에 도달하는 라우터를 결정하고 인터페이스에서 송신한다는 거네요.

그런 거야. 간단히 말해 앞에서도 설명한 것처럼 라우터가 결정하는 것은 '다음 수신처'다(P185참조). 라우팅 테이블에도 '다음 수신처가 될 라우터'가 기재되어 있어.

그랬어요. 홉 바이 홉으로 다음 라우터, 다음 라우터라는 순서로 도달해가는 거였어요.

그렇지. 라우팅 테이블에서 다음 수신처를 찾아내는 건데 어떤 방식으로 찾아내는가 하면, **최장일치의 룰**이라고 불리는 규칙으로 결정되는 거야. 영어로는 롱기스트 매치(Longest Match)라고 한다.

롱기스트 매치? 최장일치는 무엇이 최장일치인 건가요?

실제 데이터그램의 수신처 IP 주소로부터 라우팅 테이블의 수신처 네트워크 주소를 결정해서 다음 라우터랑 송신 인터페이스를 결정하는데, 거기서 '수신처 IP 주소'와 '수신처 네트워크 주소'를 비교할 때 사용되는 규칙이 최장일치의 룰이라고 하는 거야. (그림29-3)

IP 주소의 비트열과 네트워크 주소의 비트열을 앞에서부터 순서대로 비교해서 가장 많이 일치하는 것부터 선택한다는 거군요. 아~ 그래서 최장일치?

 라우터 동작

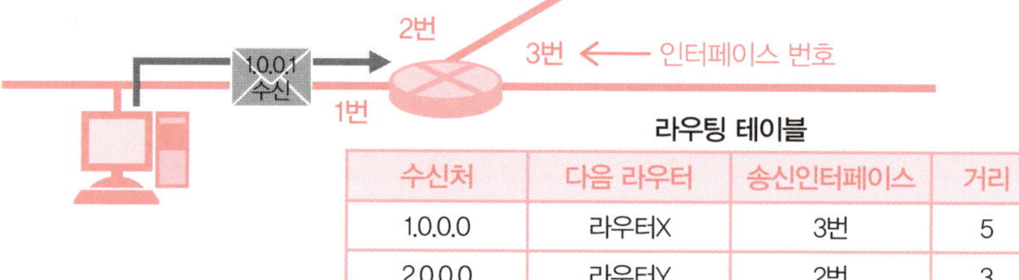

수신처	다음 라우터	송신인터페이스	거리
1.0.0.0	라우터X	3번	5
2.0.0.0	라우터Y	2번	3

② 수신처 IP 주소로부터 수신처 네트워크를 결정한다.

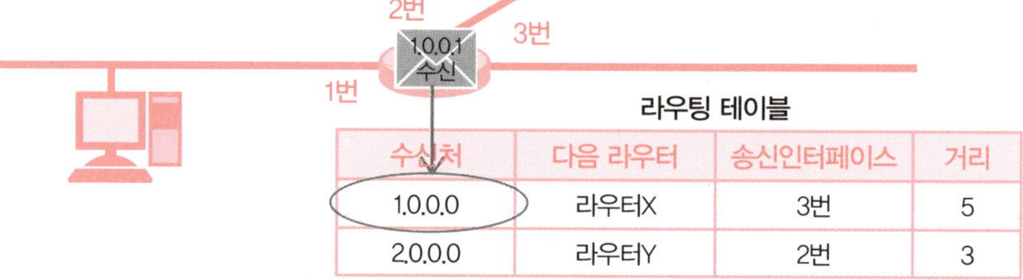

수신처	다음 라우터	송신인터페이스	거리
1.0.0.0	라우터X	3번	5
2.0.0.0	라우터Y	2번	3

③ 라우팅 테이블에서 다음 중계할 라우터, 송신할 인터페이스가 결정된다.

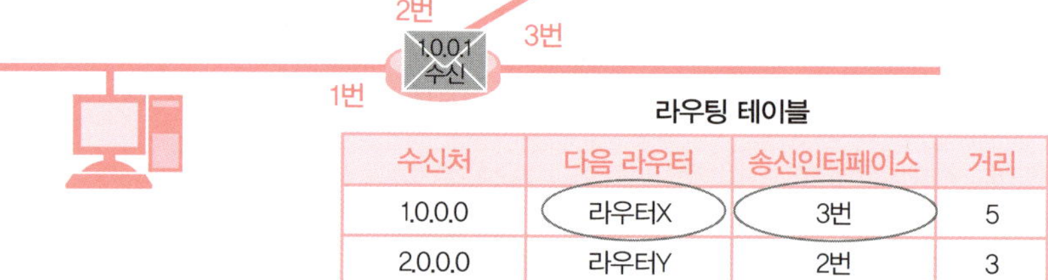

수신처	다음 라우터	송신인터페이스	거리
1.0.0.0	라우터X	3번	5
2.0.0.0	라우터Y	2번	3

④ 결정된 인터페이스로부터 패킷을 송신한다.

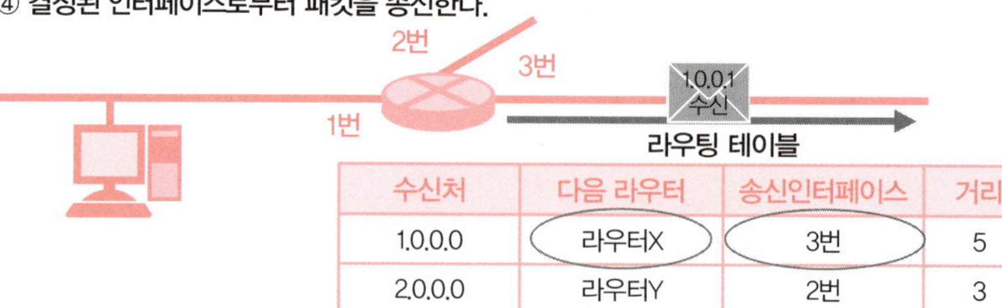

수신처	다음 라우터	송신인터페이스	거리
1.0.0.0	라우터X	3번	5
2.0.0.0	라우터Y	2번	3

IP 주소/프리픽스 길이	다음 라우터	송신 인터페이스	메트릭
192.168.0.0/16	172.18.5.2	0번	2
192.168.12.0/24	172.16.10.2	1번	3
192.168.10.0/24	172.17.22.2	2번	8

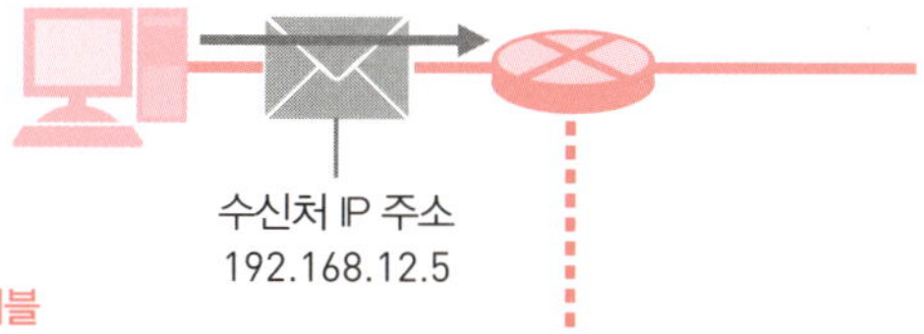

수신처 192.168.12.5	1100 0000	1010 1000	0000 1100	0000 0101
192.168.0.0/16	1100 0000	1010 1000	0000 0000	0000 0000
192.168.12.0/24	1100 0000	1010 1000	0000 1100	0000 0000
192.168.10.0/24	1100 0000	1010 1000	0000 1010	0000 0000

 그런거지. 라우터는 아주 중요하니까 라우터에 관해서는 다음 회에서 좀더 설명하기로 하자.

 옙. 하루 3분 네트워크 교실이었습니다~ ♪

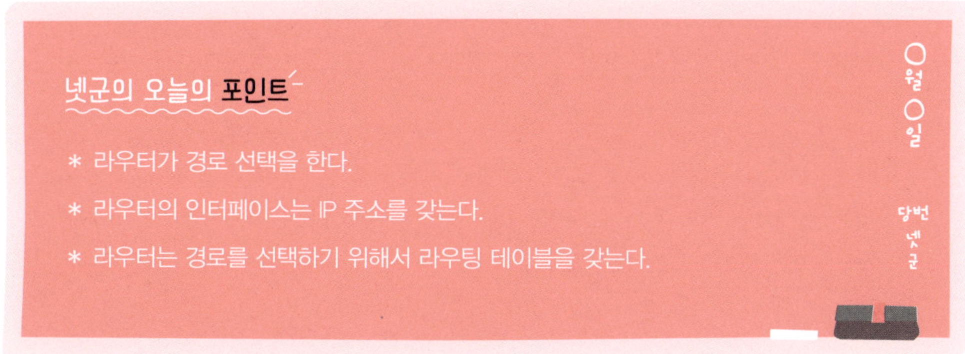

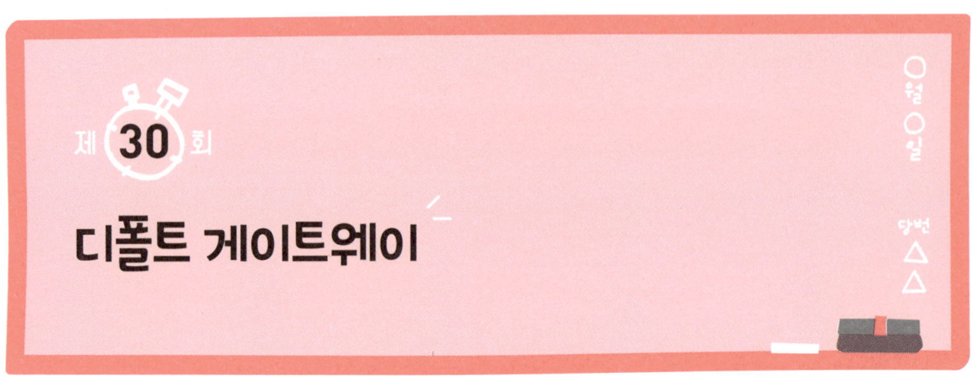

＊ 브로드캐스트 도메인

지난 회에는 라우터에 관한 얘기였다. 라우터는 네트워크 경계상에 배치되어 라우팅을 한다고 설명했지? 그것으로 경로가 설정되어 수신처까지 데이터그램이 도달하게 되는 거다.

네~ 라우팅 테이블을 가지고 있어서 다음에 도달할 라우터, 송신할 인터페이스를 결정하는 거였어요.

그래. 지금부터는 라우터의 역할, 아니 기능인가? 아무튼 그것에 관해 얘기해 보자. **브로드캐스트는 라우터를 넘어서 전송할 수 없다**는 이야기를 전에 했었지?

네. 네트워크를 나눔으로써 브로드캐스트가 송신되는 양이 감소한다는 얘기를 했어요 (P129참조).

그래. **라우터가 네트워크를 나누기 때문에 브로드캐스트가 다른 네트워크에 송신되지 않도록** 한다고 했다. 이 브로드캐스트가 도달하는 범위를 **브로드캐스트 도메인(Broadcast Domain)**이라고 하는데, 라우터는 브로드캐스트 도메인을 나눌 수 있다는 거야.

브로드캐스트 도메인? 어… 앞에서 나온 충돌 도메인과 비슷하네요(P92참조).

그래, 생각하는 방식은 같아. 충돌 영향이 미치는 범위가 충돌 도메인. 브로드캐스트가 미치는 범위가 브로드캐스트 도메인. **충돌 도메인은 스위치가 구분하고, 브로드캐스트 도메인은 라우터가 구분하는 거다.** (그림30-1)

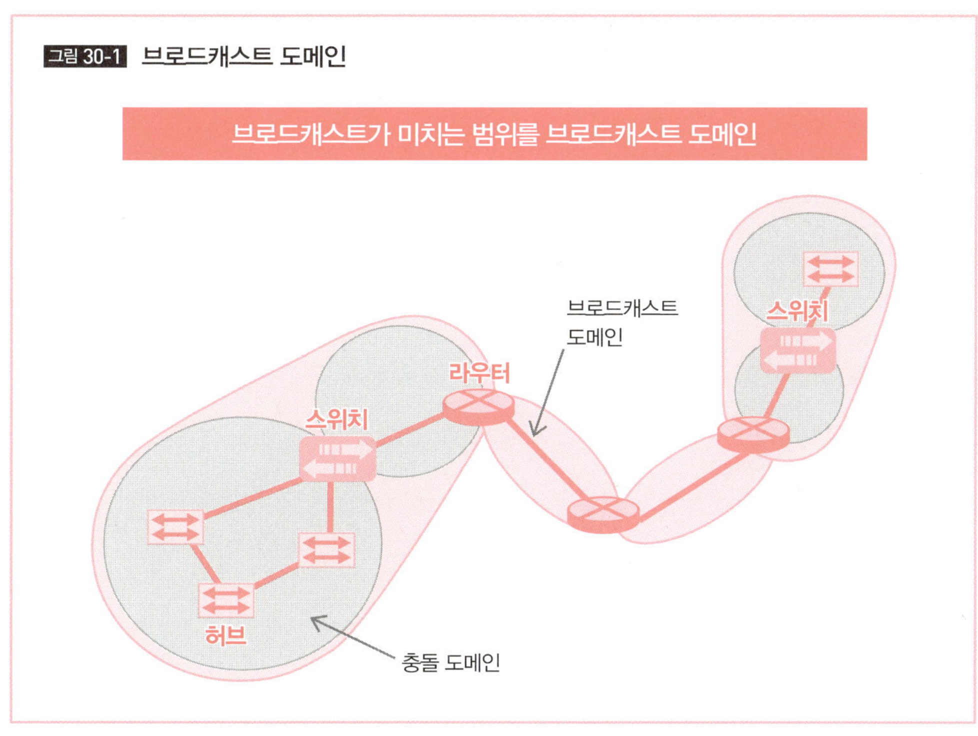

 **허브는 어느 쪽에도 영향을 미치지 않네요.**

 그런거지. 라우터가 브로드캐스트 도메인을 분할하니까 라우터가 브로드캐스트 도메인의 경계가 되는 거다.

 네? 그럼, 라우터는 네트워크의 경계상에도 있다는 거네요? 브로드캐스트 도메인과 네트워크는 어떻게 다른 거죠?

 기본적인 차이는 없어. 브로드캐스트 도메인=네트워크라고 생각해도 문제는 없다.

＊ ARP와 라우터

 라우터는 브로드캐스트를 다른 네트워크에 전송하지 않는다. 여기서 생각해봐야 할 것이 있는데. 넷군, 수신처 MAC 주소를 알아내는 방법이 뭐였지?

 그게… ARP요.

 그래, ARP. 문제는 **ARP가 브로드캐스트**라는 점이야.

 ARP가 브로드캐스트라는 건 라우터가 ARP를 다른 네트워크에 전송하지 않는다는 의미이고. 그렇다면, 다른 네트워크에 있는 컴퓨터의 MAC 주소는 어떻게 알 수 있죠?

 라우터가 브로드캐스트를 다른 네트워크에 전송하지 않기 때문에 **ARP는 수신처까지 도달하지 않아.** 물론 수신처까지 도달하지 않으면 수신처 MAC 주소를 알 수 없게 되는 거고. (그림30-2)

그럼 4개의 주소가 다 준비되지 않았으니까 데이터 송신을 할 수 없게 되는 거군요. 네트워크를 접속하는 것이 라우터의 역할인데, 라우터가 ARP를 중지하는 바람에 네트워크 간의 데이터 전송이 불가능해진다는 거네요.

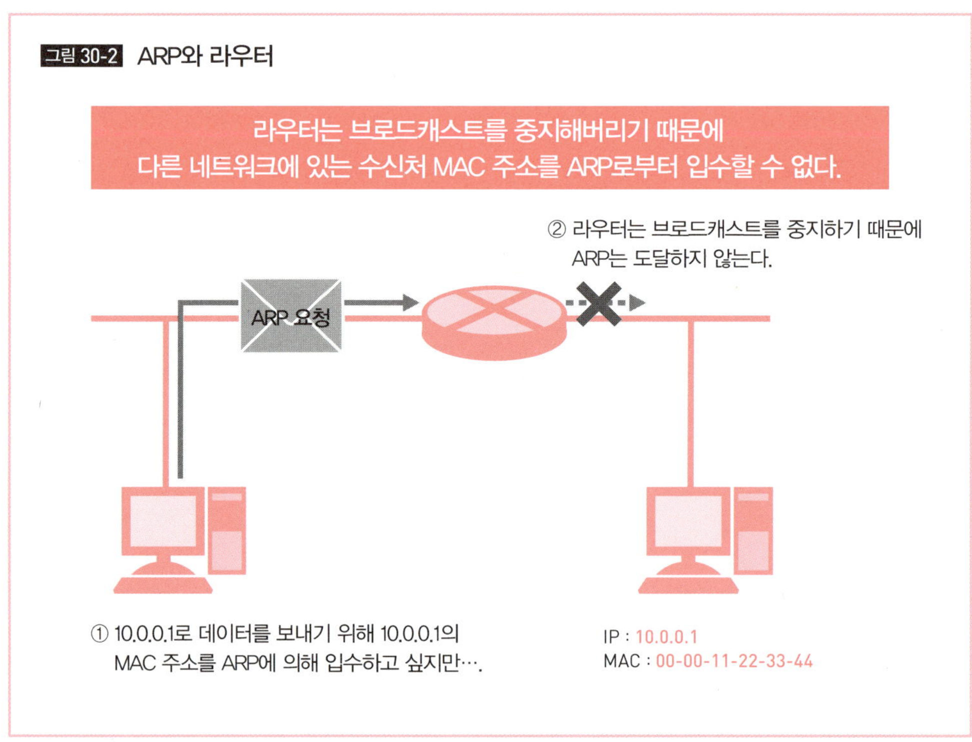
그림 30-2 ARP와 라우터

그렇지. 여기서 디폴트 게이트웨이라는 말을 떠올려 볼까? 디폴트 게이트웨이는 컴퓨터가 다음에 보낼 라우터였다(P186참조). 라우터는 네트워크의 경계상에 있고 다른 네트워크에 데이터그램을 라우팅하고, 그러니까 **디폴트 게이트웨이가 네트워크의 출입구**가 되는 셈이지.

컴퓨터는 다른 네트워크에 데이터그램을 송신할 때 반드시 디폴트 게이트웨이로 송신한다고 했었어요. 그렇게 생각하면 '네트워크의 출입구'라고 할 수도 있겠네요.

✻ 디폴트 게이트웨이

다른 네트워크로 데이터를 전송하고 싶은 호스트는 일단 **디폴트 게이트웨이로 데이터를 보내서 다른 네트워크로 전송한다. 즉, 컴퓨터가 최초로 데이터를 보내는 수신처는 디폴트 게이트웨이**가 되는 거야.

최초로 데이터를 보내는 수신처가 디폴트 게이트웨이… 라는 것은?

라는 것은? IP 주소와 MAC 주소는 수신처의 의미에서 어떤 차이가 있었지, 넷군?

IP 주소는 '최종 수신처', MAC 주소는 '다음 수신처'를 정하는 거였어요. 그렇다면, 컴퓨터가 다른 네트워크에 데이터를 송신할 경우의 수신처는 반드시 디폴트 게이트웨이의 MAC 주소가 된다는 건가요?

그렇지. **컴퓨터는 다른 네트워크에 데이터를 송신할 때 디폴트 게이트웨이로 ARP를 수행하는 거야.** (그림30-3)

아~ 그렇게 하면 ARP로 디폴트 게이트웨이의 MAC 주소를 얻을 수 있는 거네요. 다시 정리하자면 컴퓨터가 수신처를 결정하면, 수신처가 동일 네트워크인지 아닌지를 조사해서?

동일 네트워크라면 수신처 IP 주소 수신으로 ARP를 실행해서 그 컴퓨터의 MAC 주소를 입수하는 거고. 그게 아니라 다른 네트워크가 수신처라면?

**컴퓨터는 다른 네트워크가 수신처인 경우에는
디폴트 게이트웨이로 ARP를 수행한다.**

① 다른 네트워크에 데이터를 보내는 경우, 호스트는 디폴트 게이트웨이로 ARP를 수행해서
   디폴트 게이트웨이의 MAC 주소를 입수한다.

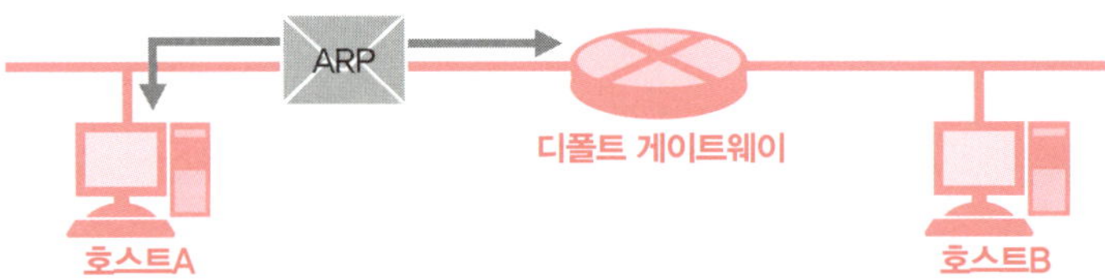

② 호스트는 수신처 MAC 주소를 디폴트 게이트웨이로, 수신처 IP 주소를 수신처 호스트로 해서
   패킷을 보낸다.

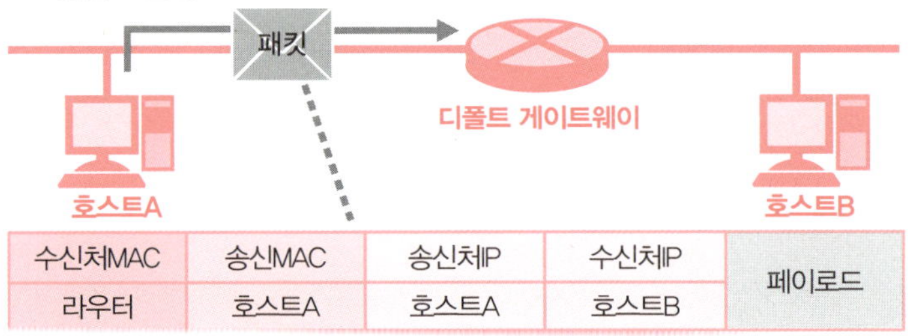

수신처MAC	송신MAC	송신처IP	수신처IP	페이로드
라우터	호스트A	호스트A	호스트B	

③ 수신받은 디폴트 게이트웨이는 라우팅을 하고, 중계 라우터, 송신포트를 결정하여 다음
   에 수신받을 상대(중계 라우터 또는 수신처)에게 ARP를 수행한다.

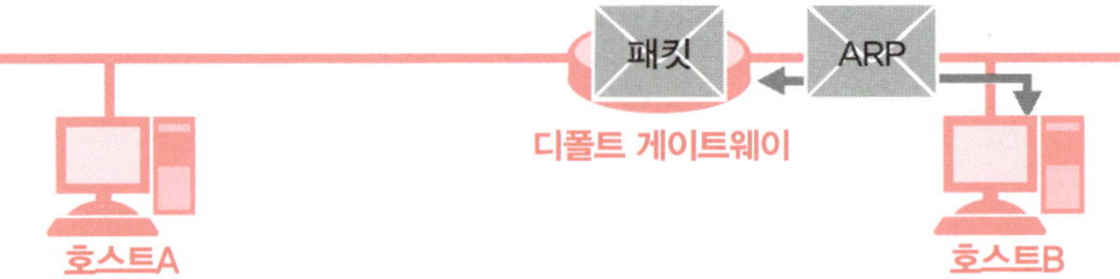

④ ARP에 의해 입수한 MAC 주소를 수신처 MAC 주소로, 자기자신의 MAC 주소를 송신처
   MAC 주소로 갱신하여 송신한다. IP 주소는 변경되지 않는다.

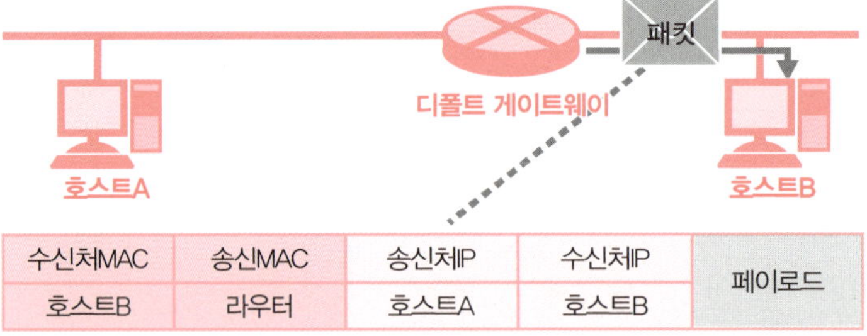

수신처MAC	송신MAC	송신처IP	수신처IP	페이로드
호스트B	라우터	호스트A	호스트B	

디폴트 게이트웨이로 ARP를 수행해서 디폴트 게이트웨이의 MAC 주소를 얻는 거네요. 그러면 디폴트 게이트웨이의 IP 주소를 모르면 안 되겠네요?

그래서 **컴퓨터에는 디폴트 게이트웨이의 IP 주소를 미리 설정해 두는 거야.** 그 설정 방법은 수동이나 DHCP로 하는 거고.

그런데, DHCP에서는 IP 주소 이외에도 서브넷 마스크인지 뭔지를 배포한다고 말씀하셨죠(P165참조)? 디폴트 게이트웨이도 배포할 수 있다는 거네요.

맞아. 디폴트 게이트웨이가 설정되어 있지 않았을 경우, 컴퓨터는 다른 네트워크에 데이터를 송신할 수 없기 때문이지. 이 이야기는 앞에서 했다(P186참조).

네, 말씀하셨어요.

자. 여기서 설명을 마치고 다음 회에서도 라우터에 관한 얘기를 하자.

예~ 하루 3분 네트워크 교실이었습니다~♪

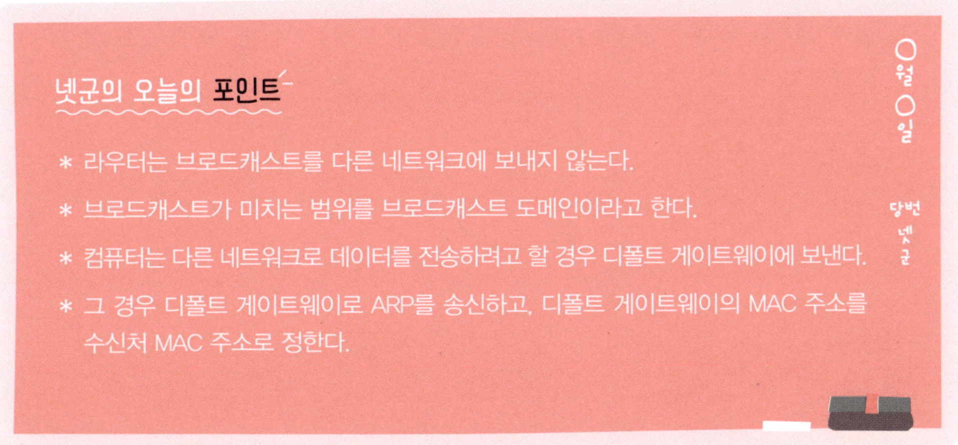

라우팅

❋ 라우팅 테이블

자, 넷군. 라우터는 라우팅을 하는 장치이고, 컴퓨터의 디폴트 게이트웨이가 된다고 했다. 그리고 라우터가 라우팅을 하기 위해서는 **라우팅 테이블**을 가진다는 얘기도 했고.

네. 라우팅 테이블에서 수신처 네트워크를 알아내서 다음 라우터를 결정하는 거였어요.

그래. 그 라우팅 테이블 말인데. 간단히 말하면 **수신처 네트워크, 중계지점, 메트릭, 수신처의 출구**가 기재되어 있는 표야. 메트릭에 대해서는 나중에 설명하자. (그림31-1)
이전에도 말했듯이, 라우터는 **수신처 네트워크**를 결정한다(P190참조). 매번 어떤 네트워크의 어떤 컴퓨터라는 것까지는 생각하지 않지만, 라우터는 **수신처 네트워크 주소와 라우팅 테이블을 비교해서 경로를 찾아내는 거다.**

최장일치의 룰이라고 하셨었죠? 그런데, 라우팅 테이블에 수신처 네트워크가 없을 때는 어떻게 돼요?

그 때는 **수신처 불명으로 데이터그램을 파기한다.** 스위치는 수신처를 모를 경우 플러딩하지만 라우터는 파기해 버리거든.

❋ 2개의 라우팅

그럼 넷군, 여기서 질문. 라우터는 **수신처 네트워크까지의 최적경로를 어떻게 찾아낼까?**
원래 라우팅 테이블은 수신처까지의 경로가 기재되어 있는데, 그건 어떻게 알아낸 거지?

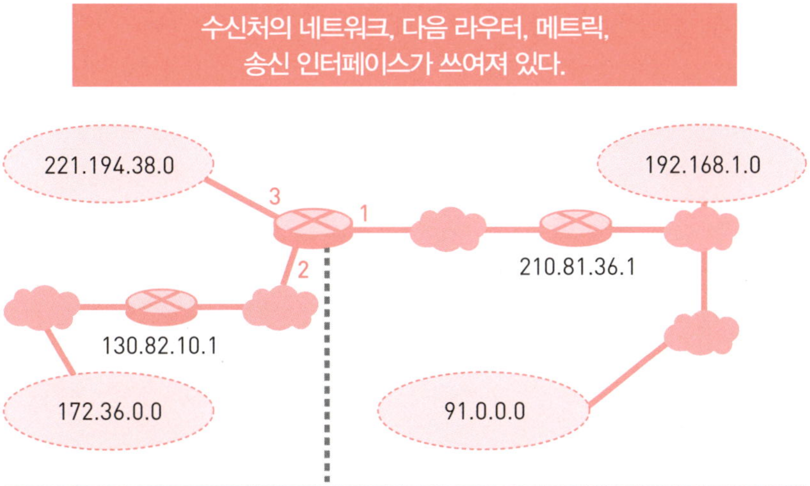

수신처 네트워크	다음 라우터	메트릭	인터페이스
192.168.1.1	210.81.36.1	3	1번
91.0.0.1	210.81.36.1	6	1번
172.36.0.0	130.82.10.1	2	2번
221.194.38.0	없음	0	3번

 어……, 뭐였더라.

 넷군의 답을 기다리다가 해가 지겠군. 내가 설명하지. 라우터는 **최적의 경로를 찾기 위해 다른 네트워크 경로를 모두 알아야 할 필요가 있어.**

 비교해 보지 않으면 어디가 최적경로인지 모르니까 그렇겠네요.

 그리고 **알고 있는 경로 중에서 최적의 경로를 선택해서 라우팅 테이블을 작성**하는 거야. 여기서 어떻게 다른 네트워크의 모든 경로를 알 수 있냐면 거기엔 2가지 방법이 있어. **정적 라우팅**과 **동적 라우팅**.

동적과 정적? IP 주소 설정에서도 나오지 않았나요(P163참조)?

그랬었지. '정적'이 수동, '동적'이 자동의 의미였어. 먼저, 정적 라우팅은 관리자가 수동으로 경로를 입력하는 거야. '이 네트워크에는 이 경로를 사용하세요.'라는 식으로.

라우터에요?

물론, 라우터에. 하지만 정적 라우팅은 큰 단점을 가지고 있어. 우회로가 문제인데 **수동으로 입력한 경로를 사용할 수 없게 되는 경우**가 일어날 수 있다는 거야. (그림31-2)

아 그렇구나. 그런데 이 경우라면 아래의 경로를 사용하면 되잖아요.

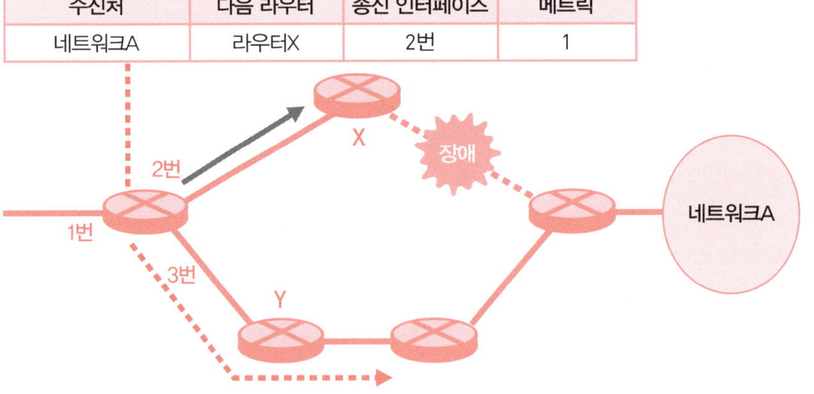

그림 31-2 정적 라우팅과 우회로

수신처	다음 라우터	송신 인터페이스	메트릭
네트워크A	라우터X	2번	1

장애 때문에 라우터X 경유는 네트워크A까지 도달하지 못하지만, 정적으로 쓰여진 테이블이
라우터X 경유로 정해져 있기 때문에 라우터X를 경유해서 전송하려고 한다.
우회로인 라우터Y 경유는 사용되지 않는다.

넷군 말대로 그렇기는 한데 그 경우 **관리자가 수동으로 경로를 다시 갱신할 필요가 있어.** 하지만 이 방법으로는 언제 일어날지도 모르는 장애를 대비하기 위해 관리자가 라우터 앞에 붙어 있어야 하잖아. 이건 너무 힘들겠지? 그래서 자동화하는 거야.

자동화? 자동화라는 의미는 라우터가 장애를 발견하면 마음대로 경로를 변경하도록 한다는 건가요?

그래. 그게 **동적 라우팅이야. 라우터가 자동으로 정보를 서로 교환해서 경로를 알아내는 방법.**

아~ 라우터끼리 정보를 교환해서 경로를 알아낸다는 거군요!

모든 경로 중에서 자동으로 최적의 경로를 선택해서 라우팅 테이블을 작성하는 것. 이것이 동적 라우팅이야.

장애가 있으면 그것은 최적의 경로가 아니니까 새로운 최적경로로 라우팅 테이블을 고쳐 쓰는 거군요. 기발한 생각이네요.

하지만 단점도 있어. 첫째, 라우터끼리 정보를 교환한다는 것은 데이터를 서로 주고받는 것을 의미하는 거야. 그만큼의 회선 전송을 압박한다는 거지. 데이터 전송에 사용되는 분량이 줄어드는 거고.

어… 그건 안 좋은 거네요.

솔직히 말하면 정말 안 좋은 거지. 특히 **저속 회선을 사용하는 경우에는 주의가 필요해.** 하기야 장애 때문에 데이터 전송을 못하는 것보다는 이 방법이 나을 수도 있겠지만. 두 번째 단점은 **서로 교환한 정보를 가지고 최적의 경로를 계산해야 한다**는 점이야. 그만큼 라우터의 처리능력이 필요하게 되는 거지. 능력이 낮은 라우터 같은 경우, 경로 계산 처리에 치우치다 보면, 데이터그램의 전송처리가 늦어지는 일이 생기거든.

그것도 전혀 좋은 게 아닌데요?

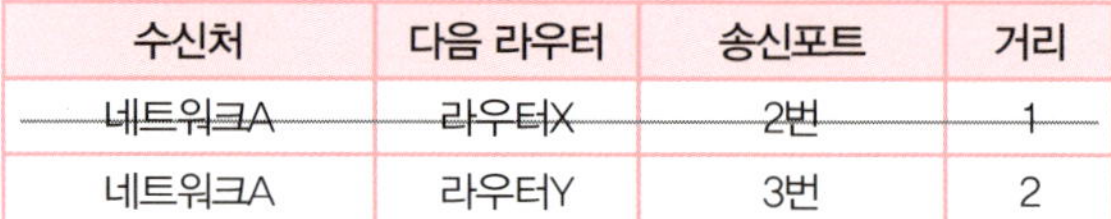

수신처	다음 라우터	송신포트	거리
~~네트워크A~~	~~라우터X~~	~~2번~~	~~1~~
네트워크A	라우터Y	3번	2

라우터A는 X로부터 장애정보를 입수했기 때문에 라우터Y 경유로 변환했다. 그러나 라우터Y는 아직 장애정보를 받지 않았기 때문에 라우터X 경유 상태로 남아있다. 이 때문에 네트워크A에는 도달하지 않는다.

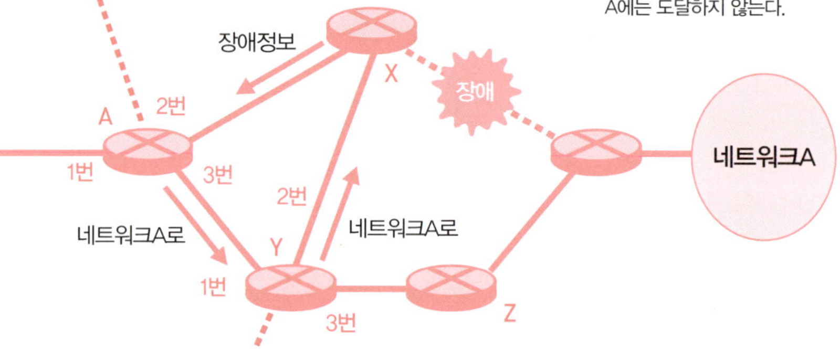

수신처	다음 라우터	송신포트	거리
네트워크A	라우터X	2번	2

수신처	다음 라우터	송신포트	거리
~~네트워크A~~	~~라우터X~~	~~2번~~	~~1~~
네트워크A	라우터Y	3번	2

라우터Y에도 장애 정보가 도달함으로써, 라우터Y도 경로를 변환하여 라우터Z 경유로 변경했다.
따라서 네트워크A에 도달하게 된다.

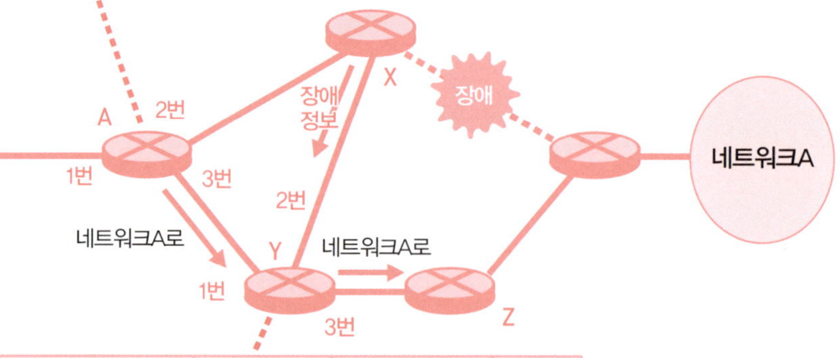

수신처	다음 라우터	송신포트	거리
~~네트워크A~~	~~라우터X~~	~~2번~~	~~2~~
네트워크A	라우터Z	3번	2

 그렇지. 마지막으로 최대의 단점은 **모든 라우터가 동일한 정보를 가져야 한다**는 점이야. 모든 라우터가 동일한 정보를 가지고 있는 상태를 **컨버전스(Convergence)**라고 말하는데, 네트워크의 라우터들은 **컨버전스가 되어야 하는 거야.** (그림31-3)

 컨버전스……? '여기에 장애가 있어요.'라든지, '새로운 네트워크가 생겼어요.'라는 정보를 라우터가 전부 가지고 있지 않으면 안 된다는 거네요. 그것이 '동일 정보'를 갖는다는 의미인가요? 왠지 단점이 많아서 안 좋을 것 같은데.

 확실히 여러 가지 불편한 부분이 많아. 하지만 **자동으로 장애를 제거할 수 있다는 것은 그만큼 중요**한 거야.

 그럴지도 모르겠네요. 장애를 제거할 수 없다면 패킷은 전달되지 않을 테니까요.

 그런 이유 때문에 라우팅에 대해서는 다음 회에서도 좀 더 얘기해 보자.

 네에~ 하루 3분 네트워크 교실이었습니다~♪

넷군의 오늘의 **포인트**

* 라우터는 라우팅 테이블을 참조하여 수신처에의 경로를 결정한다.
* 라우팅 테이블에는 수신처 네트워크, 다음 중계 라우터, 거리, 송신 인터페이스가 기재되어 있다.
* 라우팅 테이블을 만들기 위해 라우터는 다른 네트워크에의 경로를 알아야 한다.
* 알아내는 방법에는 정적 라우팅과 동적 라우팅이 있다.
* 컨버전스여야 한다.

＊ 자율화 시스템

앞에서 라우터가 사용하는 라우팅에는 **동적 라우팅**과 **정적 라우팅** 2종류가 있다고 설명했었다.

네~ 정적 라우팅은 관리자가 수동 입력, 동적 **라우팅은 라우터가 자동으로 경로**를 결정하는 거죠.

그런데 어떤 장애가 발생했을 때 우회로를 만드는 등 **중복성[1] 유지를 위해** 동적 라우팅을 사용하는 경우가 많다. 특히 대규모 네트워크에서는 필수라고 해도 좋아.

장애가 발생하면 패킷 전송을 못하니까 우회로를 못 만들면 곤란하다는 거죠?

그래. 그래서 라우터는 동적 라우팅을 실현할 **라우팅 프로토콜(Routing Protocol)**을 사용할 수 있도록 되어 있는데, 라우팅 프로토콜은 **근접해 있는 라우터 간의 네트워크 정보를 서로 교환**하기 위한 규칙이야.

네트워크 정보를 교환한다? 어떻게 하는 건데요?

교환한 정보를 근거로 라우팅 테이블을 변경하는 거야. 이 두 기능이 라우팅 프로토콜의 기능이다.

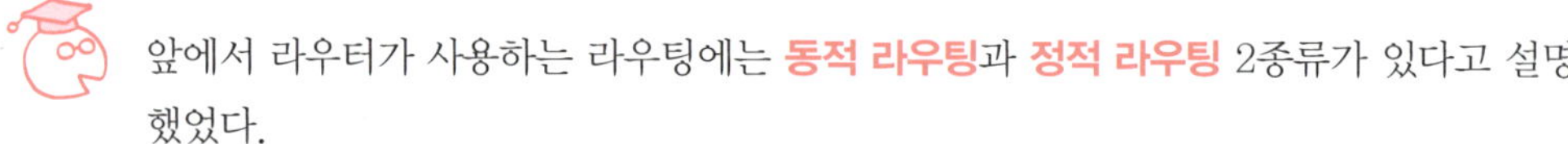

---

1 중복성(Redundancy): 여분이나 중복이 있다는 것을 말함. 네트워크에서는 여분을 가지고 있어서 장애 등에 대응할 수 있는 것을 가리킨다.

 정보를 교환해서 그에 따라 라우팅 테이블을 변경한다. 어쩐지 간단해 보이기는 하네요.

 그게 꼭 그렇지도 않아. 이것이 꽤 복잡하거든. 먼저, 라우팅 프로토콜을 설명하기 전에, **자율화 시스템(Autonomous System)**[2]에 대해 설명해 둘 필요가 있겠군. 일반적으로 머리글자를 가져와서 AS라고도 부른다.

 자율화시스템? 에이에스?

 **하나의 관리 단체에 의해 관리되는 네트워크 집합체**를 말하는데 라우팅에서는 AS는 한 개의 범위로써 취급된다. 인터넷에는 너무 많은 네트워크가 존재하기 때문에 같은 조직이 관리하는 복수의 네트워크를 AS로 통합해 버리는 거지.
다음은, 수신처의 AS에 전달하는 라우팅을 수행하고, AS내부에서 각 네트워크에 전달하는 라우팅을 수행하는 형태야. (그림32-1)

2 자율화 시스템(Autonomous System): 경로 도메인, 경로제어 도메인이라고도 불린다.

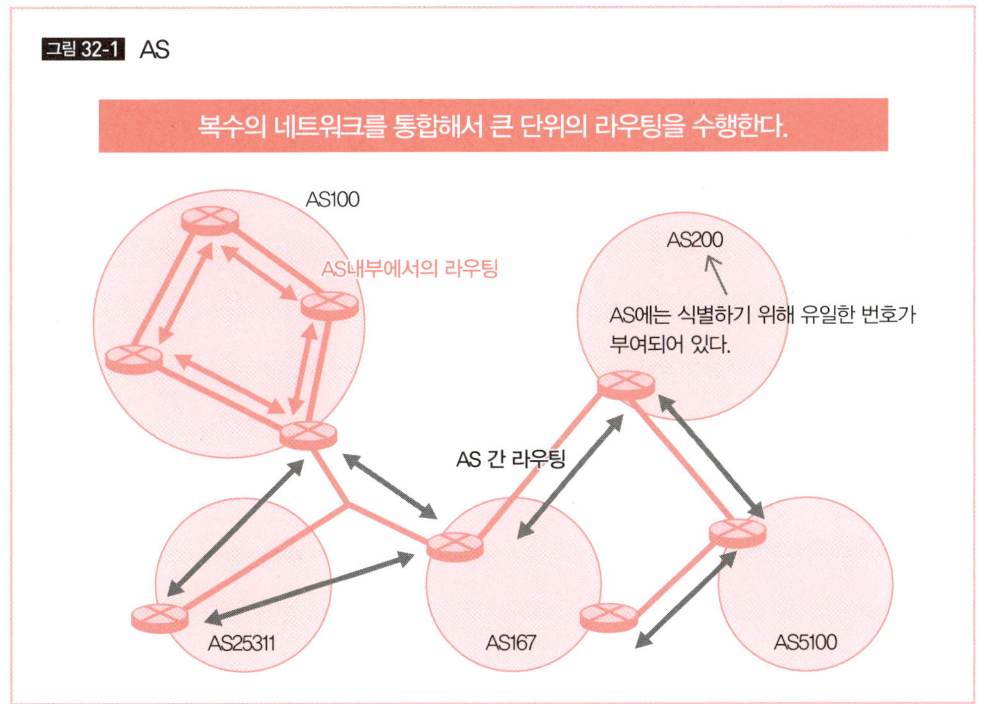

✳ 라우팅 프로토콜의 종류

먼저 AS를 설명한 이유는 라우팅 프로토콜은 크게 나눠서 **두 종류**가 있다는 것을 설명하고 싶어서다. **AS 간 라우팅용**과 **AS 내부 라우팅용** 이렇게 두 가지가 있어. 각각, **EGP(Exterior Gateway Protocol)**와 **IGP(Interior Gateway Protocol)**라고도 부른다.

EGP하고 IGP?

그래. EGP와 IGP는 프로토콜 이름이 아니라 라우팅 프로토콜의 종류를 나타내는 말이야. 예를 들어 EGP에서는 BGP라고 불리는 프로토콜이 표준이고, IGP에서는 각각의 AS에서 그곳 관리자가 AS의 상태에 맞춰서 프로토콜을 선택하는 거야. (그림32-2)

그림 32-2 라우팅 프로토콜의 종류

라우팅을 행하는 규모나 동작에 따라
라우팅 프로토콜은 여러 종류가 있다.

종류	라우팅 프로토콜	동작
EGP	EGP (Exterior Gateway Protocol)	디스턴스벡터
	EGP (Border Gateway Protocol)	경로벡터
IGP	RIP (Routing Information Protocol)	디스턴스벡터
	OSPF (Open Shortest Path First)	링크상태
	IS-IS (IntermediateSystem to IntermediateSystem)	링크상태
	EIGRP (Enhanced Interior Gateway Routing Protocol)	하이브리드

뭐에요 이게? 디스턴스벡터, 링크상태…?

라우팅 프로토콜은 동작 방식에 따라 여러 종류가 있어. 프로토콜을 사용하는 장소에 따라 EGP와 IGP의 두 종류로 나누고, 동작 방식에 따라 네 종류로 나눌 수 있다.

✳ 라우팅 프로토콜의 역할

그럼 라우팅 프로토콜은 무엇을 하는지에 대해 얘기해 볼까. 앞에서 말한 대로 라우터는 **근접해 있는 라우터 간의 네트워크 정보를 서로 교환한다.** 즉, '이 네트워크와 연결되어 있어요.', '그 네트워크를 알고 있어요.', '저쪽 네트워크는 장애 때문에 연결되지 않아요.'같은 정보를 말하는 거다.
그리고 **정보교환을 언제 할지, 어떻게 할지, 누구에게 전송할지, 어떤 정보를 전송할지** 같은 것을 라우팅 프로토콜이 결정하는 거야.

언제, 어떻게, 누구에게, 어떤 정보를 보낼지 결정하는 것이 라우팅 프로토콜이라는 거네요.

그리고 라우팅 프로토콜이 결정한 방식에 따라 정보를 교환해 **컨버전스** 상태에 도달하는 거야. (그림32-3)

컨버전스, **모든 라우터가 동일한 경로 정보를 갖는다**는 의미였죠(P205참조)?

그래. 앞에서 얘기한 대로 가지고 있는 경로 정보가 서로 다르면 올바르게 도달하지 않을 수 있기 때문이지.

그랬었죠. 장애가 있다든지 또는 새롭게 추가되었다든지. 그런 정보를 모두가 공유하는 거죠.

이렇게 교환한 경로 정보를 기준으로 **최적의 경로를 라우팅 테이블에 기재하는 거지.** 그렇게 해서 **항상 최적의 경로가 사용 가능**하게 되는 거고.

아~ 라우팅 프로토콜에 의해 라우팅 테이블이 만들어진다는 거네요.

① 라우터는 자신이 접하고 있는 네트워크를 테이블에 유지관리하고 있다.

② 라우팅 프로토콜을 사용하여 가지고 있는 네트워크의 정보를 서로 교환한다.

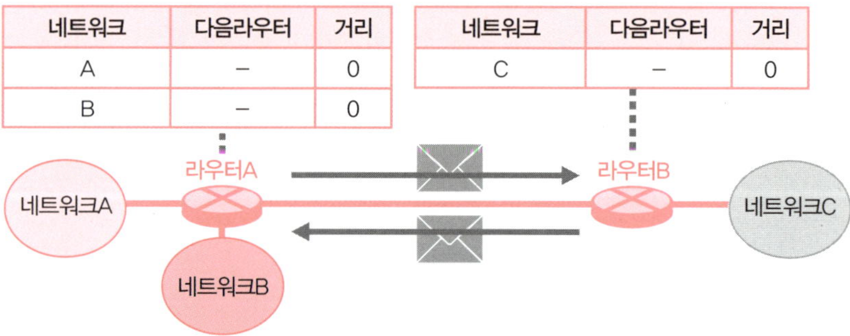

③ 교환한 정보를 사용하여 라우팅 테이블을 갱신한다.

 그렇지. 다음 회에서는 라우팅 프로토콜의 하나인 RIP를 예로 들어 라우팅 프로토콜에 관해 자세하게 설명한다.

 네~ 하루 3분 네트워크 교실이었습니다~ ♪

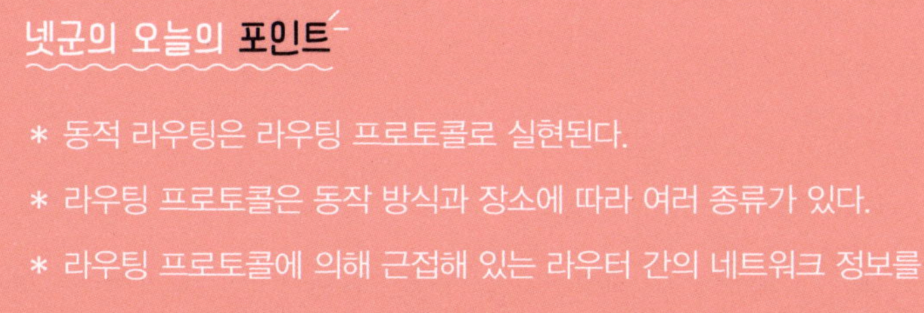

＊ 메트릭

넷군. 지금까지 라우팅 설명을 계속하는 중에 몇 번이나 '최적의 경로'라는 말을 사용했는데, '최적'이라는 표현이 좀 애매하지 않나? '최단'도 '최고속'도 아닌 '최적'이라는 말을 왜 사용했을까?

글쎄요. 최단과 최적. 같은 말 아닌가요?

다르지. 최단의 경로가 반드시 최적의 경로라고는 할 수 없어. 옛날부터 자주하는 말인데 '급할수록 뛰어라'라고 들어본 적 있지?

아니아니, 맞는 말이기는 하지만 정확한 속담은 '급할수록 돌아가라' 아닌가요?

맞아!! 그거야. 그래서 말인데 정체 중인 고속도로보다 한산한 일반도로가 빠른 경우가 있잖아? 산을 직접 횡단하는 산길보다 우회하는 고속도로가 빠르기도 하고.

아~ 그럴 수도 있네요. 하지만 어느 쪽을 사용할지는 사람에 따라 다르지 않나요? 빨리 도착하는 것이 좋다고 생각하는 사람도 있는가 하면, 짧은 거리가 좋다고 생각하는 사람도 있잖아요.

그래서 '최단'이 최적인지, '초고속'이 최적인지를 판단할 필요가 있다는 거야. 즉 '최적'을 판단하는 기준이 있어야만 비로소 '최적'이라고 결정되는 건데, 이 **최적의 경로를 결정할 때의 판단기준을 메트릭(Metric)**이라고 한다.

 메트릭? 최적을 결정하기 위한 값이라는 뜻인가요?

 그래. 중계하는 라우터의 수, 회선의 속도, 정체상태, 에러 발생률 등의 판단기준에 따라 라우팅 프로토콜에 의해 결정된 값을 계산해서 그 중 **최소 값을 갖는 것을 최적의 경로**로 결정하는 거야. (그림33-1)

✳ RIP

 실질적인 라우팅 프로토콜의 동작에 대해 알아볼까? 지금부터 설명하는 것은 RIP야.

 어… 그게, 앞에서는 디스턴스벡터랑 뭐랑 동작 방식이라는 설명이었는데….

 그래, 디스턴스는 '거리', 벡터는 '방향'. 디스턴스벡터는 거리와 방향의 의미야.

 거리와 방향? 좀 이상한 이름인데요.

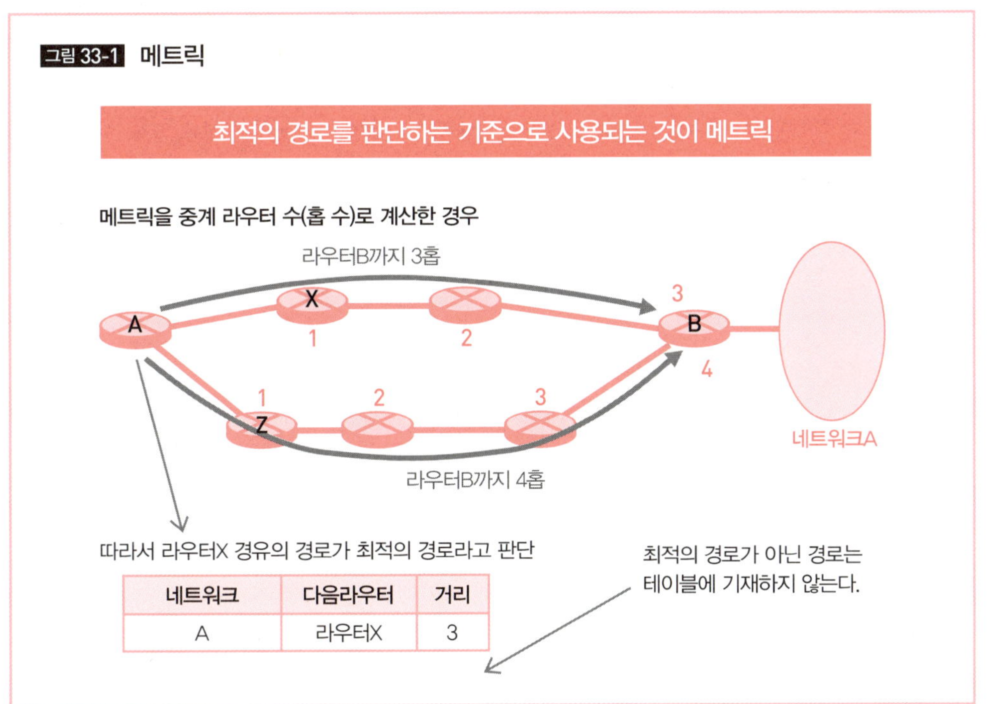

네트워크	다음라우터	거리
A	라우터X	3

RIP 동작의 핵심이 '거리와 방향'이기 때문에 이런 이름을 붙인 거다. 라우터가 다른 라우터와 교환하는 정보를 RIP에서는 **라우팅 업데이트(Routing Update)**라고 불러.

라우팅 업데이트요? 업데이트는 '갱신'을 말하는 건데요.

맞아. '경로갱신정보'라고 해도 돼. RIP에서는 이것을 서로 교환하는 거지. 그런데, 이 정보교환에서 어떠한 정보를 교환하냐면 **라우팅 테이블을 그대로 교환하는 거야.**

라우팅 테이블을 그대로 말이에요?

그래. 이것을 **30초에 1번** 보내거든. 이걸로 라우팅 테이블의 새로운 정보를 서로 교환하는 방식이지.

아~그렇구나. 정기적으로 주고받음으로써 새로운 정보를 얻을 수 있다는 거군요.

그리고 이 업데이트를 **6번 수신 받지 않으면 그 라우터에는 뭔가 장애가 발생했다고 간주해서 그 라우터를 사용하는 경로들을 파기해 버리는 거지.**

응답이 없으니까 더 이상 필요 없다고 생각하는 거네요.

그런 거지. 다음 그림은 RIP 동작을 설명하는 그림이야. 복잡한 형태를 설명해도 시간만 길어지니까 3개의 라우터만 설명한다. (그림33-2)

네. 라우팅 테이블의 정보를 받아서 모르는 정보를 추가해 간다는 거네요. 이런 방식으로 라우팅 테이블을 갱신하는 거구나.

그리고 RIP는 **메트릭에서 홉 수를 사용**하는데 홉 수라는 것은 수신처 네트워크까지 **통과하는 라우터 수**를 말하는 거다.

아하~ 그래서 직접 접속되어 있는 네트워크의 메트릭은 0인 거군요.

라우팅 업데이트를 교환하고 모르는 경로 정보를 입수한다.

① 자신에게 접속해 있는 네트워크를 포함해서 인접하고 있는 라우터 정보(라우터A가 가진 정보는 회색, 라우터B가 가진 정보는 분홍색, 라우터C가 가진 정보는 진한 분홍색)가 RIP에 의해 라우팅 테이블에 추가된다.

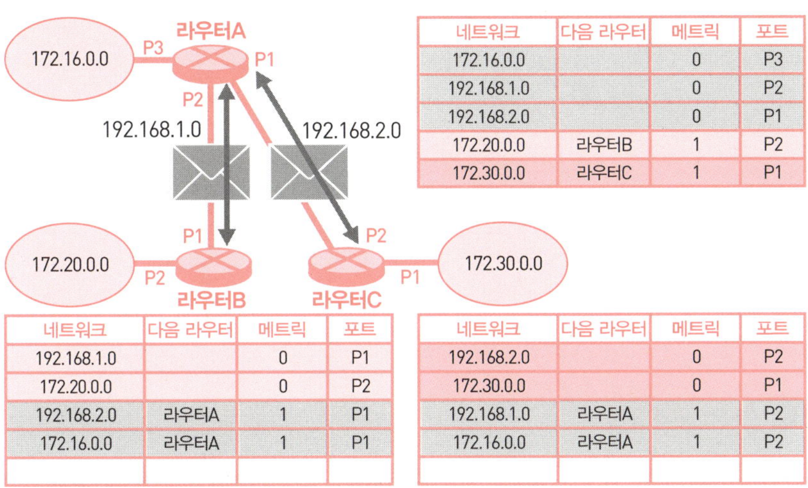

라우터A

네트워크	다음 라우터	메트릭	포트
172.16.0.0		0	P3
192.168.1.0		0	P2
192.168.2.0		0	P1
172.20.0.0	라우터B	1	P2
172.30.0.0	라우터C	1	P1

라우터B

네트워크	다음 라우터	메트릭	포트
192.168.1.0		0	P1
172.20.0.0		0	P2
192.168.2.0	라우터A	1	P1
172.16.0.0	라우터A	1	P1

라우터C

네트워크	다음 라우터	메트릭	포트
192.168.2.0		0	P2
172.30.0.0		0	P1
192.168.1.0	라우터A	1	P2
172.16.0.0	라우터A	1	P2

② 다음 갱신에서 방금 전 갱신된 정보가 송수신된다.
　(라우터B에 라우터C의 정보가 도달하고, 라우터C에 라우터B의 정보가 A를 경유해서 도달해 있다) 이것으로 컨버전스가 된다.

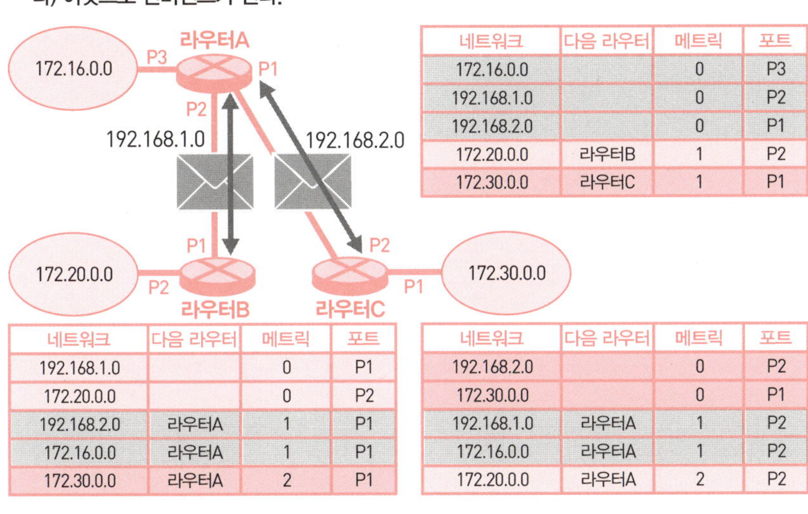

라우터A

네트워크	다음 라우터	메트릭	포트
172.16.0.0		0	P3
192.168.1.0		0	P2
192.168.2.0		0	P1
172.20.0.0	라우터B	1	P2
172.30.0.0	라우터C	1	P1

라우터B

네트워크	다음 라우터	메트릭	포트
192.168.1.0		0	P1
172.20.0.0		0	P2
192.168.2.0	라우터A	1	P1
172.16.0.0	라우터A	1	P1
172.30.0.0	라우터A	2	P1

라우터C

네트워크	다음 라우터	메트릭	포트
192.168.2.0		0	P2
172.30.0.0		0	P1
192.168.1.0	라우터A	1	P2
172.16.0.0	라우터A	1	P2
172.20.0.0	라우터A	2	P2

RIP는 간단히 말해서 업데이트를 수신하면, **자기가 모르는 네트워크를 테이블에 추가하는 건데** 그때, **업데이트를 보내 온 라우터를 그 앞의 네트워크에의 중계 라우터로, 업데이트를 받은 인터페이스를 그 앞의 네트워크에의 송신 인터페이스**로 정하도록 하는 거다.

이렇게 해서 근접해 있는 라우터가 알고 있는 네트워크 정보를 얻을 수 있는 거군요.

그래. 가르쳐준 라우터가 있는 '방향'이 수신처 네트워크의 경로가 되는 거지.
자, 다음은 네트워크 정보를 업데이트해서 알게 되는 경우를 예로 들어 보자. 방금 전에 예로 든 라우터B와 라우터C를 연결한 형태를 생각해봐. (그림33-3)

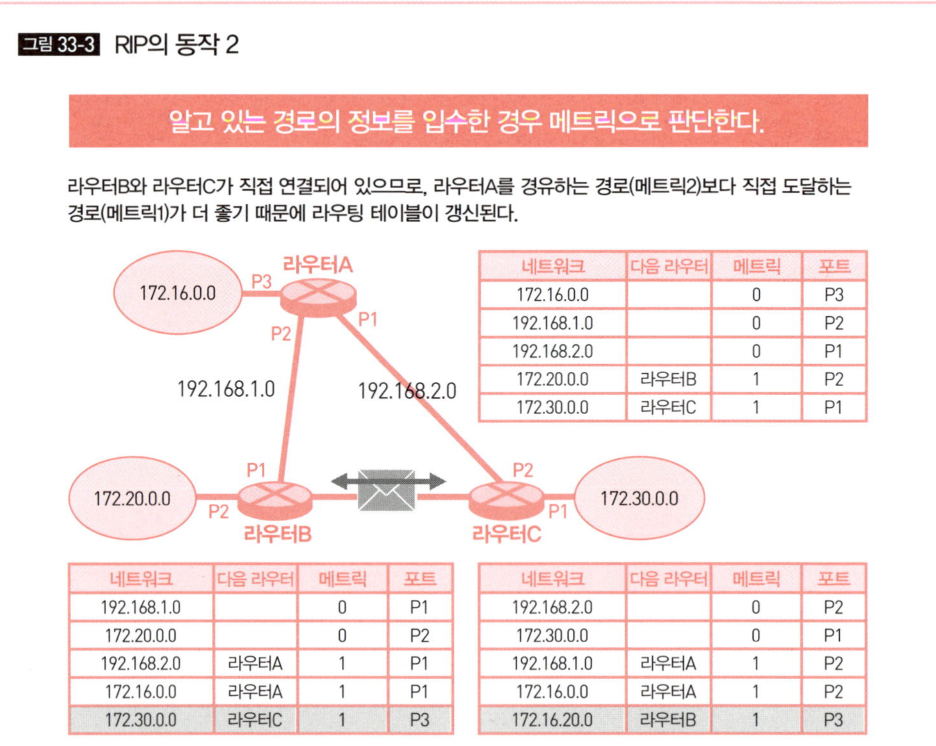

그림 33-3 RIP의 동작 2

알고 있는 경로의 정보를 입수한 경우 메트릭으로 판단한다.

라우터B와 라우터C가 직접 연결되어 있으므로, 라우터A를 경유하는 경로(메트릭2)보다 직접 도달하는 경로(메트릭1)가 더 좋기 때문에 라우팅 테이블이 갱신된다.

라우터A

네트워크	다음 라우터	메트릭	포트
172.16.0.0		0	P3
192.168.1.0		0	P2
192.168.2.0		0	P1
172.20.0.0	라우터B	1	P2
172.30.0.0	라우터C	1	P1

라우터B

네트워크	다음 라우터	메트릭	포트
192.168.1.0		0	P1
172.20.0.0		0	P2
192.168.2.0	라우터A	1	P1
172.16.0.0	라우터A	1	P1
172.30.0.0	라우터C	1	P3

라우터C

네트워크	다음 라우터	메트릭	포트
192.168.2.0		0	P2
172.30.0.0		0	P1
192.168.1.0	라우터A	1	P2
172.16.0.0	라우터A	1	P2
172.16.20.0	라우터B	1	P3

메트릭으로 경로를 비교해서 메트릭이 작은 쪽을 라우팅 테이블에 기재한다는 거네요. 맞죠?

그래. RIP에서는 **이미 테이블에 존재하는 네트워크에 대해서 새로운 정보가 업데이트되어 새로운 경로 쪽이 메트릭이 작으면 그쪽을 테이블에 기재한다.** 새로운 경로 쪽의 메트릭이 크면 그것은 무시하는 거지.

메트릭이라는 경로를 평가하는 기준은 RIP라면 홉 수가 되는 거야. 홉 수라는 것은 경유하는 라우터 수를 의미하기 때문에 개념상으로 '거리'라고 해도 좋을 것 같군.

가르쳐 준 라우터가 있는 '방향', 홉 수라는 '거리'. 그래서 거리와 방향으로 디스턴스벡터군요?

그렇지. 라우팅 프로토콜에는 다른 동작도 있지만, 그 내용은 상당히 복잡하니까 "**3분 라우팅 기초강좌**"로 공부해라. 그럼 여기서 끝.

책 선전 수고하셨습니다!! 하루 3분 네트워크 교실이었습니다~♪

---

* 역자주 : '3분 라우팅 기초강좌(3分間ルーティング基礎講座)' 도서는 이 책의 저자 '아미노 에이지'의 '3분 네트워킹 시리즈' 도서 중의 하나이다.

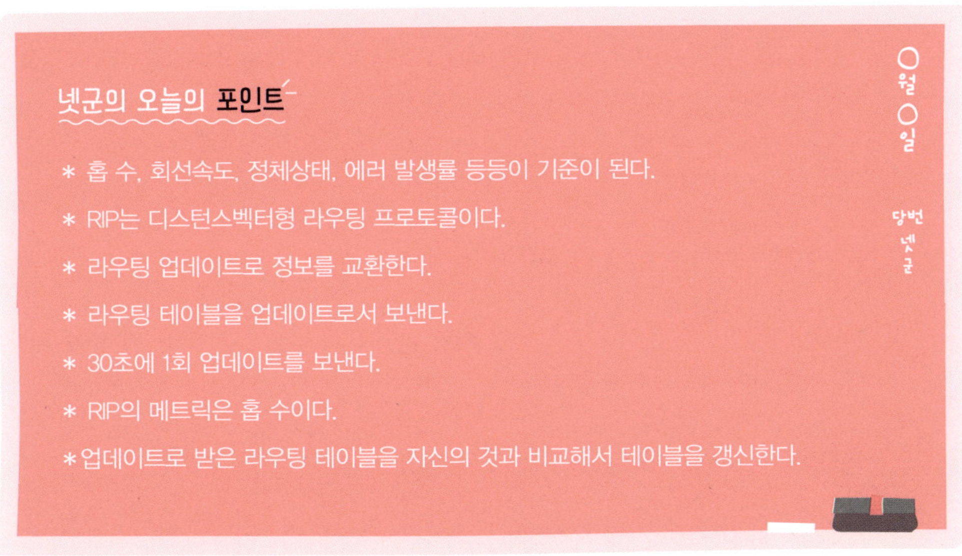

✳ ICMP

 자, 넷군. 지금까지 '어드레싱'과 '라우팅'을 설명했다. 이 둘은 3계층의 '인터넷 작업을 실현'하는 역할을 위해 필수불가결한 기능이었다.

네. '어드레싱'으로 주소를 만드는 방식이 결정되고, '라우팅'으로 수신처까지의 경로를 결정하는 거였어요.

좋아, 제대로 기억하고 있군. 그런데 3계층의 프로토콜에서는 당연히 IP가 가장 중요한 건 틀림없지만, 3계층의 프로토콜은 IP 이외에도 존재한다.

그래요? 3계층은 '인터넷 작업을 수행'하는 것이 목적이고, 그건 IP가 하잖아요. 그 밖에 어떤 프로토콜이 있나요?

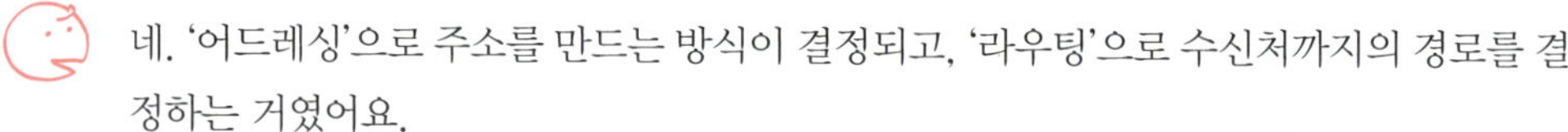
ICMP(Internet Control Message Protocol)라는 프로토콜.

아이씨엠피…. 인터넷을 컨트롤하는 메시지 프로토콜?

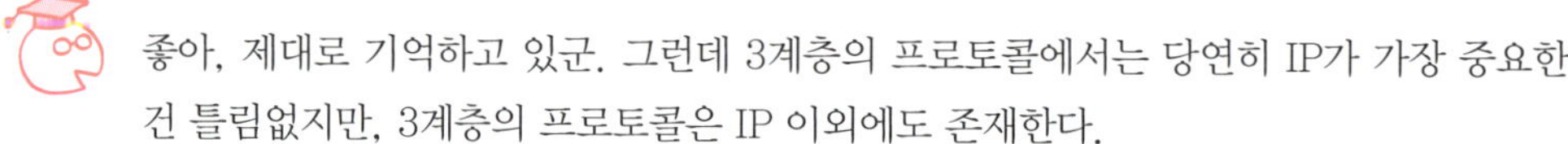
직역하면 **인터넷 제어 메시지 프로토콜**, 의역하면 **에러 보고 프로토콜**이라고 할 수 있지. 예를 들면 이런 방식으로 사용되는 거야. (그림34-1)

어… '송신 불능 메시지'를 받은 호스트는 어떻게 해요?

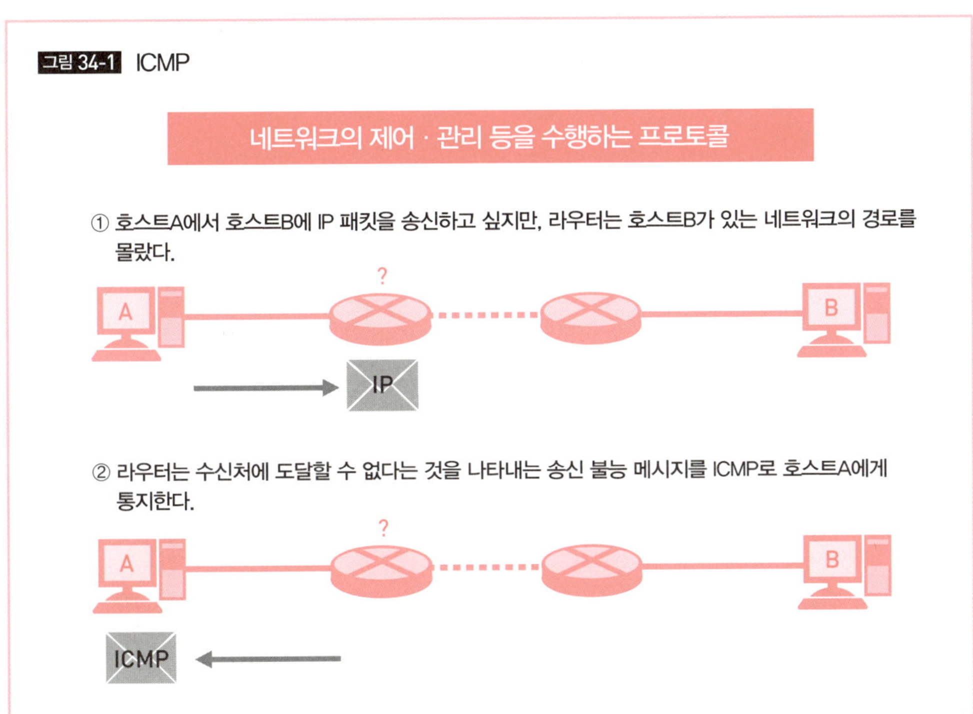

그것은 각각의 애플리케이션마다 대응이 달라. 이렇게 **네트워크의 제어 · 관리**에 사용되는 것이 ICMP라는 거야. 그럼 어떤 데이터를 주고받는가 하면, IP 데이터그램에 ICMP 메시지를 넣는 거다.

ICMP 메시지? 그건 어떤 건가요?

ICMP에서 사용되는 정보인데 이 정보를 IP 데이터그램의 페이로드(P136의 그림 참조)에 넣는 거야. 보통 IP 데이터그램의 페이로드에는 TCP 세그먼트라든지 UDP 데이터그램이 들어가는데 이것들 대신에 ICMP 메시지를 넣어서 보내는 거지. (그림34–2)

IP 헤더+ICMP 메시지 형태가 되는 거네요. 그리고 ICMP 메시지는 타입하고 코드하고…?

그 밖에도 항목은 있지만, 중요한 것은 '타입'과 그에 따른 '코드'야. **타입은 ICMP의 종류**, 코드는 그 상세 내용인 거고.

그림 34-2 ICMP 메시지

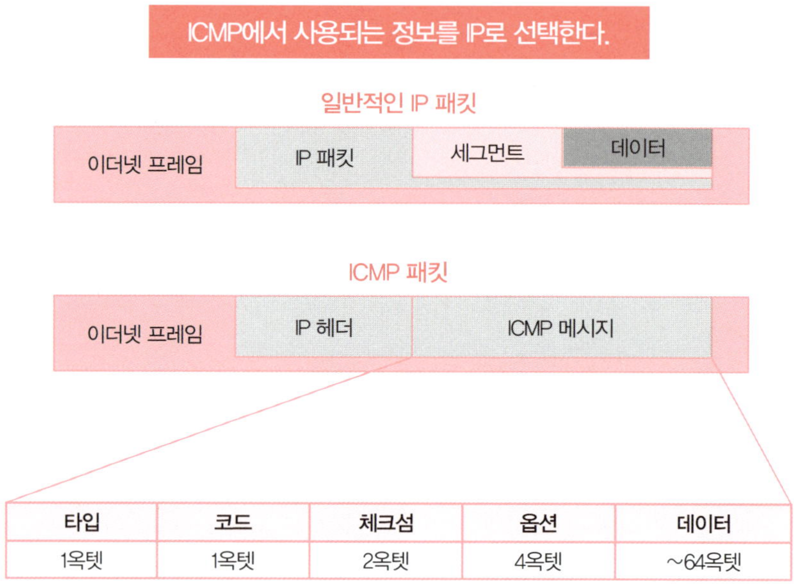

타입	코드	체크섬	옵션	데이터
1옥텟	1옥텟	2옥텟	4옥텟	~64옥텟

✳ ICMP의 종류

ICMP에는 크게 나눠서 2종류의 메시지가 있다. **Query 메시지**와 **Error 메시지**. Query는 **상태를 조사하기 위해** 사용되는 메시지이고, Error는 그냥 **에러를 통지하기 위한** 메시지야.

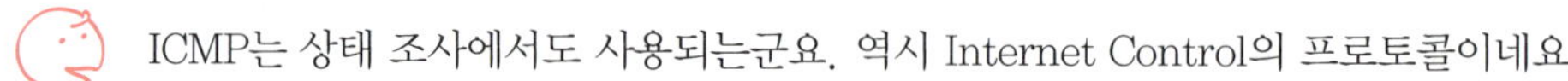

ICMP는 상태 조사에서도 사용되는군요. 역시 Internet Control의 프로토콜이네요.

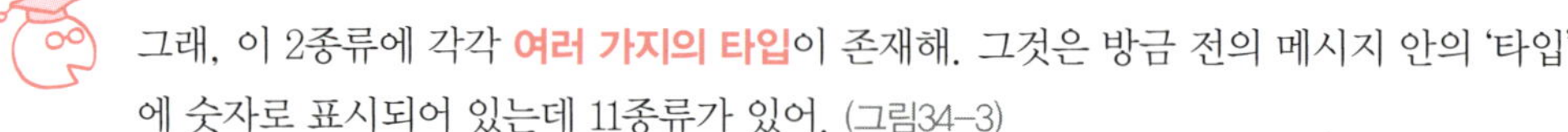

그래, 이 2종류에 각각 **여러 가지의 타입**이 존재해. 그것은 방금 전의 메시지 안의 '타입'에 숫자로 표시되어 있는데 11종류가 있어. (그림34-3)

1번이랑 2번이랑 7번이 빠져있는데 어떤 의미가 있나요?

 음, 그 숫자들은 본래 정의되어 있지 않은 번호다. 내가 생략한 게 아니야. 이 중에서 자주 이용되는 것이 0,3,5,8,11이다. 예를 들어 3번 Destination Unreachable은 이렇게 되는 거다. (그림34-4)

 수신처(Destination)에 도달하지 않는다(Unreachable)는 의미군요.

⁎⁎ TTL

 ICMP의 그 밖의 대표적인 메시지에 대해 설명을 하기 전에 먼저, IP 헤더 항목부터 설명할 필요가 있겠는데.

 어? 왜 지금에 와서 그런 얘기를 하세요? 그거 꽤 앞부분에서 설명하지 않았나요(P136참조)?

그림 34-3 ICMP 타입

ICMP 메시지에는 Query와 Error 두 종류가 있다.

데이터	데이터	데이터	데이터
0	Echo Reply	Echo응답	Query
3	Destination Unreachable	수신처 도달 불가	Error
4	Source Quench	전송 제어 지시	Error
5	Redirect	최적경로 통지	Error
8	Echo Request	요청	Query
11	Time Exceeded	시간 초과에 의한 패킷 제거	Error
12	Parameter Problem	잘못된 파라미터에 의한 에러	Error
13	Timestamp Request	타임 스탬프 요청	Query
14	Timestamp Reply	타임 스탬프 응답	Query
15	Information Request	(미사용)	Query
16	Information Reply	(미사용)	Query

수신처에 도달하지 않는 이유를 통지한다.

수신처에 도달할 수 없는 경우 라우터 또는 호스트가 타입3인 Destination Unreachable을 보낸다.
그때, 도달할 수 없는 이유를 코드에 넣는다.

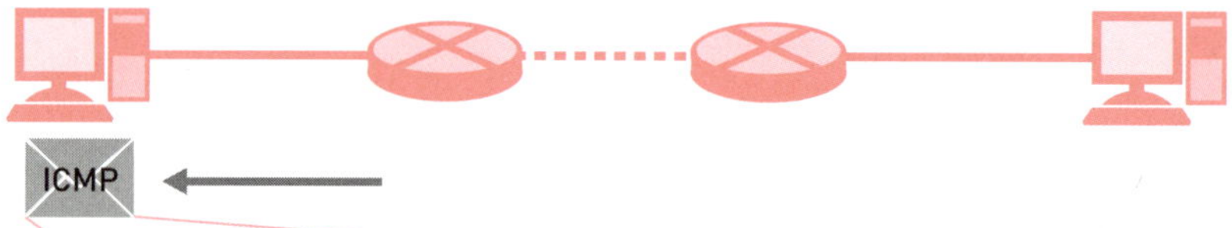

타입	코드	체크섬	옵션	데이터
3		(checksum)	없음	

타입	타입	타입
0	Net Unreachable	네트워크에 도달 불능
1	Host Unreachable	호스트에 도달 불능
2	Protocol Unreachable	그 프로토콜은 사용할 수 없다.
3	Port Unreachable	대상 포트가 닫혀있다.
4	Fragmentation Needed and DF Set	IP 패킷을 분할하고 싶지만 분할이 불가능하도록 되어있다.

※그 이외의 코드도 있음

그때는 설명하지 않았던 항목인데, ICMP와 상당히 관련이 있는 항목이 있거든. 그게 **TTL(Time To Live)**이야. 번역하면 '생존시간'이다.

생존시간? 무슨 생존시간을 말하는 거죠?

IP 데이터그램을 말하는 거야. **IP 데이터그램의 TTL은 라우터를 경유할 때마다 1만큼씩 줄어들고, 0이되면 그 데이터그램은 파기되거든.** 그래서 IP 데이터그램의 '생존시간'이라는 거지.

라우터를 경유할 때마다 1씩 줄고 0이 되면 파기. 죽음의 카운트다운이네요. 그런데 왜 그런 항목이 필요한가요?

라우팅에서 경로 정보에 오류가 일어날 수도 있는데, 예를 들어, 정적 라우팅 테이블에서 수동으로 경로를 입력할 때 중계 라우터를 틀리는 경우가 있어. 원래는 그렇게 되면, 수신처에 도달하지 않고 어딘가로 가버리든지 또는 같은 장소를 빙글빙글 계속해서 돌게 되거든. 그렇게 되면 그 데이터그램은 영원히 네트워크 내에서 계속해서 순환하게 되니까 방해만 될 뿐이지.

라우팅의 방향 지시가 틀려서 수신처에 도달하지 못하게 되는 거군요. 그렇게 되면 확실히 방해만 되겠네요.

그래서 일정한 시간이 경과되면 파기하는 거야. 실제로는 시간이 아니라 경유 라우터 수로 판단하는 거지만.

방해가 되기 때문에 없애버리는 거네요. 실제로는 어느 정도 라우터를 경유하면 파기되는 건가요?

Linux에서는 64개, Windows에서는 128개인 경우가 대부분이야. 인터넷에서는 지구 반대편에 보내더라도 라우터 30개 정도 경유하면 도달하니까. 64개나 128개를 경유하면 분명히 라우팅을 실패한 거라고 판단하는 거지. 오늘은 여기까지.

네. 하루 3분 네트워크 교실이었습니다~♪

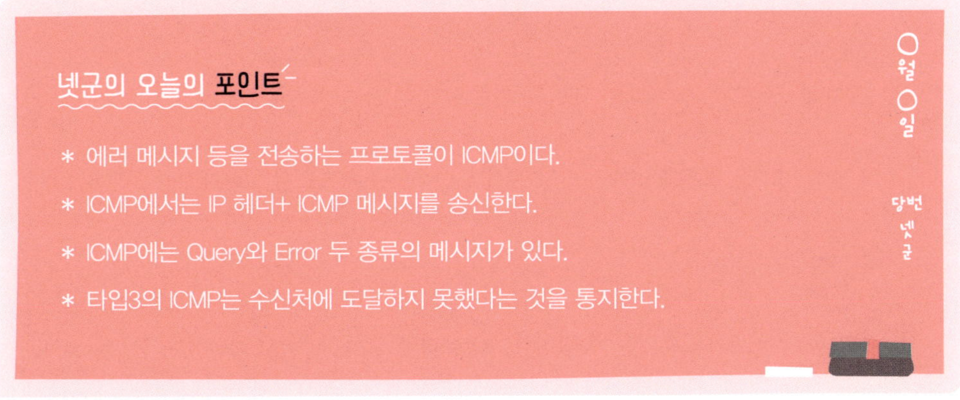

넷군의 오늘의 포인트

* 에러 메시지 등을 전송하는 프로토콜이 ICMP이다.
* ICMP에서는 IP 헤더+ ICMP 메시지를 송신한다.
* ICMP에는 Query와 Error 두 종류의 메시지가 있다.
* 타입3의 ICMP는 수신처에 도달하지 못했다는 것을 통지한다.

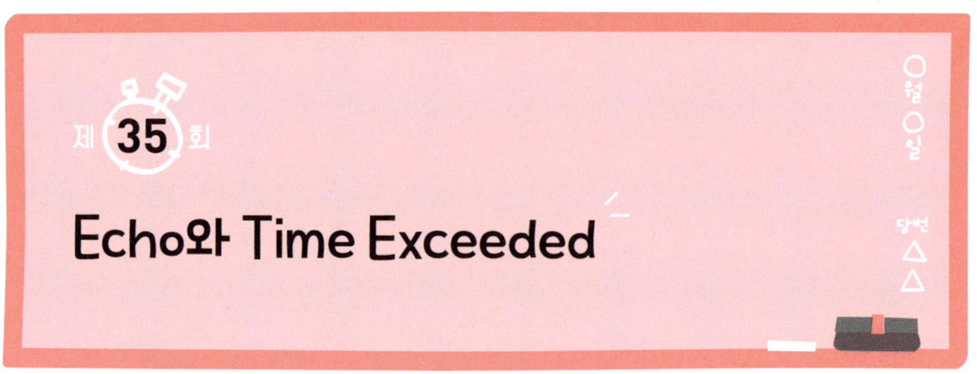

* Echo

앞에서 3계층의 프로토콜 중의 하나인 ICMP를 설명했다. ICMP 에러를 통지하거나 송신 상태를 확인하는 프로토콜이 ICMP였다.

네. 인터넷 제어 메시지 프로토콜이었어요. 앞에서는 Destination Unreachable, 수신처 도달불가능을 통지하는 메시지 설명이 있었어요.

그래, 타입3이다. 이번에는 타입 0, 8, 11. 이 세 종류에 대해 설명하자. 먼저 Echo, 타입 0하고 8부터 설명할게.

에코? 메아리? 산울림?

그래. 아무튼 이 'Echo', 타입0의 **에코 응답(Echo Reply)**과 타입8의 **에코 요청(Echo Request)**이다.

'요청'과 '응답'…. 무엇을 '요청'하고 무엇을 '응답'하는 건가요?

'무엇을'이라는 질문을 받으니까 곤란한데, 그냥 에코를 요청하고 에코를 응답하는 거야. **송신측은 에코 요청을 보내고, 그것을 수신한 컴퓨터는 에코 응답을 돌려 보내는** 구조를 의미한다. (그림35-1)

정말 '에코'네요. 요청하면, 응답한다. '야호'라고 말하면, '야호'라고 돌아온다.

맞아. 그냥 그 정도의 개념이야.

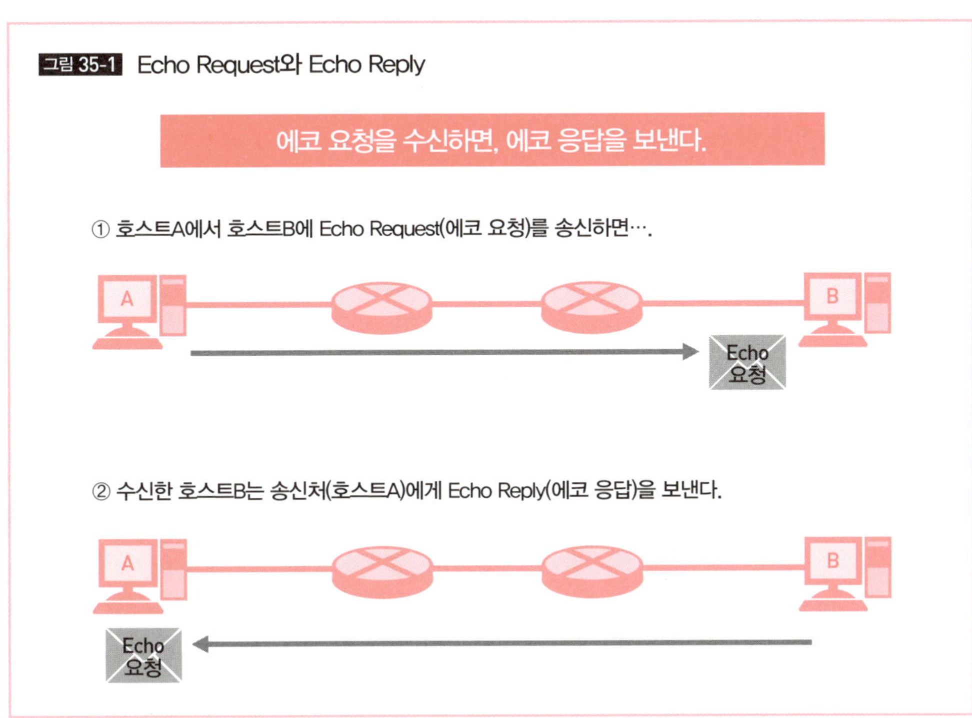

이게 무슨 도움이 돼요?

이 'Echo' 개념을 이용한 **ping**이라는 **임의의 수신처에게 에코 요청을 보내는** 소프트웨어가 있어. 이 소프트웨어는 **네트워크 관리자의 필수품**이라고 할 수 있지. **이 명령어를 사용하지 않는 관리자가 없다**고 단언할 수 있을 정도야.

임의의 수신처에 에코 요청을 보낸다? 에코 요청을 보내면 그것을 받은 수신처는 에코 응답을 보낸다는 거군요.

그렇지. 말 그대로 에코 요청을 받은 수신처는 에코 응답을 보내는 거야. 그 결과, 에코 요청을 보낸 송신처는 에코 응답을 받게 되는 거지. 다시 말하면, 에코의 요청과 응답을 서로 주고받게 되는데 **그것은 송신처와 수신처 간의 데이터를 송수신할 수 있다**는 의미가 되는 거야.

아~ ICMP 패킷이 송신처와 수신처 사이를 오고 갈 수 있다는 거군요. 만약에 에코 요청을 보냈는데 에코 응답이 돌아오지 않으면, 그것은 가는 길 또는 돌아오는 길 둘 중에 어딘가 문제가 생겨서 송수신할 수 없다는 거네요.

그렇지. 또, 에코의 요청과 응답에 걸리는 시간을 측정함으로써, **네트워크 상태를 조사할 수도 있어.** 그래서, ping이라는 소프트웨어가 수신처와의 통신 가능성과 그 상태를 조사할 수 있는 거야.

* Time Exceeded

다음은 타입11의 Time Exceeded 메시지다. 이것은 '시간초과에 의한 패킷 파기'라는 메시지야.

'시간초과'는 뭔가요?

'시간초과'는 앞에서 설명한 **TTL과 관계가 있어**(P221참조).
TTL은 끊어진 패킷을 파기하는데, 이때 **파기한 것을 통지하는 메시지가 Time Exceeded야.** (그림35-2)

아~ TTL이라는 생존시간이 끝났기 때문에 Time Exceeded로 '시간초과'인 거군요.

그래. 이 타입11을 사용한 네트워크의 체크용 소프트웨어가 있는데, **traceroute**라는 소프트웨어야.

트레이스라우트? 경로를 찾아간다?

수신처까지의 경로를 가르쳐 주는 소프트웨어야. 정확히 말하면 **수신처에 도달하기까지 경유하는 라우터**를 가르쳐 주는 거지. (그림35-3)

수신처에 도달할 때까지 어느 라우터를 통해서 갈지를 가르쳐주는 거군요. 의도적으로 에러메시지를 받아 그것을 표로 만들어 가는 거네요. 잘 만들었네요.

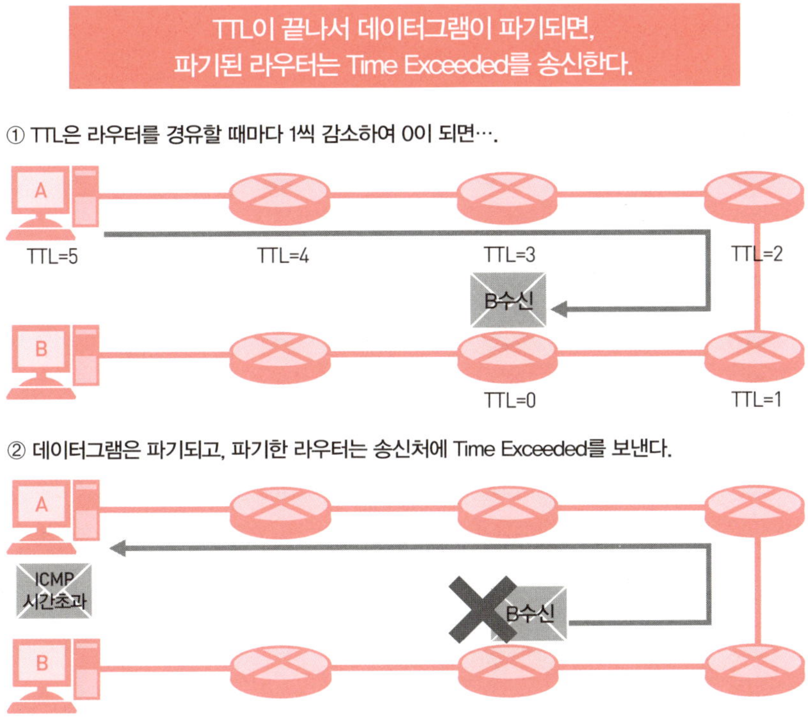

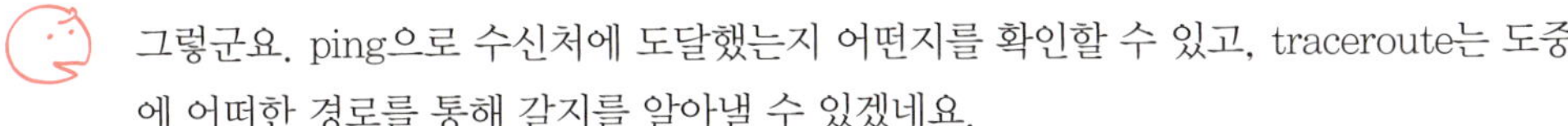

그래. 이것으로 **어느 경로를 거쳐 갔는지를 알 수 있는 거다.** 그래서 ping이랑 traceroute는 상당히 편리한 명령어야. 이것을 사용해서 얻는 정보도 상당히 유익하거든.

그렇군요. ping으로 수신처에 도달했는지 어떤지를 확인할 수 있고, traceroute는 도중에 어떠한 경로를 통해 갈지를 알아낼 수 있겠네요.

하지만 이러한 정보는 **크래커(Cracker)**[3] 공격에도 이용되기도 해.

크래커 공격? 악용된다는 말인가요?

3 크래커: 시스템의 보안을 뚫고 부정적인 목적으로 컴퓨터에 침입해서 악의 있는 행동을 행하는 사람을 말한다. 일반적으로 해커(Hacker)와 혼동해서 사용된다.

수신처까지 경유하는 라우터를 조사할 수 있다.

① TTL=1에서 수신처에 패킷을 보내면, 첫번째 라우터에서 Time Exceeded를 보낸다.

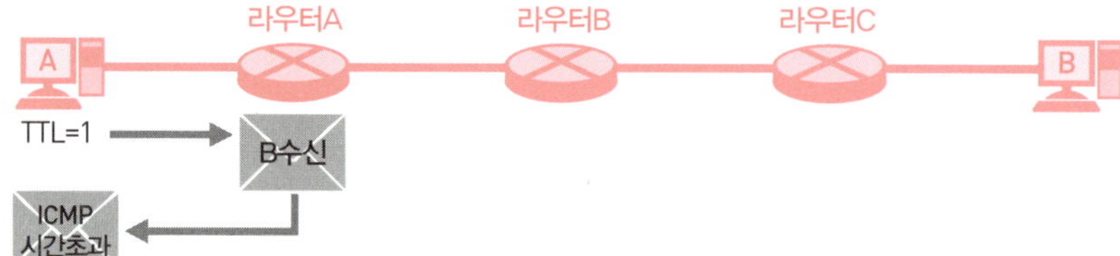

② 다음은 TTL=2에서 수신처에 패킷을 보내고, 두번째 라우터에서 Time Exceeded를 보낸다.

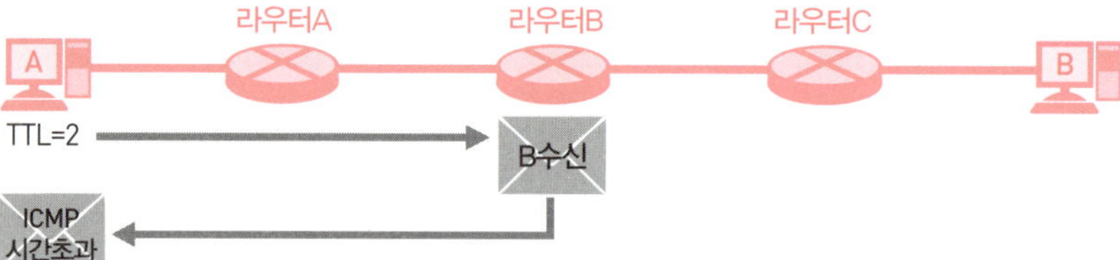

③ 이후부터 TTL을 1씩 늘려가고 수신처까지 패킷을 전달한다.

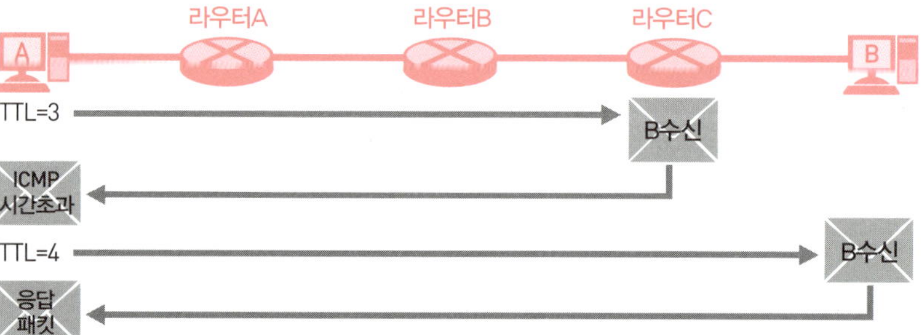

④ 수신처까지 데이터가 도달해 응답 패킷을 수신하면, 지금까지 Time Exceeded를 보내온 라우터를 표시한다. 그것이 수신처까지의 경유 라우터C의 라우터 일람표가 된다.

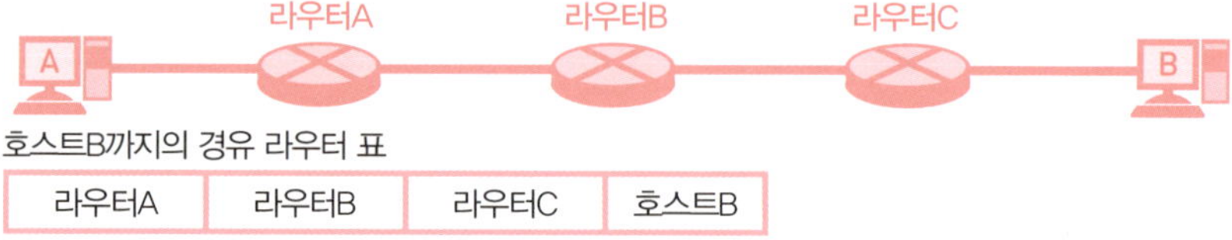

호스트B까지의 경유 라우터 표

라우터A	라우터B	라우터C	호스트B

그래. 그래서 **라우터 관리자는 ICMP 운용에 주의할 필요가 있다.** 특히, traceroute에서 사용되는 Time Exceeded는 주의할 필요가 있어.

traceroute을 통해서 IP 주소를 알아낼 수 있거든. 라우터의 IP 주소를 알면 거기를 공격할 수가 있고, 라우터가 공격을 받아 이상해지면 네트워크에 광범위하게 영향을 끼치게 되니까.

아. 라우터는 네트워크의 가장 중요한 장치였었죠. 그곳이 공격받으면 곤란해지겠군요.

그렇지. 자, 오늘은 여기까지.

옙. 하루 3분 네트워크 교실이었습니다~ ♪

넷군의 오늘의 **포인트**

* ICMP 타입의 8과 0은 에코 요청과 에코 응답이다.

* 에코 요청을 수신한 컴퓨터는 에코 응답을 보낸다.

* 에코 요청에 대해 에코 응답을 보내오면, 그 상대와 데이터의 송수신이 가능하다는 것을 의미한다.

* 에코 요청은 ping을 사용하여 실행할 수 있다.

* TTL에 의해 패킷을 파기한 라우터는 송신처에 Time Exceeded를 보낸다.

* Time Exceeded를 사용하여, 수신처까지의 경로를 조사하는 명령어가 traceroute이다.

보충 ④ 'IPv4와 IPv6에대해 알아보자'

안녕하세요. 하루예요. 이 책의 칼럼도 이것으로 마지막이네요. 여기서는 제20회에서 얘기했었던 앞으로 보급할 예정인 IP에 대한 얘기예요.

현재 IP는 버전4라고 불리며, 버전을 표기할 때는 IPv4로 기술해요. IPv4는 32비트의 IP 주소를 가지고, 43억개의 주소를 사용할 수 있어요. 그렇다고 해도 실제로는 클래스마다 할당되고, 인터넷 사용 인구의 증가 등의 문제(제24회에서도 설명했지만) 때문에 주소가 부족할거라는 예측을 했어요. 그리고 IPv4는 1980년대 초반에 만들어진 것이기 때문에 현재 상황에 맞지 않는 부분이 있기도 하고요.

그래서 새로운 IP의 필요성이 제기되어, 1990년대 후반에 버전6(IPv6)가 등장했어요. IPv6는 IPv4의 32비트에서 128비트로 확장되었어요. 32비트로 약 43억개이니까 128비트는 그 4승, 10진법으로 나타내면 38자리 정도의 숫자예요. 단위가 '간'이라고 하는데, 계산하기도 힘든 숫자네요. 그 외에도 IPv6은 주소 얘기만 하는 것 같은데, 지금의 인터넷 상황에 맞춰서 보안이나 주소의 자동설정, 라우터의 부하경감 등 다양한 새로운 기술이 도입되어 있어요. 다만 IPv6는 지금까지의 IPv4와 간단하게 그대로 교체할 수 없기 때문에, '새로운 IP다, 바로 교체해야지.'라는 생각은 아직까지 어려운 모양이에요.

그래서, IPv4의 주소가 부족해질 거라는 얘긴데, 90년대 초반부터 나오기 시작해서 벌써 10년 이상이나 지났네요. 도대체 언제 없어지는 거야, 정말 없어지는 거 맞아?라고 하는데 이제는 정말로 없어질 것 같대요. 예측으로는 2012년이라고 했는데, 아직도 IPv4가 쓰이는 것을 보면 정확히 언제 없어질지는 아무도 모르는 것 같아요.

그럼, 마지막 칼럼이니까 저 '하루'가 나오는 것도 여기서 마지막이네요. 들어주셔서 감사해요. 이 책의 기본이 된 웹사이트 'Roads to Node'의 '3분 네트워킹'에서는 제가 강의하는 페이지도 있으니까, 괜찮으시면 보러 오세요.

5장

커넥션과 포트 번호

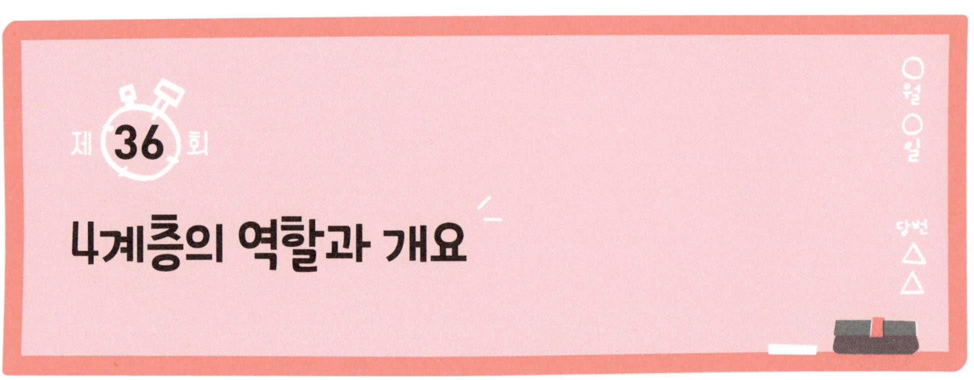

4계층의 역할과 개요

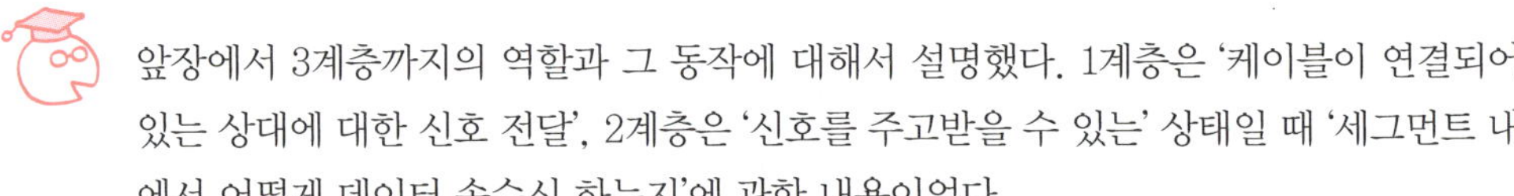

* 4계층의 역할

앞장에서 3계층까지의 역할과 그 동작에 대해서 설명했다. 1계층은 '케이블이 연결되어 있는 상대에 대한 신호 전달', 2계층은 '신호를 주고받을 수 있는' 상태일 때 '세그먼트 내에서 어떻게 데이터 송수신 하는지'에 관한 내용이었다.

네, 그랬어요. 그리고 3계층이 '세그먼트=네트워크 "사이"에서 어떻게 데이터를 송수신 하는지' 였어요. IP 주소랑 라우팅 같은 거.

그랬었지. '어떤 컴퓨터에서 어떤 컴퓨터로 데이터를 전송'하기 위해 필요한 것이 1계층부터 3계층까지의 역할이었다. IP 주소로 수신처를 지정해서 라우팅에 의해 경로를 결정하는 거였고.

그리고, 케이블이 연결되어 있는 상대에 대한 데이터 송수신을 결정해서 케이블에 신호를 보내는 거죠. 그러면 데이터가 수신처에 도달하는 거고요.

'수신처 컴퓨터에 데이터를 보내는' 것이 1계층부터 3계층의 역할이라는 거였다. 그런데 지금부터 설명하는 4계층 이상의 상위 계층에서는 '데이터를 운반'하는 직접적인 동작은 하지 않아.

그럼 4계층부터는 무엇을 하나요?

4계층 이상의 상위 계층에서는 **전달할 · 전달된 데이터에 대해 필요한 처리**를 하는 거야. '데이터를 전달'하는 것은 3계층까지의 역할이었으니까 전달하기 전과 전달된 후에 데이터 통신을 위해 필요한 처리를 하는 거지.

 데이터 통신을 위해 필요한 처리? 그게 뭐죠?

 4계층의 경우는 앞에서도 설명한 것처럼 '신뢰성이 높은(에러가 적은) 데이터 전송을 하기' 위한 처리를 한다(P53의 그림 참조). **즉, 3계층까지는 수신처 자체가 존재하지 않거나 데이터가 도중에 손실됐거나 에러에 의해 파기됐다는 등의 문제들은 신경 쓰지 않는다는 거지.**

 아… 그런 거에요? 3계층까지는 데이터가 도달하지 않았다거나 도달해도 망가져 있는 경우가 생길 수 있다는 거죠?

 그래. 그래서 4계층이 **에러 복구**를 하는 거다. 이것이 4계층의 역할 중 하나야. (그림36-1)

그림 36-1 에러 복구

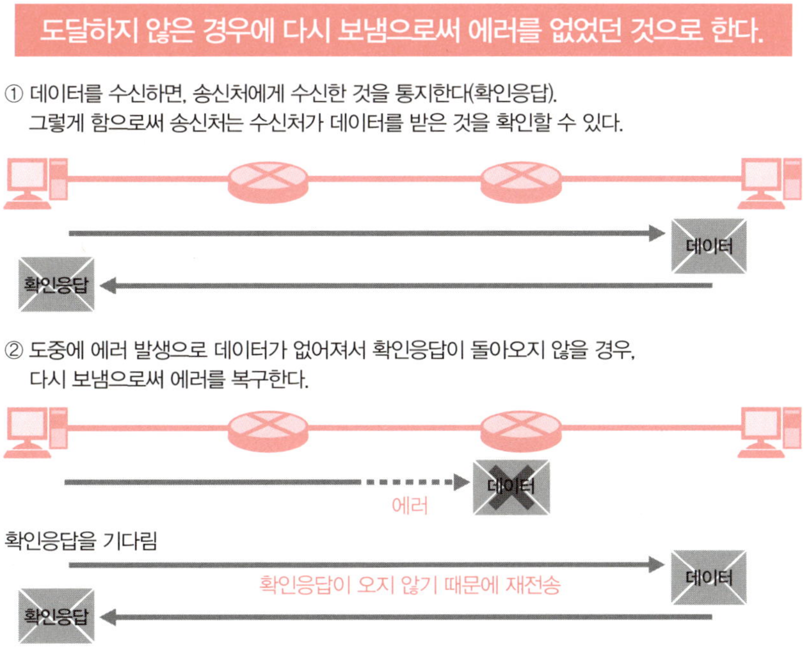

에러 복구요? 아…, 에러가 발생하거나 데이터가 도달하지 않은 경우에는 한번 더 송신받는 거네요. 그리고 '역할 중의 하나'라는 말은 그 밖에 다른 역할이 또 있다는 건가요?

물론 있지. 신뢰성이 높은 통신을 위해서 에러를 복구하고 통신 상태도 확인하는 거야. 이것을 **흐름 제어**라는 방식으로 수행한다.
예를 들어 영어를 동시 통역할 때 들은 말을 통역하겠지? 그런데 통역을 제시간에 못할 경우가 있잖아? **처리 능력을 넘어선 정보를 받았을 때, 그것을 다 처리할 수 없어서 파기해 버리는 경우가 있다는 거야.**

아… 데이터는 도달했는데 다 처리할 수는 없다면 의미가 없다는 거네요.

그래서 그런 문제를 막아야겠지. 처리할 수 없는 데이터가 넘쳐 흐르는 것을 방지하는 건데, '넘치는' 것을 오버플로(Over Flow)라고 한다. 이 오버플로를 막아 주기 때문에 '흐름 제어'라고 부르는 거야. (그림36-2)

✽ 애플리케이션 식별

그럼 계속해서 4계층에 대해서 설명해 보자. 넷군, 데이터 통신을 해서 데이터를 주고받는 것은 뭐지?

어… 그것은 컴퓨터와 컴퓨터?

정말로 그럴까? 그럼 한 대의 컴퓨터에서 전자메일과 홈페이지 열람을 동시에 했을 경우를 생각해 보자. 데이터는 둘 다 같은 컴퓨터에 도달하잖아. 그것은 어디서 구분하는 거지?

음~ IP 주소랑 MAC 주소는 '수신처 컴퓨터'만 결정했으니까. 어느 것이 전자메일 데이터고, 어느 것이 홈페이지 데이터인지는 모르겠네요.

통신에서 데이터를 주고받는 컴퓨터 소프트웨어를 애플리케이션(Application)이라고 부르는데, 실은 **데이터를 주고받는 것은 애플리케이션**인 거야.

도달했을 때, 대기장소에 데이터가 넘치는 것(플로)을 방지한다.

① 수신처에 데이터를 보내면, 수신처는 데이터를 받아서 그것을 일시적으로 모아둔다.
  그리고 준비되는 대로 처리한다.

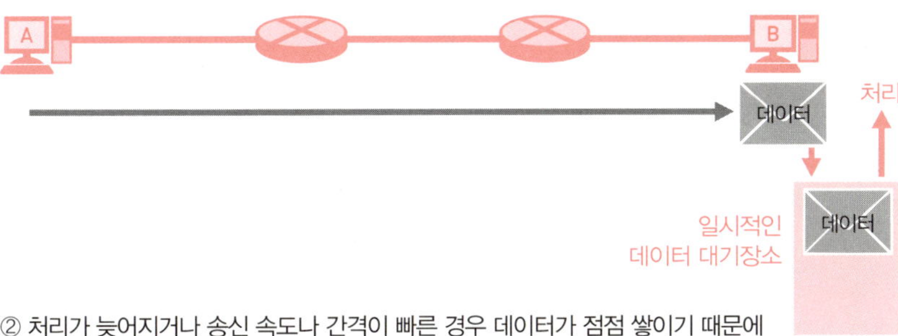

② 처리가 늦어지거나 송신 속도나 간격이 빠른 경우 데이터가 점점 쌓이기 때문에
  결국에는 모아둘 수가 없게 되어 파기해버린다 이것을 오버플로라고 부른다.

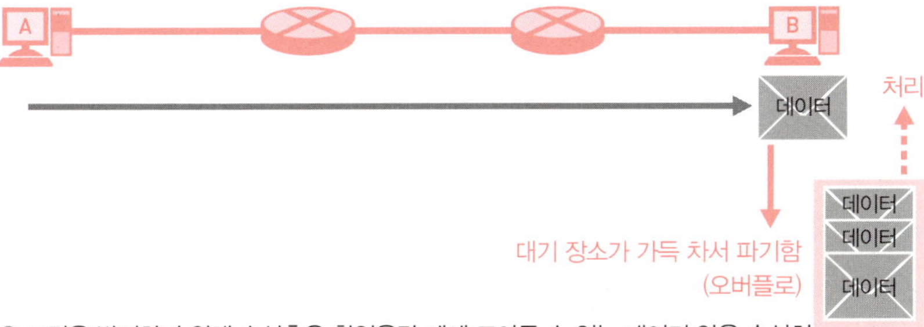

③ 그것을 방지하기 위해 수신측은 확인응답 때에 모아둘 수 있는 데이터 양을 송신처
  에게 통지하여, 송신량을 가감하게 하거나 송신을 일시적으로 중지하게 한다.

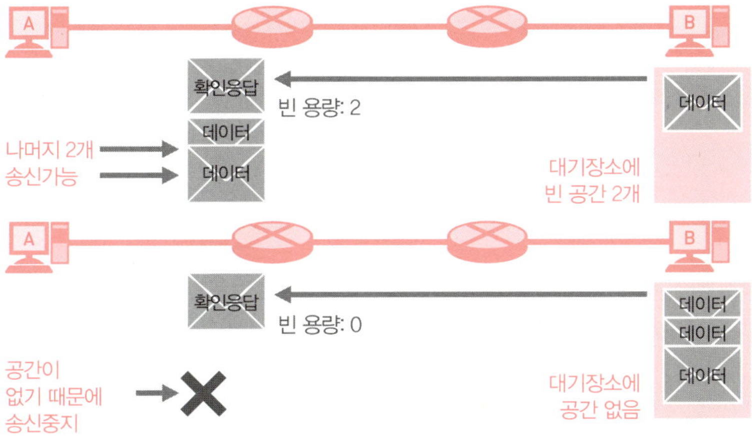

 그렇군요. 컴퓨터 안에 있는 애플리케이션이 데이터를 보내거나 받거나 한다는 거군요.

 그런 거지. 그래서 어느 애플리케이션이 송신한 데이터인지 어느 애플리케이션이 수신한 데이터인지 결정하기 위해서 **포트 번호(Port Number)**라는 것이 부여된다. (그림36–3)

 포트? 항구나 항만이라는 뜻인가요?

 항만보다 오히려 데이터가 출입하는 항구가 더 낫겠다. 데이터를 넣고 꺼내는 가상의 출입구라고 생각하면 좋을 것 같은데, 각 애플리케이션에는 이것이 장치되어 있어서 거기에 데이터를 보낸다고 생각하는 것이 이해하기 쉬울 거야. 컴퓨터까지 도달한 데이터는 이 포트 번호를 근거로 그 데이터가 사용될 애플리케이션에 전해지게 되는 거지.

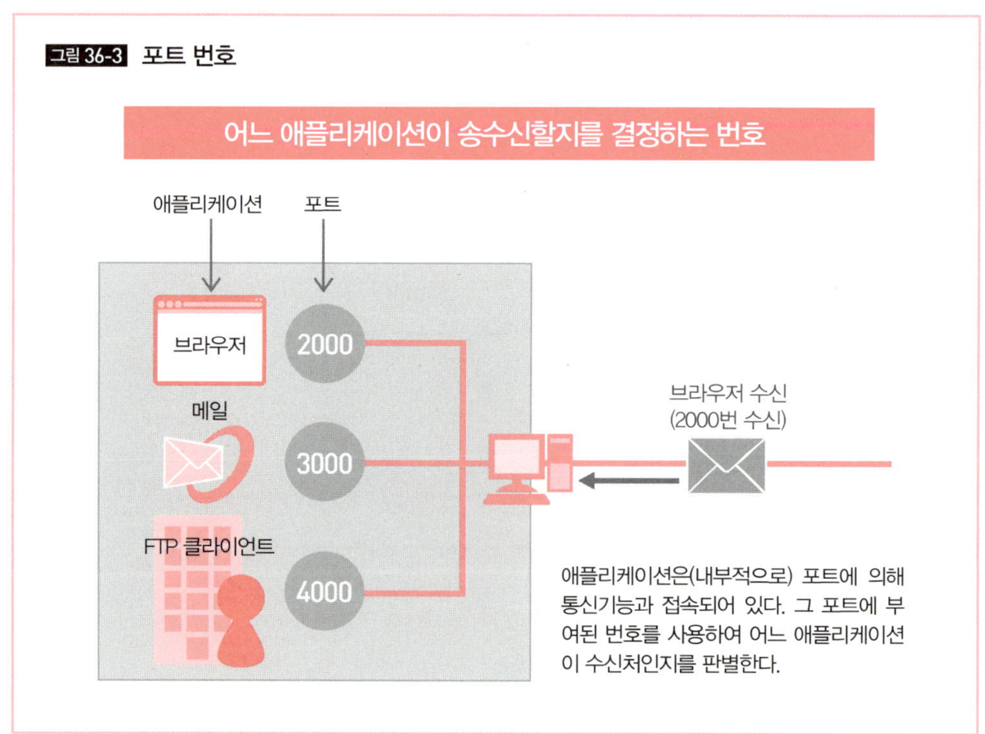

4계층에서는 이러한 '통신에 필요한 처리'을 하는데, TCP/IP에서 실제로 이런 제어를 수행하는 것이 **TCP(Transmission Control Protocol)**와 **UDP(User Datagram Protocol)**라는 두 프로토콜이다.

이 두 개의 프로토콜은 통신할 때 **둘 중 어느 한 쪽이 사용된다.** 왜냐하면, **TCP와 UDP는 역할이 다르거든.**

역할이 달라요? 둘 다 4계층의 프로토콜이잖아요? 지금까지 설명해 온 것을 실행하기 위한 프로토콜이 아닌가요?

물론 그렇긴 하지. 이 두 개의 프로토콜 TCP와 UDP는 각각이 가진 장점과 단점이 동전의 양면과 같은 관계라고 할 수 있어. 그래서 송신할 데이터의 내용이나 상황에 따라 어느 한쪽을 사용하는 거야.

TCP의 장점이 UDP의 단점이고 TCP의 단점이 UDP의 장점이라는 거네요?

그래. 그렇게 생각하면 알기 쉽지. 각각의 프로토콜의 장점을 보고 어느 쪽을 사용할지를 선택하는 거다. 자세한 건 다음 얘기가 되겠군. 다음 회부터는 TCP의 얘기를 하자.

알겠습니다. 하루 3분 네트워크 교실이었습니다~♪

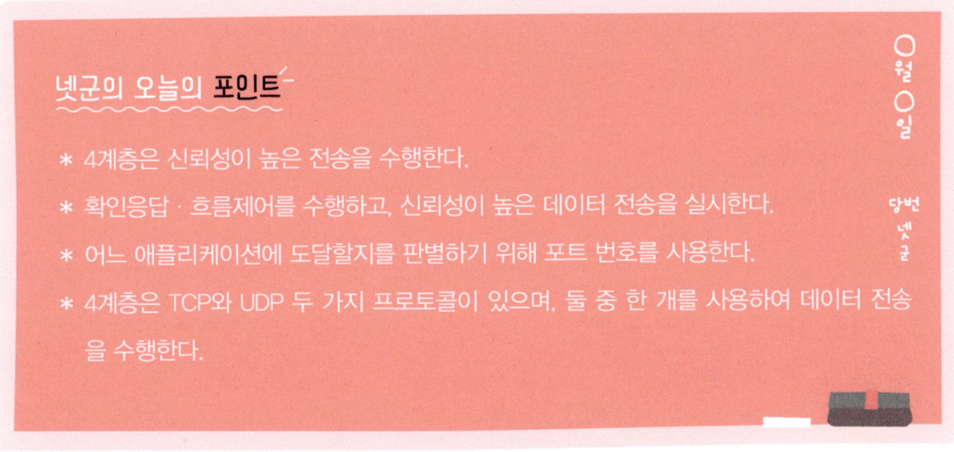

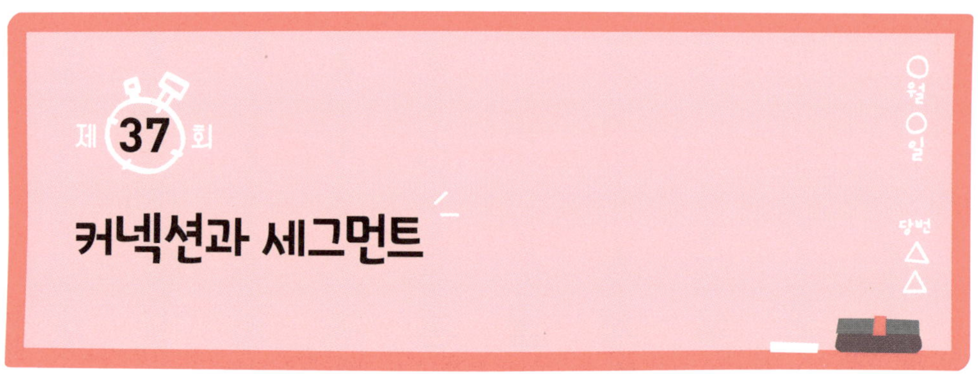

* 커넥션

자, 지난 회에는 4계층의 역할에 대해서 설명했다. 3계층까지의 역할에서는 데이터를 컴퓨터에 보낼 수 있었고. 거기서 '전달할·전달한 데이터에 대해서 필요한 처리를 하는' 것이 4계층 이상의 역할이었다.

어… 뭐였더라. 4계층에서는 '에러 복구', '흐름제어', '애플리케이션 식별' 등을 했어요. 그리고, 그것을 수행하는 프로토콜이 TCP와 UDP였어요.

그렇지. 지금부터는 TCP의 **커넥션(Connection)** 얘기를 할까. 3계층까지는 컴퓨터 간의 데이터를 송수신할 수 있었다. 그래서, TCP에서는 애플리케이션 간의 데이터 송수신을 하는 거지. 이 애플리케이션 간의 송수신을 하는 **데이터의 길**을 커넥션이라고 한다.

데이터의 길? 3계층의 라우팅에서 나온 '경로'와는 다른 의미인가요(P183참조)?

다르지. TCP에서 만들어진 통신로는 **가상적인 통신로**라고 한다. 사전에 전용 통신로를 확보해 둠으로써 확실하게 데이터를 보내는 거야.
3계층까지의 역할로 수신처 컴퓨터까지는 데이터를 보낼 수 있었어. 하지만 상대가 존재하지 않을지도 모르잖아. 혹은 상대는 존재하지만 수신할 준비가 안되어 있을지도 모른다는 거지. 그리고 수신은 가능한데 바빠서 데이터를 처리 못할 수도 있고. 이런 여러가지의 이유로 '컴퓨터까지 데이터가 도달한다'는 것과 '데이터를 확실하게 주고받는 것'은 별개의 문제라는 거다.

‘확실하게 주고받는다’……. 그게 중요한 거네요? 3계층까지의 역할이라면 ‘컴퓨터에 도달한다’. 하지만 그것이 ‘확실’한지 어떤지는 모른다는 건가요?

그런거지. 그래서 **데이터 전송을 시작하기 전에 미리 확인을 주고받아 두는 거야.** 그렇게 해서 **상대에게 확실하게 전달한 것을 확인**하는 거지.

전화로 ‘여보세요?’와 같은 건가요? ‘여보세요?’, ‘네, 네.’, ‘지금 괜찮으세요?’, ‘괜찮아요.’ 처럼 서로 확인해 두면 괜찮겠네요?

어, 그것 꽤 좋은 생각이네. ‘여보세요.’라는 말로 ‘확실하게 통신할 수 있다=통신로가 연결되어 있다’는 것을 확인할 수 있으니까. 그렇게 해서 실제로 케이블이 어떻게 연결되고, 어느 라우터를 통해 수신처까지 도달할 것인지 와는 상관없이, ‘실제’의 ‘통신로’가 아닌, 송신측과 수신측 사이에 ‘가상’의 ‘통신로’가 생긴다고 여기는 거야. 이 가상의 통신로를 만들어 내는 것을 **커넥션 확립**이라고 한다.

‘커넥션을 확립’한다……. 수신처와의 사이에서 제대로 데이터를 주고받을 수 있는 확실한 길이 있다고 생각하는 거네요.

그래. 그럼 어떻게 커넥션을 확립하는지에 대한 설명 전에 TCP 헤더에 대해서 얘기해 보자. **TCP 헤더**의 크기는 기본적으로 **20옥텟**이라고 기억하면 돼. TCP 헤더 6비트의 제어비트(플래그)는 그 TCP의 데이터의 의미를 나타낸다. (그림37–1)

✳ 커넥션의 확립

여기서 커넥션을 확립하기 위해서는 **상대가 데이터 전송을 허가**해 주지 않으면 안돼. 따라서 확실한 데이터 전송을 하는 **통신로를 확보하기 위해 상대에게 데이터 전송의 허가 요청**을 보내는 거야.
그리고 요청을 받은 상대는 **그것에 대한 허가를 송신처에게 알리는 거지.** 이것으로 데이터가 **상대에게 바르게 전달된 것을 확인할 수 있는 거야.** 즉, 통신로가 확보되었다는 뜻이 되는 거지.

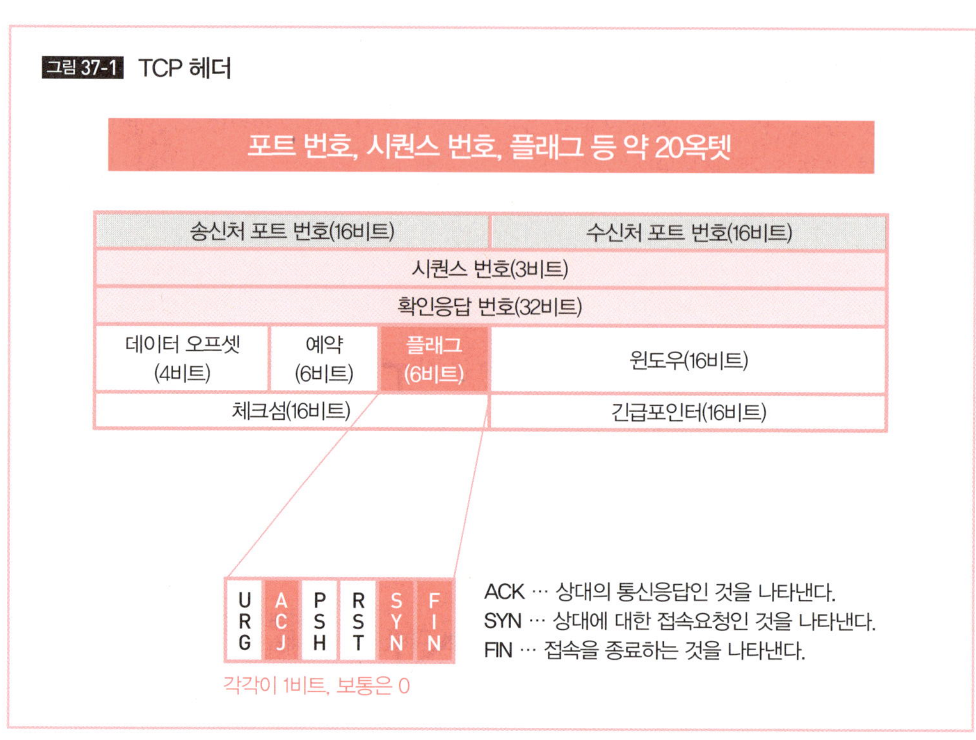

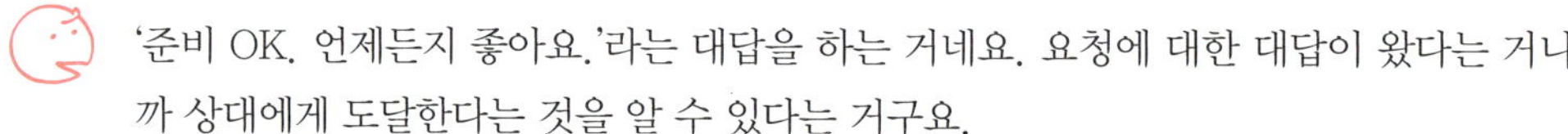

'준비 OK. 언제든지 좋아요.'라는 대답을 하는 거네요. 요청에 대한 대답이 왔다는 거니까 상대에게 도달한다는 것을 알 수 있다는 거구요.

그리고, 이번에는 반대로 **수신처 측이 송신처에게 데이터 전송 허가 요청**을 보낸다. 그것에 대해 송신처도 데이터 전송 허가를 보내고. 이로써 **쌍방향의 통로가 확보**되는 거야.

송신처에서 수신처에 데이터 전송 요청을 보내고 허가를 받는다. 그와 동시에 수신처에서 송신처에 데이터 전송 요청을 보낸다?

데이터를 상대방에게 보내기 위해서는 상대방에게 데이터를 보낸다는 것을 전해서 받을 준비를 하게 해야 한다. '데이터 전송 요청' → '허가'라는 흐름인데, 예를 들어 A와 B가 있는 경우, 'A에서 B에게 전송 요청'을 하고, 'B에서 A에게 허가'라는 형태로 동작하는 거지. 하지만 이것만으로는 B에서 A에게 데이터를 보낼 수 없다. 왜냐하면 A가 데이터를 수신할 준비가 되어 있는지 잘 모르기 때문이야. 즉, A→B의 일방통행이 되어버린 거지.

하지만 B에서 A에게 '데이터 전송 요청에 대한 허가'를 보내잖아요. A는 그것을 수신했으니까 '데이터 수신 준비'는 되어 있는 거 아닌가요?

아직, 아니야. B가 보낸 '데이터 전송 요청에 대한 허가'는 어디까지나 A의 '데이터 전송 요청'에 대한 응답이고, B가 '데이터를 보냈다'고 취급해서는 안되지. 그래서, B에서 A에 대해 '데이터 전송 요청'을 보낼 필요가 있다.
이렇게 해서 TCP는 '쌍방향'으로 데이터를 주고받을 수 있는 커넥션을 확립할 수 있는 거야. A에서 B에게 '데이터를 보낼 예정인데 준비됐어?'라고 보내고, 그에 대해 B에서 A에게 '준비 OK, 그쪽은 어때?'라고 보내는 거지.

그러면, A에서 B에게 '준비 OK'라고 응답하나요?

맞아. 그렇게 되는 거야. 이 커넥션의 확립에서는 지금 설명한 것처럼 3번 주고받아야 하기 때문에 3방향(3way)의 악수(Handshake), **쓰리웨이 핸드쉐이크**라고 불러. (그림37-2)

** 세그먼트 분할

그리고, TCP는 애플리케이션으로부터 받은 데이터(메시지)를 세그먼트로 캡슐화한다 (P59참조).
캡슐화할 때, 한 개의 데이터를 **MSS(Max Segment Size)**[1]로 분할하는데, 한 개의 데이터가 복수의 세그먼트가 되는 거야. 그리고 **각각의 세그먼트에 번호를 부여**하고 이것을 **시퀀스 번호**라고 한다. (그림37-3)

시퀀스 번호……. 그러고 보니 TCP 헤더에 그런 항목이 있었던 것 같아요.

그래. 시퀀스 번호는 '세그먼트에 포함되어 있는 데이터의 선두 옥텟에 붙여진 번호'라는 의미야. 이것을 사용해서 무엇을 하는지에 대해서는 다음 회에서 얘기하자.

네~ 하루 3분 네트워크 교실이었습니다~♪

---

1 MSS: 평균적인 인터넷의 경우, 최대 데이터크기는 1500옥텟. 여기에서 IP 헤더(20옥텟), TCP헤더(20옥텟)을 뺀 1460옥텟. 이것이 평균적인 MSS가 된다.

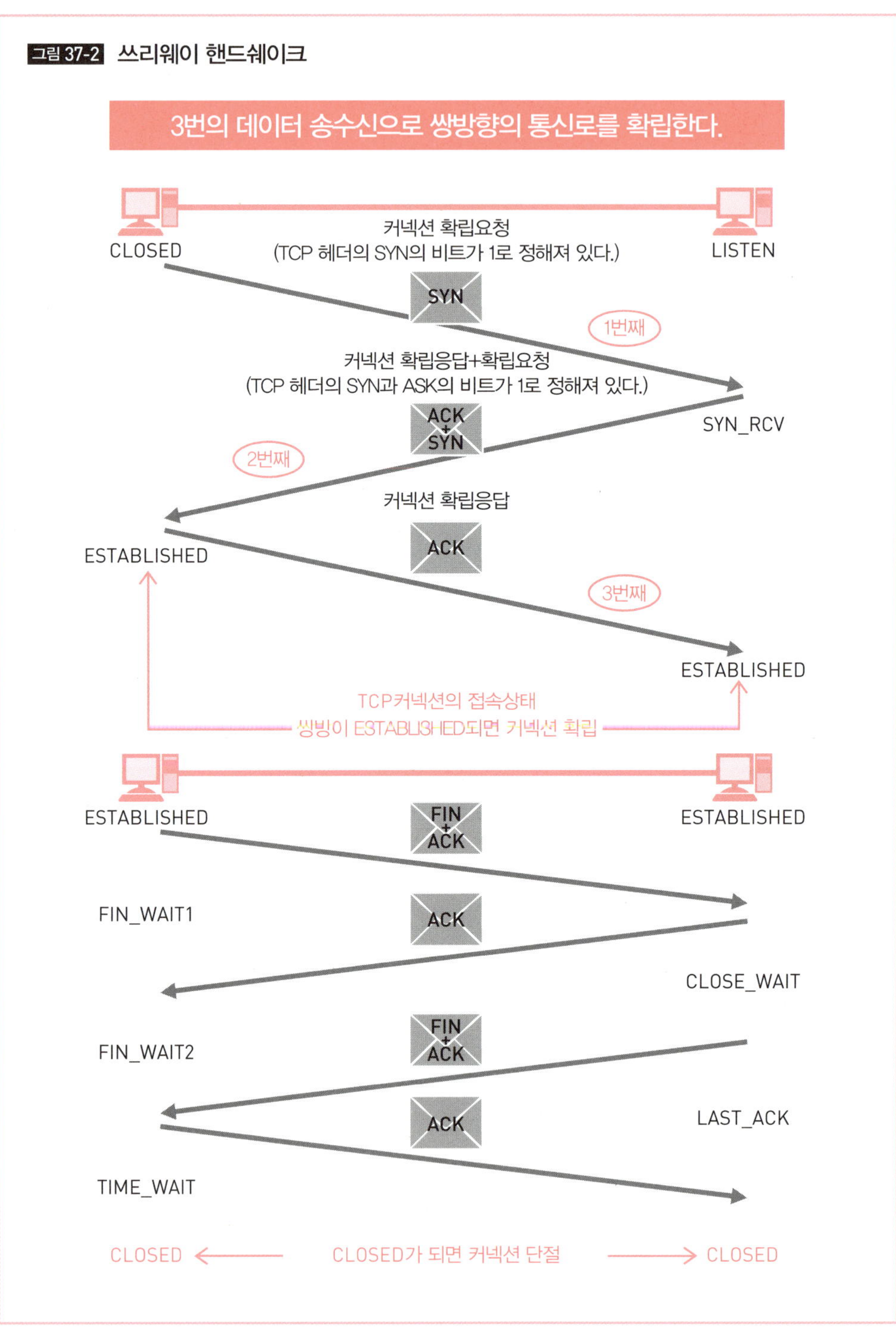
3번의 데이터 송수신으로 쌍방향의 통신로를 확립한다.
CLOSED
LISTEN
커넥션 확립요청
(TCP 헤더의 SYN의 비트가 1로 정해져 있다.)
SYN
1번째
커넥션 확립응답+확립요청
(TCP 헤더의 SYN과 ASK의 비트가 1로 정해져 있다.)
ACK
+
SYN
SYN_RCV
2번째
커넥션 확립응답
ACK
ESTABLISHED
3번째
ESTABLISHED
TCP커넥션의 접속상태
쌍방이 ESTABLISHED되면 커넥션 확립
ESTABLISHED
ESTABLISHED
FIN
+
ACK
FIN_WAIT1
ACK
CLOSE_WAIT
FIN_WAIT2
FIN
+
ACK
LAST_ACK
ACK
TIME_WAIT
CLOSED
CLOSED가 되면 커넥션 단절
CLOSED

그림 37-3   MSS와 세그먼트

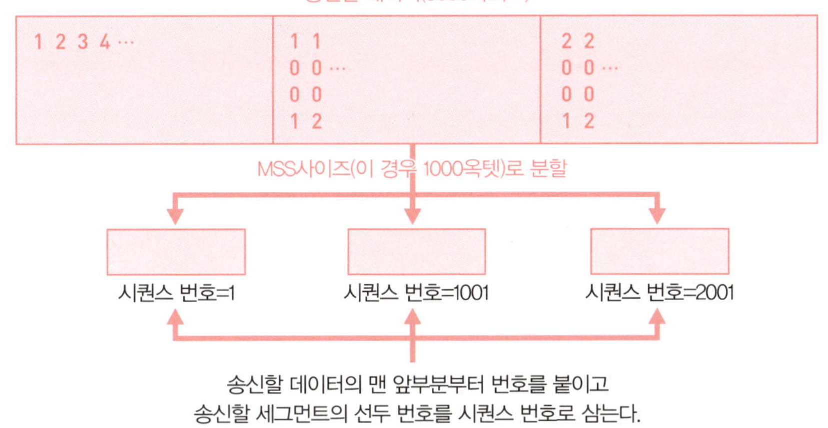

MSS 사이즈로 데이터를 분할해
그 선두 번호를 시퀀스 번호라고 한다.

통신할 데이터에 임의의 번호(이 그림에서는 1번)부터 순서대로
1옥텟(8비트)마다 번호를 할당한다.

송신할 데이터(3000바이트)

1 2 3 4 …
1 1
0 0 …
0 0
1 2
2 2
0 0 …
0 0
1 2

MSS사이즈(이 경우 1000옥텟)로 분할

시퀀스 번호=1
시퀀스 번호=1001
시퀀스 번호=2001

송신할 데이터의 맨 앞부분부터 번호를 붙이고
송신할 세그먼트의 선두 번호를 시퀀스 번호로 삼는다.

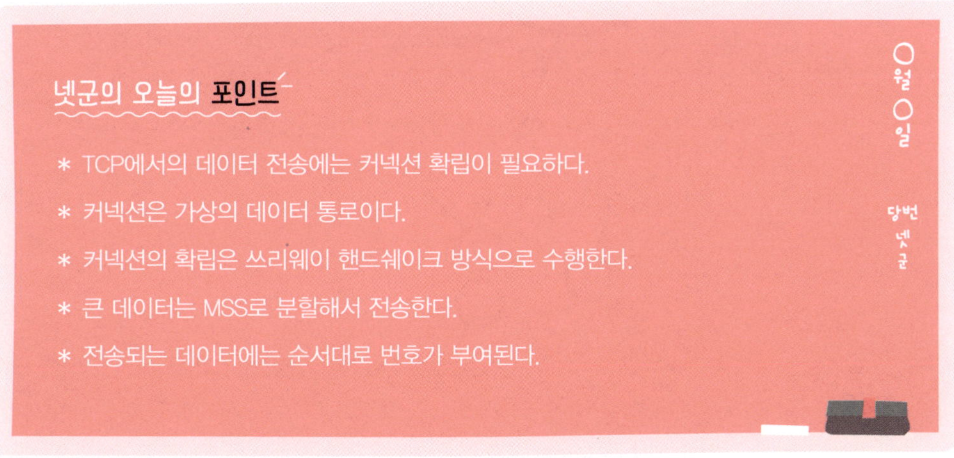

넷군의 오늘의 포인트

* TCP에서의 데이터 전송에는 커넥션 확립이 필요하다.

* 커넥션은 가상의 데이터 통로이다.

* 커넥션의 확립은 쓰리웨이 핸드쉐이크 방식으로 수행한다.

* 큰 데이터는 MSS로 분할해서 전송한다.

* 전송되는 데이터에는 순서대로 번호가 부여된다.

○월 ○일
당번 넷군

윈도우 제어

* 에러 복구

앞에서는 TCP의 커넥션에 대해서 설명했다. 커넥션을 확립함으로써 2대의 컴퓨터로 '확실하게 주고받는 통신로'가 생긴 거다.

쓰리웨이 핸드쉐이크였죠? '통신할거야.', '좋아, 이쪽에서도 할게.', '좋아.'라고 주고받아서 양방향이 주고받을 수 있는 '통신로'를 만든 거였죠?

그래. 이번에도 TCP 얘기다. 지난 회 마지막 부분에서 시퀀스 번호가 나왔지? TCP에서는 이것을 사용해서 **에러를 복구**하는 거다. 먼저, **세그먼트를 수신하면, 수신한 것을 송신처에게 전달**하는데 이것을 **확인응답**이라고 한다.

확인응답. 보내는 측의 '데이터 받아줘.'에 대해 '받았어.'라고 답장하는 거군요.

그렇지. 여기서의 키 포인트는 TCP 헤더의 시퀀스 번호와 확인응답 번호야. 데이터 송신 시에는 '시퀀스 번호'가, 확인응답에는 '확인응답 번호'가 중요한 값이 되는 거지.

시퀀스 번호란 데이터의 앞 부분부터 매기는 번호였었죠…. 확인응답 번호라는 것은 뭔가요?

시퀀스 번호는 보내는 데이터의 앞 부분에 있는 옥텟 번호이고, 확인응답 번호는 다음에 받고 싶은 데이터의 선두 옥텟 번호다. 시퀀스 번호로 세그먼트가 보내는 데이터가 전체의 어느 부분에 해당하는 지를 알 수 있고, 또 확인응답 번호로 다음에 받고 싶은 데이터 번호를 알리는 거지.

단순히 '수신했어요.'가 아니라 **다음에 받을 예정의 데이터 번호까지 전달**하는 거군요.

그래. '수신했어요.'가 아니라, '다음에 몇 번부터 데이터를 주세요.'라고 응답이 오는 거지. 그렇게 해서 **수신측이 어느 데이터까지 받았는지를 알 수 있는 거지.** 굉장히 **'확실'**한 방법 같지 않아?

정말 확실하네요. 확인응답 번호가 100번이면 '100번을 보내라'는 거니까, 99번까지는 수신했다는 의미네요. 정말 확실한데요.

이 '몇 번까지 데이터를 수신했어요.'는 특히 **흐름제어에서도 중요해.** 에러가 발생해서 데이터가 상대방에게 도달하지 않았거나 확인응답이 도달하지 않았을 때에는 **재전송을 하는 거야.** (그림38-1)

역시… 이런 방법으로 에러를 복구하는 거군요. 그런데 일정시간 기다린다는 것은 어느 정도 기다리는 건가요?

이것은 **RTT(Round Trip Time)**라는 값으로 판단하거든. RTT는 지금까지 보낸 데이터에 대해 확인응답이 돌아오기까지 걸린 시간으로 계산하는 거다.

네? 뭔가 논리적으로 이상한 것 같아요. 확인응답이 돌아오는데 걸린 시간으로 계산한다고 했는데, 갑자기 돌아오지 않으면 어떻게 되는 거죠?

그건 초기값을 **약 3초**로 정해 두고, 그 후에 확인응답이 돌아오는데 걸린 시간을 동적으로 변경하는 거야.

3초. 그럼 그냥 3초로 정하면 되잖아요?

그렇기는 한데, 예를 들어 회선의 속도가 64Kbps일 때 3초하고, 100Mbps일 때 3초는 같은 3초라고 할 수 없잖아. 빠른 회선이라면 3초씩이나 기다리지 않아도 데이터의 손실·확인응답 손실을 알 수 있으니까 '이렇게 늦을 리가 없는데 이상하네.'라고 생각할 수 있는 거지.

아~ 그렇구나. 늦은 회선에서 3초를 기다리는 것은 보통있는 일 일지 모르지만, 빠른 회선에서 3초나 기다리면 이상하다고 생각하겠네요.

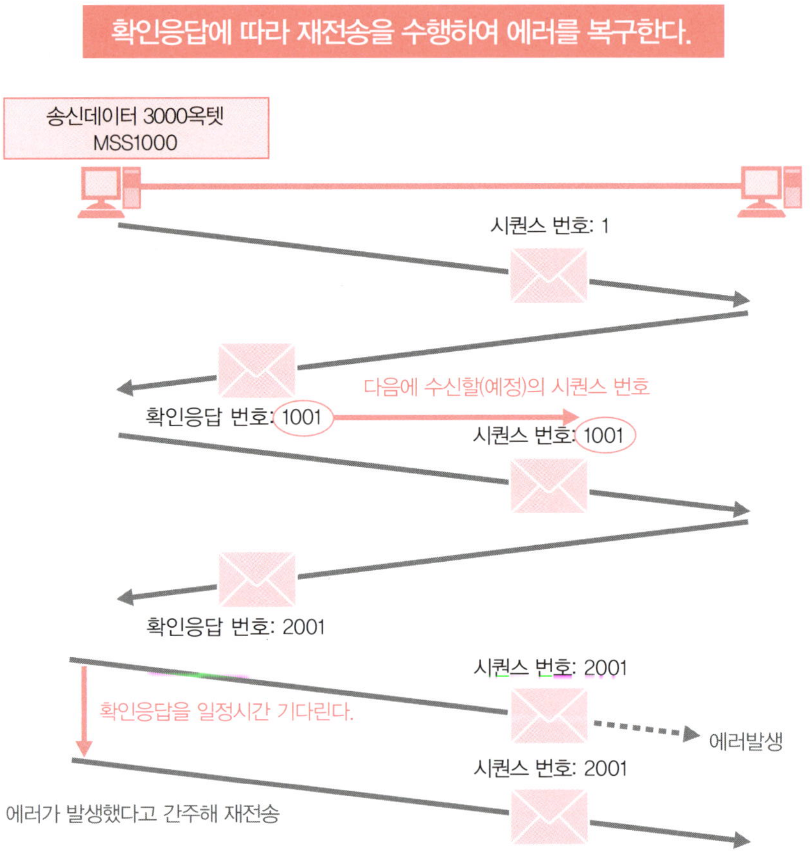

✳ 윈도우 제어

그런데 말이지, 이 '세그먼트송신 → 확인응답'이라는 흐름이 실제로는 좀더 **효율 좋은** 전송 방법을 취하지 않으면, 시간만 너무 걸린다는 거지. 그래서 '세그먼트송신 → 확인응답' 이라는 흐름은 같지만 **'복수의 세그먼트전송 → 확인응답'**이라는 형태로 바꾸는 거야. 그렇게 하면 비교적 시간 효율이 좋아지거든. (그림38-2)

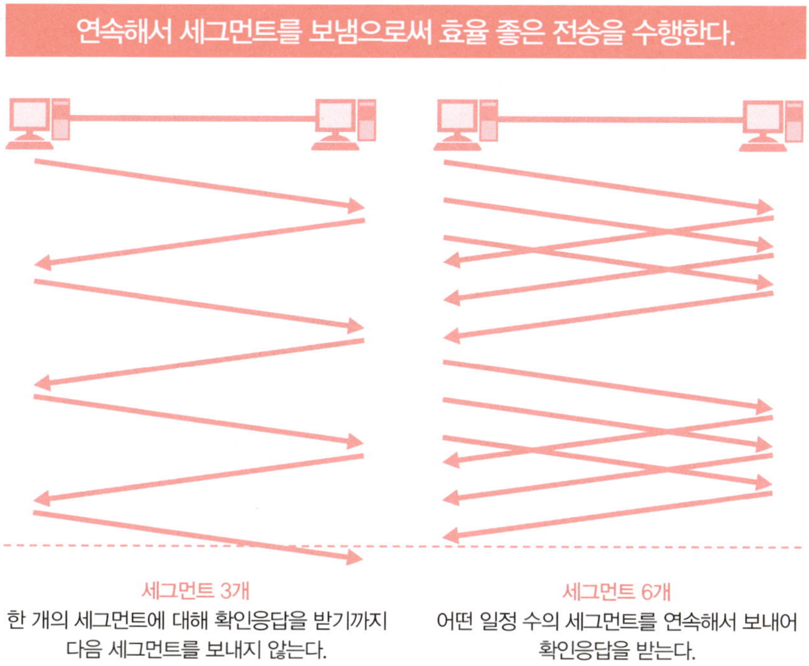

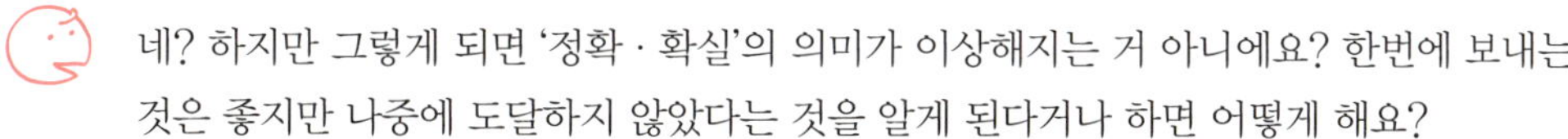

네? 하지만 그렇게 되면 '정확 · 확실'의 의미가 이상해지는 거 아니에요? 한번에 보내는 것은 좋지만 나중에 도달하지 않았다는 것을 알게 된다거나 하면 어떻게 해요?

그럴 가능성도 있어. 그래서 '정확 · 확실'하게 또 효율적으로 보내기 위해 TCP는 흐름제어의 하나인 **윈도우 제어**를 하는 거야. 윈도우 제어에서는 일단 수신한 데이터를 **일시적으로 보관**해 두기 위한 버퍼(Buffer)가 있거든.

버퍼는 일시적으로 수신한 데이터를 보관해 두는 장소라는 의미잖아요. 그러고 보니 앞에서 그 보관 장소에 데이터가 다 들어 갈수 없다는 얘기가 나왔었는데…(P118참조).

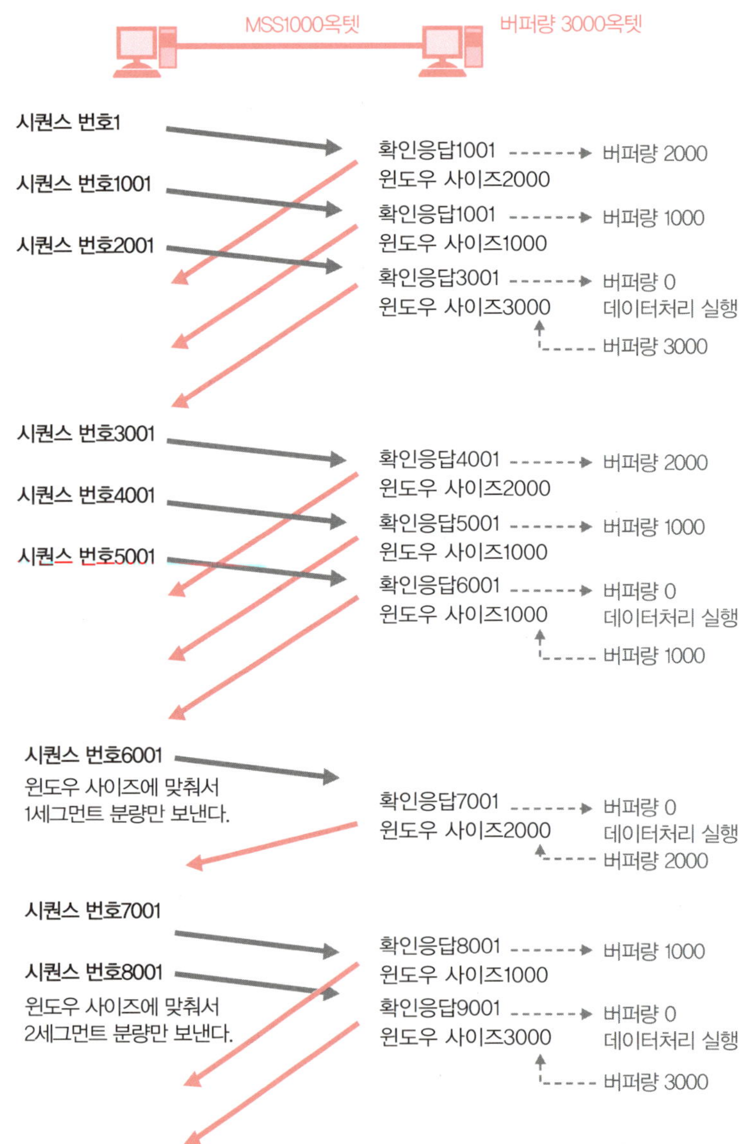
버퍼 사이즈를 전함으로써
송신할 수 있는 데이터 양을 알려준다.

MSS1000옥텟
버퍼량 3000옥텟

시퀀스 번호1
확인응답1001
버퍼량 2000
시퀀스 번호1001
윈도우 사이즈2000
확인응답1001
버퍼량 1000
시퀀스 번호2001
윈도우 사이즈1000
확인응답3001
버퍼량 0
윈도우 사이즈3000
데이터처리 실행
버퍼량 3000

시퀀스 번호3001
확인응답4001
버퍼량 2000
시퀀스 번호4001
윈도우 사이즈2000
확인응답5001
버퍼량 1000
시퀀스 번호5001
윈도우 사이즈1000
확인응답6001
버퍼량 0
윈도우 사이즈1000
데이터처리 실행
버퍼량 1000

시퀀스 번호6001
윈도우 사이즈에 맞춰서
1세그먼트 분량만 보낸다.
확인응답7001
버퍼량 0
윈도우 사이즈2000
데이터처리 실행
버퍼량 2000

시퀀스 번호7001
확인응답8001
버퍼량 1000
시퀀스 번호8001
윈도우 사이즈1000
윈도우 사이즈에 맞춰서
2세그먼트 분량만 보낸다.
확인응답9001
버퍼량 0
윈도우 사이즈3000
데이터처리 실행
버퍼량 3000

그래. TCP에서는 데이터가 넘치는 것(오버플로)을 막아야 해. 데이터가 손실되니까. 그래서 상대방에게 자신이 **어느 정도 버퍼량을 가지고 있는지를 알려줄** 필요가 있어.
이것을 윈도우 사이즈라고 하는데, 윈도우 사이즈를 상대방에게 알려줌으로써 **윈도우 사이즈만큼의 데이터를 한번에 보내도 오버플로 하지 않는다**는 것을 알 수 있는 거야. 그러니까, 윈도우 사이즈는 **확인응답을 기다리지 않고 보낼 수 있는 데이터 양**이 되는 거다. (그림38–3)

버퍼를 넘치지 않도록 하기 위해 상대방의 버퍼량을 확인하면서 보낸다는 거네요. 그리고 이 버퍼량을 윈도우 사이즈라고 부르고.

그래. 윈도우 사이즈로 상대방에게 자신의 버퍼량을 전달해서 '확실'하게 수신할 수 있는 용량의 데이터만 송수신한다는 거야. 이것을 **윈도우 제어**라고 부른다.
이것이 TCP의 기본동작이니까 잘 기억해 두도록. 그럼 여기까지.

알겠습니다. 하루 3분 네트워크 교실이었습니다~♪

넷군의 오늘의 포인트

* 확인응답을 보낼 때는 확인응답 번호에 다음에 수신 받을(예정의) 데이터의 번호를 넣는다.
* 전송에러가 발생했을 때에는 지금 보낸 것과 같은 데이터를 보낸다.
* TCP는 윈도우 제어라는 구조로 버퍼 플로를 방지한다.
* 상대방의 버퍼사이즈=윈도우 사이즈를 확인하면서 송수신을 수행한다.
* 윈도우 사이즈 분량까지는 확인응답을 수신하지 않아도 한번에 보낼 수 있다.

＊ 애플리케이션 간 통신

TCP에 대해 2회에 걸쳐 설명했다. TCP는 쓰리웨이 핸드쉐이크에 의한 커넥션, 에러 복구, 흐름제어 등을 수행하는 거였어.

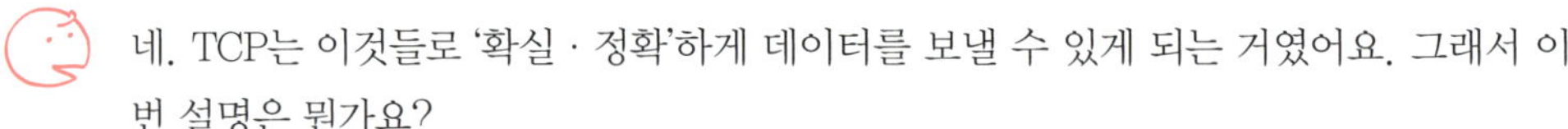
네. TCP는 이것들로 '확실 · 정확'하게 데이터를 보낼 수 있게 되는 거였어요. 그래서 이번 설명은 뭔가요?

이번에는 '애플리케이션 식별'에 대해서 얘기를 하자. 앞에서 얘기한 것이 기억나게 질문 하나 할까? 데이터 통신은 무엇과 무엇이 통신하는 거였지?

애플리케이션과 애플리케이션입니다!!

그랬지(P234참조). PC에서 브라우저 소프트웨어, 메일 소프트웨어 등 통신하는 애플리케이션을 여러 개 사용하는 경우, 어느 애플리케이션 용도의 데이터인지를 식별하지 않으면 안된다.
그래서 **포트 번호**라는 것을 사용해서 각각의 데이터가 **어느 애플리케이션으로부터 송신되었는지 · 어느 애플리케이션 수신인지**를 결정하는 거야.

포트 번호? 그러고 보니 TCP 헤더에 '수신처 포트 번호', '송신처 포트 번호'라는 항목이 있었어요(P240참조).

그래. 각 컴퓨터 내부에는 **통신 데이터를 흐르게 하기 위한 가상의 출입구**가 있다고 생각해봐. **각 애플리케이션은 그 중의 하나를 선택해서 데이터 송수신의 입구로 삼는 거야.** (그림39-1)

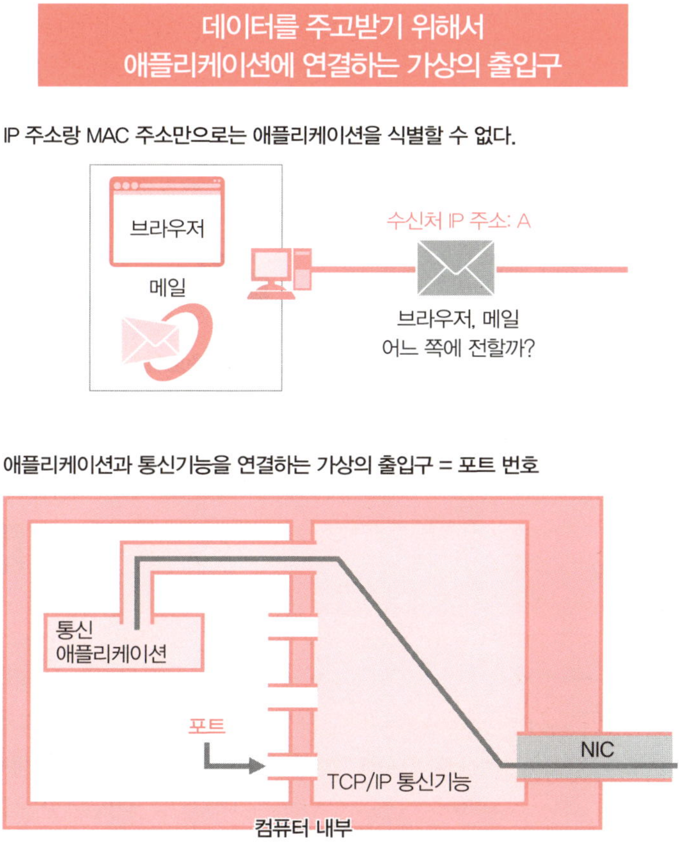

애플리케이션과 TCP/IP 통신기능을 연결하는 길이라는 건가요?

그래. 그렇게 생각해도 좋아. 이 포트는 16비트, 즉 65,536개가 있고, 각각 0부터 번호가 매겨져 있어. 통신중인 애플리케이션은 각각 이 포트 번호와 접속하고 있고 이 포트에 붙여진 **포트 번호로 데이터를 보낼 애플리케이션을 특정하는**거야.

그렇군요. IP 주소와는 달리 애플리케이션마다 번호가 있고, 그것이 포트 번호라는 거네요.

실제로 어떻게 데이터를 송수신하는가 하면, IP 주소와 포트 번호를 사용해서 '**어느 컴퓨터의 어느 애플리케이션**'인지 식별하는 거다. (그림39-2)

IP 주소하고 포트 번호는 한 세트라는 거죠? 그런데 박사님. 애플리케이션에 따라 사용하는 포트 번호는 정해져 있는 거예요?

좋은 질문이군. 먼저 알아두어야 할 것은 **수신처 포트 번호를 모르면 데이터를 보낼 수 없다는 점**이야. **수신 받을 애플리케이션이 포트와 접속해 있지 않으면, 데이터는 도달할 수 없는** 거지.

그건 그렇겠네요. 그럼 데이터를 보내고 싶은 애플리케이션의 포트 번호를 어떻게 알 수 있나요?

음… 알 수 있는 방법은 없어. 그래서 **자주 사용하는 서버 애플리케이션(Server Application)은 사전에 정해진 번호를 사용함으로써 서비스를 제공할 수 있도록 하는 거지.**

서버 애플리케이션은 뭔가요?

무언가 서비스를 제공하는 애플리케이션을 말한다. 홈페이지를 공개하거나 파일을 가지고 있어서 파일전송을 하거나 메일전송을 하거나 하는 그런 애플리케이션을 가리키지. 일반적으로 이들 서버 애플리케이션에 '요청'함으로써 홈페이지를 보거나 메일을 보낼 수 있어.

그러니까 홈페이지를 보고 싶을 때 그 서버 애플리케이션한테 데이터를 보내면 되는 거네요. 그런데 그 서버 애플리케이션에는 사전에 정해진 번호가 있어요?

그래. 이 번호를 **웰 노운 포트(Well Known Port)**라고 하는데, 65,536개의 포트 번호 가운데 **1~1023번**까지가 여기에 해당된다. 서비스를 제공하고 싶은 서버는 이들 번호를 애플리케이션에 할당하는 거지. 그렇게 하면 송신처는 이 정해진 포트에 데이터를 보내는 거고. 예를 들어 웹페이지를 보고 싶으면 80번 포트에 보내면 되는 거다. (그림39-3)
만약, 웰 노운 포트한테 보냈는데 실패했다면 그 서버는 그러한 서비스를 제공하지 않는다는 얘기가 되는 거지.

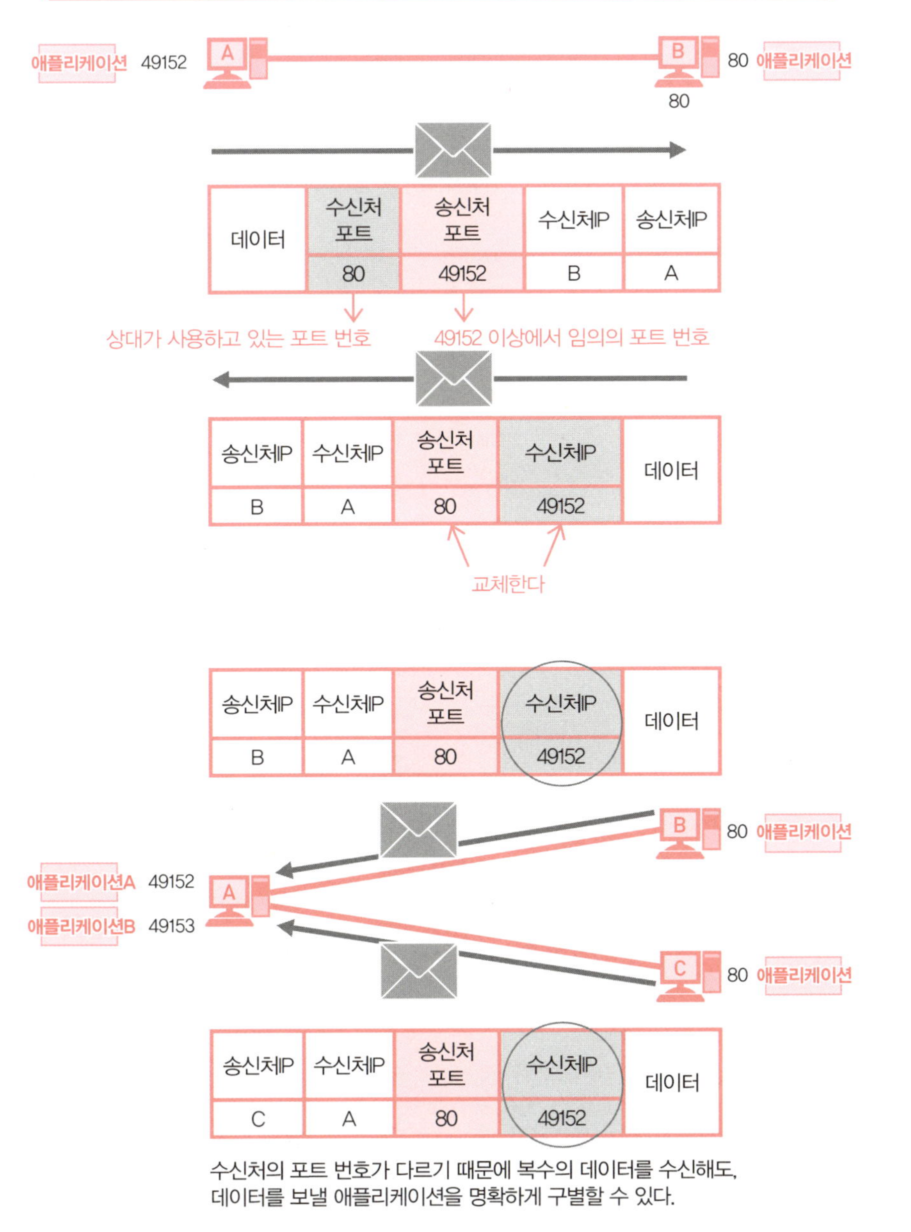

수신처의 포트 번호가 다르기 때문에 복수의 데이터를 수신해도,
데이터를 보낼 애플리케이션을 명확하게 구별할 수 있다.

포트 번호	애플리케이션	포트 번호	애플리케이션
20	FTP 데이터	69	TFTP
21	FTP 컨트롤	80	HTTP
23	TELNET	110	POP3
25	SMTP	161	SNMP 요청
53	DNS	162	SNMP 트랩
67	DHCP 서버	443	HTTPS
68	DHCP 클라이언트	520	RIP

그럼 반대로 송신처의 포트 번호는 어떻게 정해져요?

포트 번호 중에 1023번 이하는 앞에서 설명한 것처럼 웰 노운 포트 번호이기 때문에 사용해서는 안되게 되어 있어. 그리고 1024~49151번까지는 등록된 포트라고 부르는데 미리 등록되어 있는 포트 번호를 말하는 거야. 이들은 이미 정해진 애플리케이션과 연결되어 있어. 송신하는 측의 애플리케이션은 이런 번호 이외의 49152~65535번까지의 번호 중에서 원하는 번호를 선택해서 사용하는 거다.

원하는 번호라고 해도…. 뭐랄까, 조건은 없나요?

조건은 다른 애플리케이션이 사용하고 있는 번호를 사용해서는 안 된다는 정도야. 요점은 이들 분류는 어디까지나 '권고'라 강제성은 없다는 거지.

강제가 아니라는 말은 송신하는 측의 애플리케이션이 웰 노운 포트의 53번을 사용하거나 홈페이지 열람을 80번이 아니라 49152번에서 해도 좋다는 건가요?

말 그대로 원하는 번호를 사용해도 좋아. 단, 서버 애플리케이션은 앞에서도 설명한 것처럼 지금 현재 애플리케이션이 사용하고 있는 번호를 전달할 방법이 없기 때문에, 웰 노운 포트처럼 '사전에 정한 번호'를 사용하지 않으면 요청하는 측이 곤란해 지겠지만.

예를 들어 홈페이지를 열람하고 싶을 때…. 홈페이지를 열람할 수 있는 서버 애플리케이션이 웰 노운 포트 80번을 사용하고 있으면, 그곳으로 수신 요청을 보내면 된다는 거네요. 하지만 웰 노운 포트가 아닌 것을 사용하고 있으면…….

그것을 전할 방법이 없다. 그래서 네트워크와는 별개의 방법. 예를 들면 말로 전하든지 메일로 전하는 수 밖에 없는 거지. 그래서 그렇게 귀찮은 일을 하고 싶지 않으면 웰 노운 포트를 사용하면 되고, 송신측은 웰 노운 포트를 사용하지 않는 것이 좋겠지.
그럼 다음 회에서는 4계층 프로토콜 중 또 다른 하나인 UDP에 대해서 설명한다. 그럼 여기까지 하자.

엡. 하루 3분 네트워크 교실이었습니다~♪

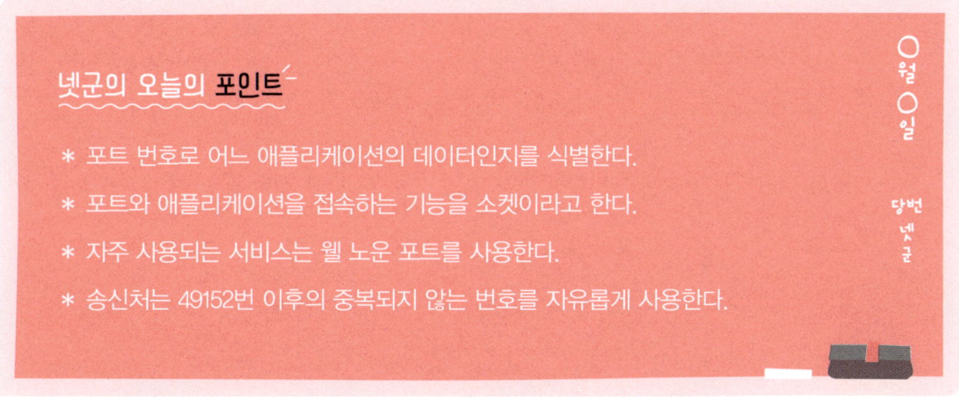

* TCP의 단점

앞에서 잠깐 설명했는데 TCP/IP에서는 4계층에 2개의 프로토콜이 존재한다고 했었다. TCP와 UDP였지. TCP는 정확·확실을 표어로 하는 프로토콜이었고.

그랬죠. TCP는 커넥션이나 흐름제어 등을 사용해서 확실하게 데이터를 송신하는 프로토콜이었어요.

이번에는 또 다른 하나의 프로토콜 UDP에 대해서 설명해 보자. 그런데 TCP의 단점에 대해서 먼저 설명하는 편이 UDP를 이해하는 데 좋을 것 같군. TCP의 단점은 그 **정확·확실이 독**이 될 수도 있다는 거야. 정확·확실하게 데이터를 주고받기 위해서 TCP는 무엇을 하고 있다고 했지?

그게…. 쓰리웨이 핸드쉐이크, 에러 복구, 흐름제어요.

그래. 모두 다 불편할 것 같지않아? 특히, **확인응답을 기다리는 시간**이 치명적이지. 무엇을 하더라도 **일정시간 기다려야** 하니까. (그림40-1)

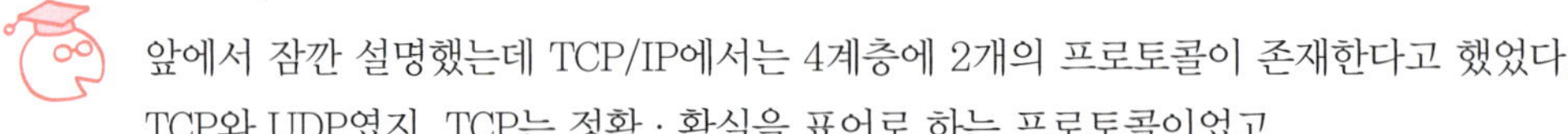

확실히 그렇기는 해요. 그래도 어쩔 수 없는 거 아닌가요? 정확하게, 확실하게 보내기 위해서는 필요하잖아요.

그렇긴 하지. 하지만 TCP가 전송 효율의 저하를 일으키는 원인이 될 수도 있어.

전송 효율의 저하요? 확인응답이라고 하는 정확·확실을 수행하기 위한 구조가 기다리는 시간이 필요해서 보낼 수 있는 데이터 양이 그만큼 줄어든다는 아이러니한 결과네요.

윈도우 사이즈를 크게 해도 확인응답을
받을 때까지 아무래도 시간이 필요하다.

확인응답을 기다리는 시간이 필요하지 않기
때문에 연속해서 데이터를 보낼 수 있다.

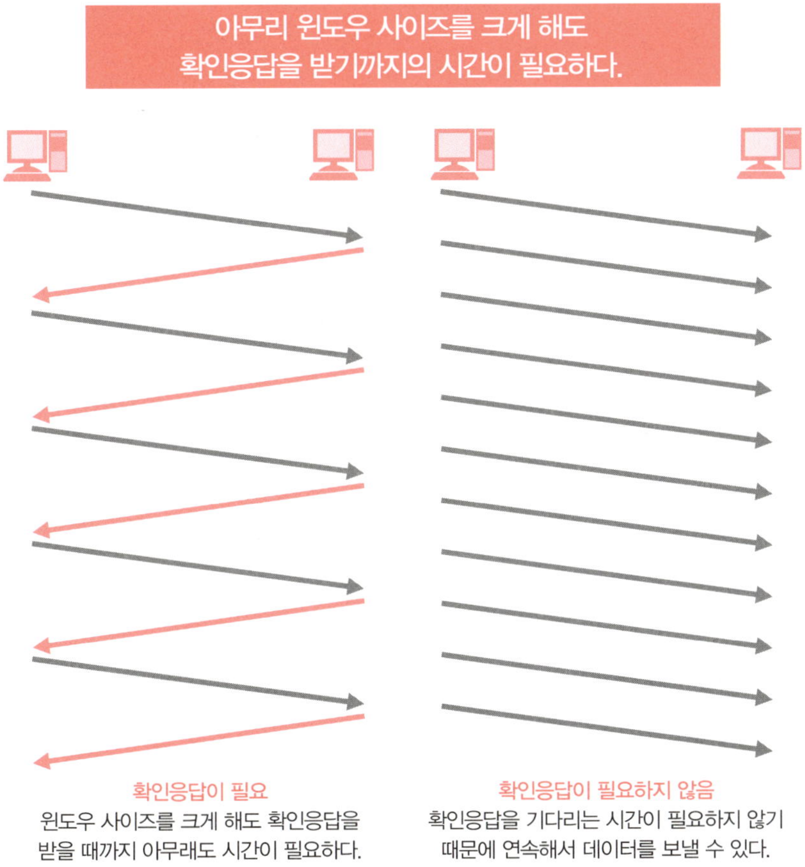

** 아무것도 하지 않는 UDP

 이러한 TCP의 단점은 뒤집으면 UDP의 장점이 될 수 있다. 무슨 말인가 하면 UDP의 헤더를 보면 알 수 있어. (그림40-2)

 음, 이것만 있어요? 포트 번호 이외엔 아무것도 없잖아요?

 아무것도 없어. TCP에서 볼 수 있었던 시퀀스 번호도 확인응답 번호도 윈도우 사이즈도 제어비트도 없어(P240참조). 이런 TCP의 헤더 부분은 무엇을 하기 위해 있었지?

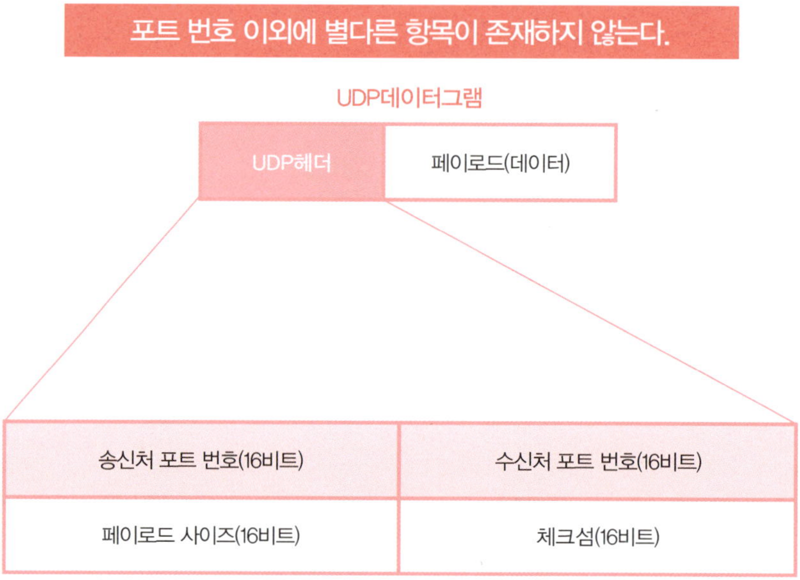

시퀀스 번호와 확인응답 번호는 TCP에서의 송수신에, 윈도우 사이즈는 윈도우 제어에, SYN이라든가 ACK 등의 제어 비트는 쓰리웨이 핸드쉐이크에 필요해요.

그래. 시퀀스 번호랑 확인응답 번호 등은 TCP의 특징인 정확·확실을 실현하기 위해 필요한 부분이었다. 그러니까 이들을 가지지 않는 UDP는 **아무것도 하지 않는 프로토콜**인 거야.

확인응답이랑 흐름제어를 하지 않는다는 거예요? 그러면 **UDP는 정확·확실하지 않다**는 말이네요. 그냥 그런 프로토콜이라는 느낌이 드는데, 의미가 없지 않아요?

의미야 있지. TCP의 장점인 '정확·확실'이 UDP의 단점인 '정확하지 않다·확실하지 않다'가 되는 거지. 그럼 반대로 TCP 단점은 뭐였지?

TCP 단점이요? 확인응답에 걸리는 시간이었죠. 그래서 효율이 좋지 않다고도 했어요.

 그래. 반대로 UDP는 아무것도 하지 않아. 그 말은 확인응답에 걸리는 시간 등이 필요 없다는 건데 이건 무엇을 의미할까?

 TCP의 단점이 없다는 말이네요. 전송 효율이 떨어지지 않는다는 의미인가요?

 잘 아네. 그것이 **UDP의 장점이자 최대 특징**이야. 그 UDP의 특징에서 이끌어 낼 수 있는 대답은 **UDP는 고속이라는 점**이지.

✱ UDP의 용도

 UDP에서는 고속성, 즉 효율이 높다는 점을 살려서 **고속성이나 실시간 송수신이 필요한 애플리케이션**, 예를 들면 VoIP(Voice over IP)나 동영상 스트리밍 배포[2] 등에 사용된다.

 그렇겠네요. 음성전화가 연결되지 않아서 전화 내용을 재전송했다고 해도 곤란하겠네요.

 그렇겠지. 그리고 **브로드캐스트가 필요한 애플리케이션**도 UDP를 사용해. TCP에서는 쓰리웨이 핸드쉐이크에 의해 커넥션을 확립한다고 했지?

 네. 커넥션을 확립해서 수신처와의 사이에서 통신로를 만드는 거였죠.

 그래서 TCP에서는 동시에 복수로 송신하는 브로드캐스트와 같은 통신은 굉장히 어려운 거다. 상대를 전부 알고 있어야 하고, 각각에 대해 커넥션을 확립하려고 하면 송수신이 많아지는데다 각각에 사용하는 버퍼를 준비하지 않으면 안 되니까.

 아~그렇군요. 전체에게 통신하기 위해서는 전체와 커넥션을 확립해야만 하니까요.

(그림40-3)

---

2 VoIP, 스트리밍 배포: VoIP는 '인터넷전화'라고 불리며 음성을 인터넷으로 보내는 기술. 스트리밍 배포는 데이터를 스트림(Stream: 흘러 가도록 연속적이며 계속적임)으로 배포하는 것. 대부분의 경우 다운로드하면서 동시에 재생하는 것을 가리킨다.

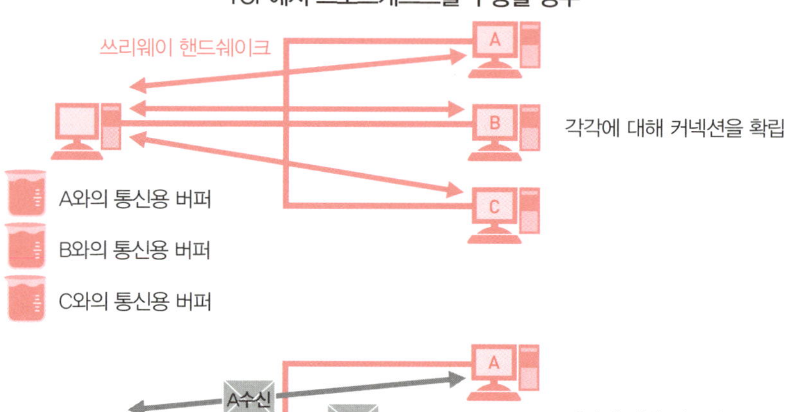

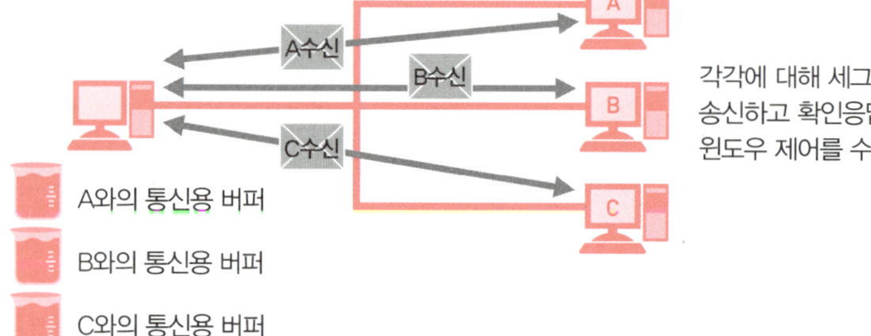

UDP에서 브로드캐스트를 수행할 경우

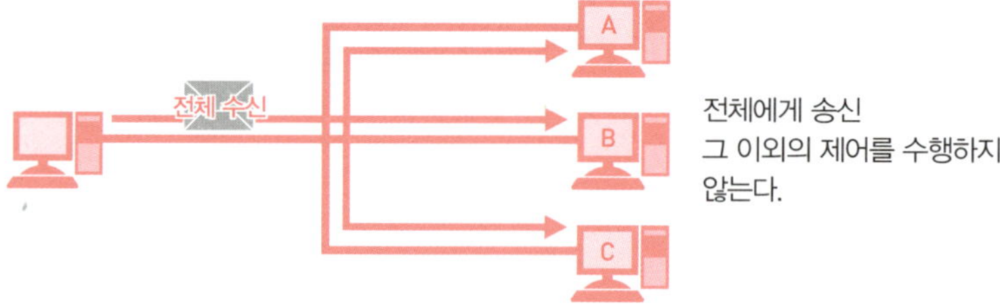

- 송신할 데이터가 1개로 끝나기 때문에 대역의 소비가 적다.
- 송수신측에서의 버퍼 유지도 필요없기 때문에 부하가 적다.
- 상대의 주소를 몰라도 송신할 수 있다(TCP는 커넥션·확인응답을 위해 주소를 특정할
  수 없으면 송신할 수 없다).

그러나 UDP라면 가능해, 제어를 안 하니까. 특히 상대가 있는지 없는지를 모르는 DHCP 등은 커넥션을 취할 방법이 없거든. 그래서 UDP를 사용하는 거다.

DHCP? DHCP Discover 말인가요(P164참조)? 그거 DHCP 서버를 찾아내는 거니까 정말로 상대가 있는지 없는지 모르겠네요.

그렇지? TCP의 단점인 '전송 효율의 저하'와 '브로드캐스트를 사용할 수 없다.'라는 단점이, UDP에서는 '전송 효율이 저하되지 않는다.'와 '브로드캐스트를 사용할 수 있다.'라는 장점이 되는 거야.

음… 그래서 '고속성이 필요한 경우'나 '브로드캐스트가 필요한 경우'는 UDP를 사용하고, 반대로 '정확·효율이 필요한 경우'는 TCP를 사용한다는 거네요.

그런 셈이지. TCP와 UDP는 표리관계로 어느 쪽 프로토콜의 장점을 사용할까에 달려 있어. TCP와 UDP 각각의 장점과 단점을 제대로 파악하도록. 그럼 여기에서 마치자.

예~ 하루 3분 네트워크 교실이었습니다~♪

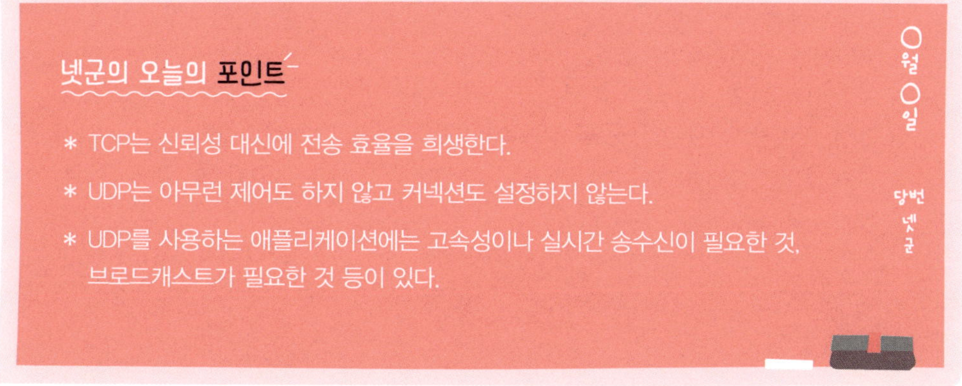

네트워크 주소 변환

* 사설 IP 주소

지난 회까지는 4계층의 두 개의 프로토콜에 대한 설명과 포트 번호에 대한 설명을 했었다. 4계층에서는 TCP와 UDP라는 두 개의 프로토콜이 있고, 포트 번호에 의해 애플리케이션을 식별한다는 내용이었다.

네. TCP는 '정확·확실', UDP는 '고속·브로드캐스트' 프로토콜이었어요. TCP와 UDP는 표리관계에 있는 프로토콜이구요.

그래. 그럼 이번에는 사설 IP 주소에 대한 얘기를 하자. 보통 사설 IP 주소는 ICANN이 관리하고 있다고 했었다. 이건 IP를 유일하게 관리하도록 하기 위해서인데, 이러한 IP 주소를 **글로벌 IP 주소**라고 한다. 반면 IP 주소에는 인터넷에 연결하지 않는다는 조건으로 자유롭게 사용할 수 있는 주소도 있다.

인터넷에 연결하지 않는다는 조건? 자유롭게 사용할 수 있는 주소? 보통은 ICANN이 관리하니까 마음대로 만들면 안되잖아요. 다른 것과 중복되지 않도록 하기 위해서….

그래. 하지만 그것은 '인터넷에서 중복되지 않도록'하기 위해서이고, 따로 인터넷에 연결하지 않으면 그런 규칙에 따를 필요는 없는 거야. ICANN은 그런 네트워크를 위해 자유롭게 사용해도 되는 주소를 준비하고 있거든. 이것을 **사설 IP 주소**라고 부른다. (그림41-1)

클래스A에서 1개, 클래스B에서 16개, 클래스C에서 256개의 네트워크인가요?

그래. 인터넷에 접속하지 않고 TCP/IP를 사용할 경우에는 이 IP 주소를 사용하면 돼. 반면에 인터넷에서의 데이터 통신에는 글로벌 IP 주소를 사용해야 하고.
하지만 실은 여기에는 큰 문제점이 있어. 인터넷에 접속하는 대수가 너무 많아서 **글로벌 IP 주소가 부족**하다는 점.

그런가요? 그래도 IP 주소는 32비트니까 2의 32승, 4,294,967,296개 있잖아요. 그래도 부족한가요?

그래, 42억 9,496만 7,296개가 있어도 부족해. 특히, 기업이나 학교가 사용하는 클래스B의 주소가 가장 부족해. 클래스C의 254개로는 부족하고, 클래스A의 16,777,214개는 너무 많은 거지.

하기야 한 회사나 학교에 1000대 정도 있어도 이상할 게 없으니까요. 한 사람이 한 대정도 사용한다면 클래스C의 254개로는 부족하겠네요. 어? 그건 클래스리스 어드레싱 부분에서 배웠어요(P157참조).

이 IP 주소의 고갈 문제 해결 방법 중 하나가 클래스리스 어드레싱이지. 그 밖에도 IPv6 이라는 새로운 IP구조도 있기는 하지만, 가장 간단하면서 유효한 수단으로 사용되고 있는 것이 **네트워크 주소 변환(Network Address Translation)**이다.

* 네트워크 주소 변환

네트워크 주소 변환. 각 앞글자를 가져와서 **NAT**라고 부른다. 예를 들어 인터넷에 접속하고 싶은 500대의 컴퓨터가 있는 네트워크가 있다고 하자. 자, 넷군이 네트워크 관리자라면 어떻게 할래?

어떻게 하냐면… 음, 그러니까 인터넷에 접속하고 싶은 컴퓨터가 500대 있으니까 500대의 글로벌 IP 주소가 필요하겠네요.

하지만 앞에서도 말했듯이 IP 주소는 고갈되고 있어. 간단히 500대의 글로벌 IP 주소를 입수할 수는 없는 거지. 인터넷 사업자로부터 할당 받으면 보통 16개 정도일 거야.

16개면 너무 부족한데요.

그래서 여기서부터는 NAT가 필요하다는 거야. 먼저 **내부 네트워크에는 사설 IP 주소를 할당하는데,** 사설 IP 주소를 할당하는 이유는 내부 네트워크 내에서 **TCP/IP를 사용한 통신을 하기 위해서야.** TCP/IP통신을 하기 위해서는 IP 주소가 필요하기 때문에 인터넷과 주고받을 필요가 없더라도 IP 주소를 할당할 필요가 있거든.
그리고 NAT에 의해 내부 네트워크에서 할당한 사설 IP 주소를 글로벌 IP 주소로 변환하는 거다. (그림41-2)

그러니까 인터넷을 할 때는 글로벌 IP 주소로 다시 바꾼다는 거네요. 말 그대로 주소 변환이네요.

하지만 이 **NAT에도 단점**이 있어. 그것은 **동시 접속 수의 문제**야. (그림41-3)

변환할 글로벌 IP 주소가 부족해서요?

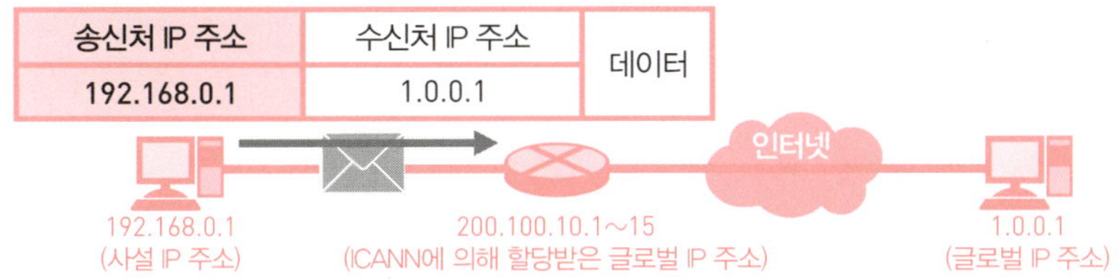

① 내부 네트워크(사설 IP 주소로 할당받고 있음)에서 인터넷(글로벌 IP 주소가 필요)에 송신한다.
   라우터에는 ICANN과 하부조직에 의해 조직용으로 글로벌 IP 주소(200.100.10.1~15)가 주어져 있다.

② 라우터는 NAT를 수행해, 송신처 IP 주소의 사설 IP 주소를 글로벌 IP 주소로 변경해서 인터넷 수신
   처에 보낸다. 이 변경 사항은 기록으로 남는다.
   (NAT 테이블에 저장)

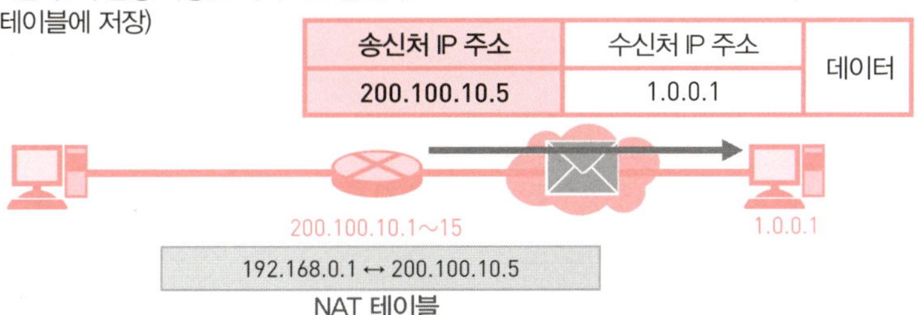

③ 수신 받은 인터넷에 있는 서버는 응답을 한다. 물론, 이때 수신처는 변환 후의 글로벌 IP 주소이다.

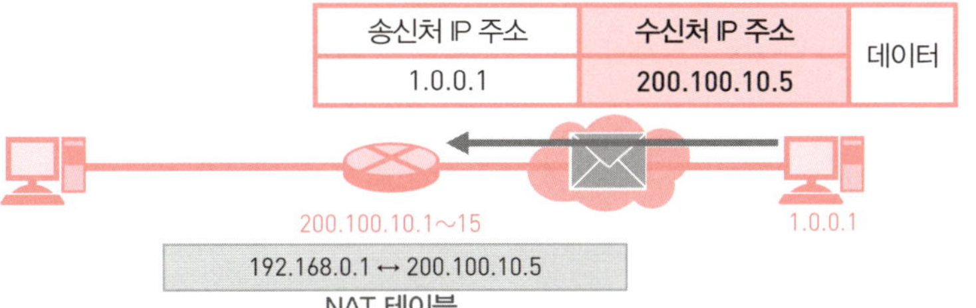

④ 패킷을 수신한 라우터는 NAT 테이블에 따라 수신처 IP 주소를 사설 IP 주소로 변경해 내부 네트워크
   에 송신한다. NAT 테이블은 일정시간 후에 파기된다.

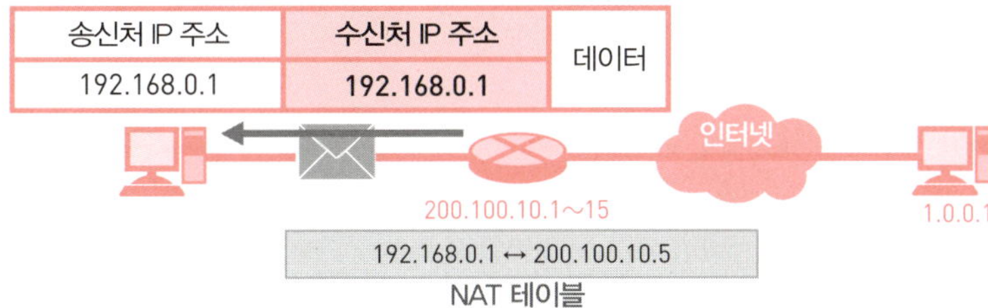

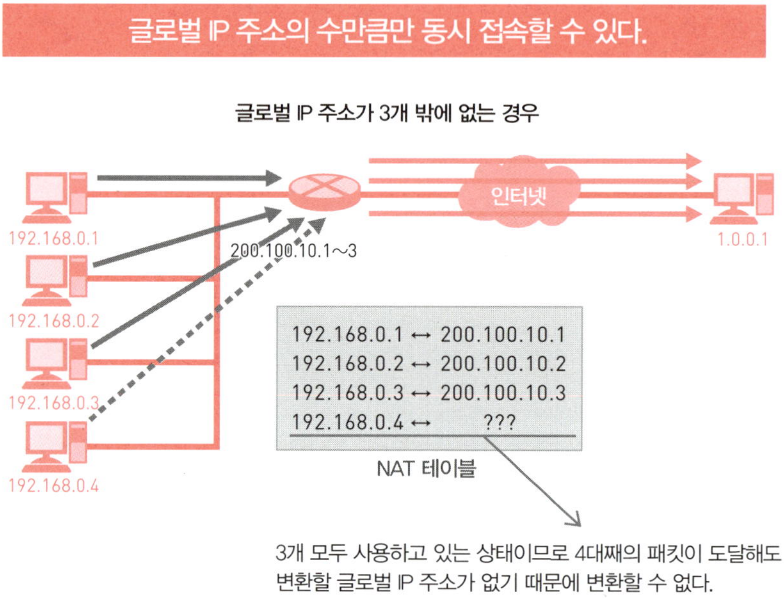

그래. **보유하는 글로벌 IP 주소 수 이상의 호스트는 인터넷에 동시에 접속할 수 없는 거야.**
사설 IP 주소와 글로벌 IP 주소는 1대1로 대응하지 않으면 안 되거든.

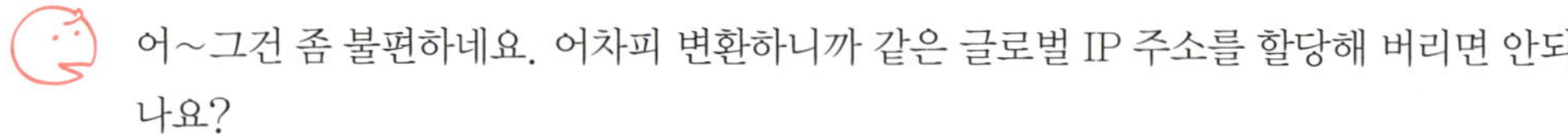

어~그건 좀 불편하네요. 어차피 변환하니까 같은 글로벌 IP 주소를 할당해 버리면 안되
나요?

그럼 192.168.0.1하고 192.168.0.2를 200.100.10.1로 변환했다고 하자. 여기서 질문. 서
버에서 돌아온 200.100.10.1의 수신 패킷은 어느 쪽 호스트로 수신을 보내야 할까?

어?

이제야 이해한 것 같은데. **NAT에서 변환되는 주소는 유일**해야 한다.

 박사님, 그 말은 동시에 접속하고 싶은 호스트 수만큼 글로벌 IP 주소가 필요하다는 거네요. 결국, 많은 글로벌 IP 주소가 필요하다는 것은 변함이 없는 거 아닌가요?
500대의 호스트가 동시에 인터넷에 접속하고 싶으면 500개의 글로벌 IP 주소가 필요하다는 거잖아요?

 그렇지. 확실히 그렇기는 하지만 예를 들어 동시에 인터넷에 접속하는 호스트의 컴퓨터 수가 그다지 많지 않을 때는 이것도 충분히 도움이 될 수 있어.

 그렇긴 한데……. 왠지 납득이 안가네요.

그렇겠지. 요즘 세상에 글로벌 IP 주소가 부족해서 인터넷에 접속할 수 없게 되면 업무에 지장이 생기는 곳도 많을 테니. 자유롭게 인터넷에 접속하고, 또한 글로벌 IP 주소를 낭비하지 않기 위해서는 다른 방법이 필요하게 되는 거야.
그것이 **NAT를 발전시킨 NAPT라는 거다.** 이것은 다음에 설명하기로 하자.

넵. 하루 3분 네트워크 교실이었습니다~♪

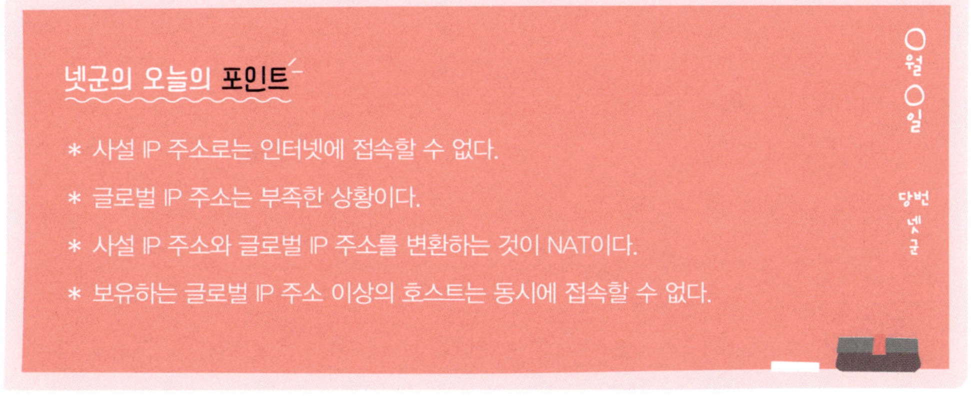

* NAPT

자, 지난 회에서 IP 주소에 대한 설명으로 NAT에 대해 얘기했다. NAT는 내부 네트워크에서 사용하는 사설 IP 주소와 인터넷에서 사용하는 글로벌 IP 주소를 변환하는 기술이었지?

네. 그래서 인터넷에서 고갈되고 있는 IP 주소를 사용하지 않고, 인터넷에 데이터를 보낼 수 있다는 거였었죠?

그래. 글로벌 IP 주소와 사설 IP 주소는 1:1이 되어야 하니까. 만약에 동시 접속을 희망하는 호스트가 많을 경우 결국 많은 글로벌 IP 주소가 필요하게 되는 거지.

동시에 인터넷에 접속하고 싶은 사설 IP 주소가 10개 있으면 글로벌 IP 주소도 10개 필요하다는 거죠?

그런 셈이지. 그래서 **NAPT(Network Address Port Translation)**가 등장하게 된 거야. 이 NAPT의 가장 큰 특징은 **하나의 글로벌 IP 주소로 복수의 컴퓨터를 접속 가능**하게 하는 거거든.

한 개의 글로벌 IP 주소로 복수의 컴퓨터가 인터넷에 접속 가능해요? 그거 굉장한데요. 글로벌 IP 주소가 적어도 괜찮다는 거네요.

그렇지. 이 NAPT에서는 IP 주소뿐만 아니라 **포트 번호도 변환**해서 복수의 컴퓨터 접속을 가능하게 한다. (그림42-1)

포트 번호도 변환함으로써 복수의 컴퓨터와 동시 접속이 가능해진다.

① NAPT는 NAT와 마찬가지로 IP 주소를 변환하지만, IP 주소를 변환할 때 포트 번호도 변환하고 그 대응을 NAT 테이블에 기재한다.

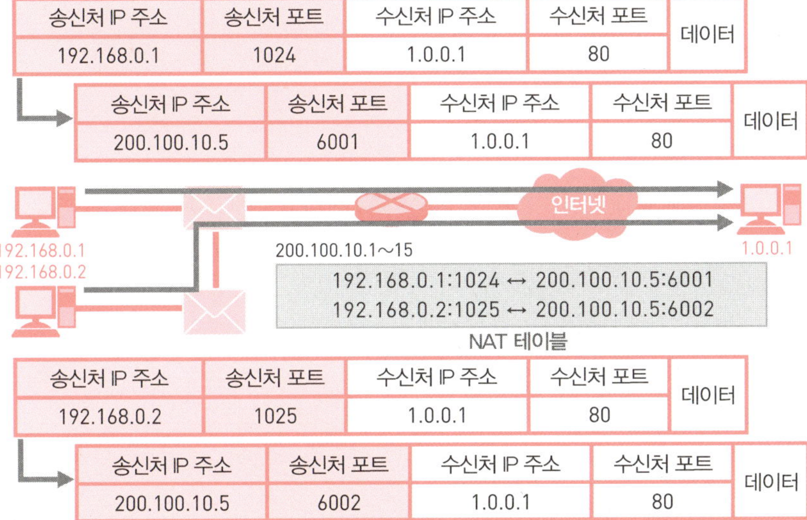

② 응답의 경우, IP 주소와 포트 번호를 NAT 테이블에서 확인하고, IP 주소와 포트 번호를 변환한다.

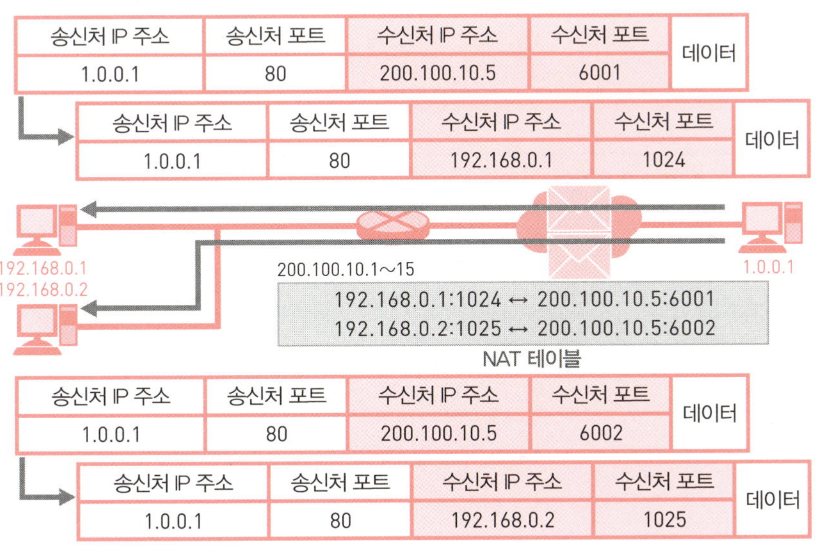

포트 번호마다 변환? 그림42-1의 예를 들면 같은 1.0.0.1 수신 패킷이라도 송신처 포트 번호가 6001이라면 송신처는 192.168.0.1이고, 6002라면 192.168.0.2라고 알 수 있으니까요.

그래. 포트 번호 정보를 추가함으로써 한 개의 글로벌 IP 주소로 접속하고 있는 복수의 기기를 구별할 수 있도록 한 거지.

IP 주소와 포트 번호를 세트로 해서 구별 할 수 있게 한 거네요. 정말 좋은 아이디어네요.

NAPT는 위와 같은 역할도 하지만 다른 장점도 있다. 바로 **보안 측면**의 효과가 있어. (그림42-2)

수신처가 변환되어 있지 않은 포트 번호 수신이니까 사설 IP 주소로 변환되지 않아서 내부 네트워크에 데이터가 흘러가지 않는다는 거군요. 만약에 우연히 수신처 포트 번호가 6001번이라든지 6002번인 경우는 어떻게 되요?

그것은 막을 도리가 없지. 겉보기에는 올바른 패킷이니까.

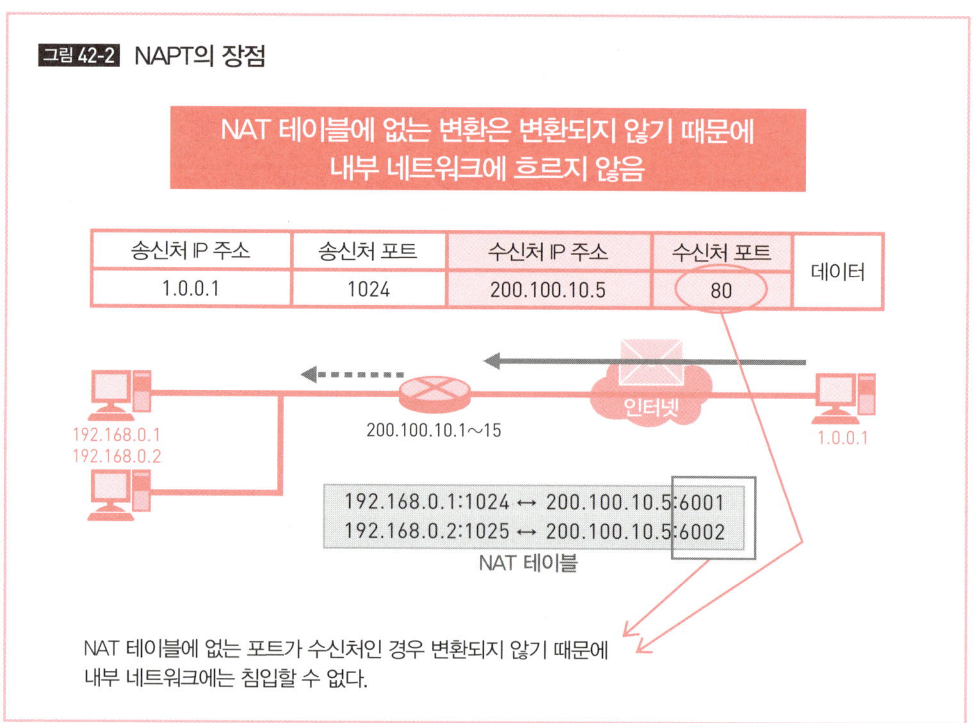

그림 42-2 NAPT의 장점

송신처 IP 주소	송신처 포트	수신처 IP 주소	수신처 포트	데이터
1.0.0.1	1024	200.100.10.5	80	

NAT 테이블에 없는 포트가 수신처인 경우 변환되지 않기 때문에 내부 네트워크에는 침입할 수 없다.

 반면에 그 보안이 NAPT의 단점이기도 하지. 그것은 **LAN 내부에서 외부로 공개하고 싶은 서버가 있을 경우**다.

 LAN 내부에서 외부로 공개하고 싶은 서버가 있을 경우요? 예를 들면 홈페이지를 공개하는 서버가 있을 경우네요?

 그래. 앞에서 언급한 보안을 떠올려 보면 알겠지만, 외부에 공개하고 싶은 서버가 네트워크 내에 있는 경우를 말하는 거야. 예를 들어 홈페이지(Web)서버가 있는 경우, 외부로부터는 80번 포트에 수신 패킷이 도착했다고 하자. 그렇게 되면 어떻게 될까?

 그렇게 되면……, NAPT 테이블에 있는 변환 밖에 못하니까… 들어올 수 없나요?

 그런거지. NAPT 테이블은 변환한 주소를 저장해 놓은 곳이니까. **NAPT 테이블에 저장되어 있지 않는 것은 LAN 내부에 들어오지 못한다는 거지.**

 그렇군요. 보안에 도움이 되는 부분이 반대로 필요한 것까지 파기해버리는 거군요.

 그렇지. 결국 외부로부터 접속할 수 없고, 인터넷에 공개할 수 없게 되는 거지. 이 해결책은… NAPT 테이블에 저장만 되어 있으면 LAN 내부에 들어갈 수 있으니까, **NAPT 테이블에 미리 변환을 저장시켜 주면 되는 거야.**

 아, 그렇군요. 그런데 그게 가능한가요?

 물론, 보통은 NAPT가 자동적으로 포트 번호를 변환하는데, 여기서는 **수동으로 변환을 입력**해 두는 거야. 이것을 **정적 NAPT**라고 한다.

＊ NAPT의 단점

 실은 NAPT에는 또 다른 단점이 있어. 예를 들면 **FTP(File Transfer Protocol)**.

 FTP? FTP는 웹페이지에서 사용하는 프로토콜로 파일을 업로드하거나 다운로드를 할 때에 사용하는 건데… 단점이 뭐죠?

 FTP에서는 물론 IP 헤더에 수신처와 송신처의 IP 주소, TCP 헤더에 수신처와 송신처의 포트 번호가 사용되고, **데이터 부분에도 송신처의 IP 주소와 포트 번호가 기술**된다.

 그래요? 그게 무슨 문제가 있나요?

 이 데이터 부분에 있는 IP 주소와 포트 번호를 사용하여 FTP는 통신을 수행하는데, 이것이 사설 IP 주소 상태로 있으면 인터넷에서 사설 IP 주소 수신으로 데이터를 보내게 되니까 데이터를 보낼 수 없게 되는 거야. 그래서, FTP에서의 데이터 전송은 불가능하게 되는 거지. 그림처럼 되는 거다. (그림42-3)

불가능이라… 그럼 NAPT가 있으면 FTP는 사용할 수 없다는 건가요? 그건 꽤 곤란한데요.

그림 42-3 FTP와 NAPT

송신처 IP 주소	송신처 포트	수신처 IP 주소	수신처 포트	PORT 192.168.0.1:4001
192.168.0.1	1024	1.0.0.1	80	

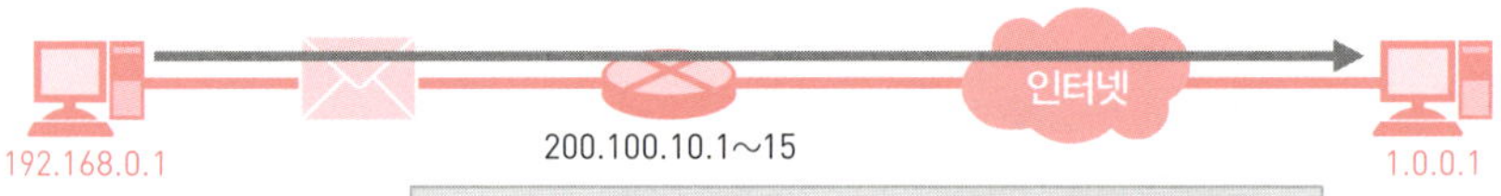

FTP에서는 데이터 안에 자신의 IP 주소와 포트 번호를 송신할 필요가 있다.

송신처 IP 주소	송신처 포트	수신처 IP 주소	수신처 포트	PORT 192.168.0.1:4001
200.100.10.5	6001	1.0.0.1	80	

NAT에서는 IP 헤더 이외의 부분은 변환되지 않기 때문에 사설 IP 주소 상태로 남아있다.

 FTP와 마찬가지로 **데이터 부분에도 송신처의 IP 주소와 포트 번호가 기술**되는 것은 당연히 안 된다는 거지. 이런 프로토콜은 유감스럽지만 NAPT만으로는 어쩔 수가 없다. 현재로서는 **NAPT를 수행하는 기기가 개별적으로 대응할 수 밖에 없는거지.**

 아~ 기기에 좌우된다는 거군요. 구입할 때 FTP를 지원하는지 아닌지 체크할 필요가 있겠네요.

 NAPT를 수행하는 것은 대부분이 라우터이기 때문에 대응 라우터를 사야한다. FTP는 대부분의 라우터에서 괜찮지만 다른 프로토콜은 상당히 어려워. 그럼 또 다음 회에 하자.

 네~ 하루 3분 네트워크 교실이었습니다~♪

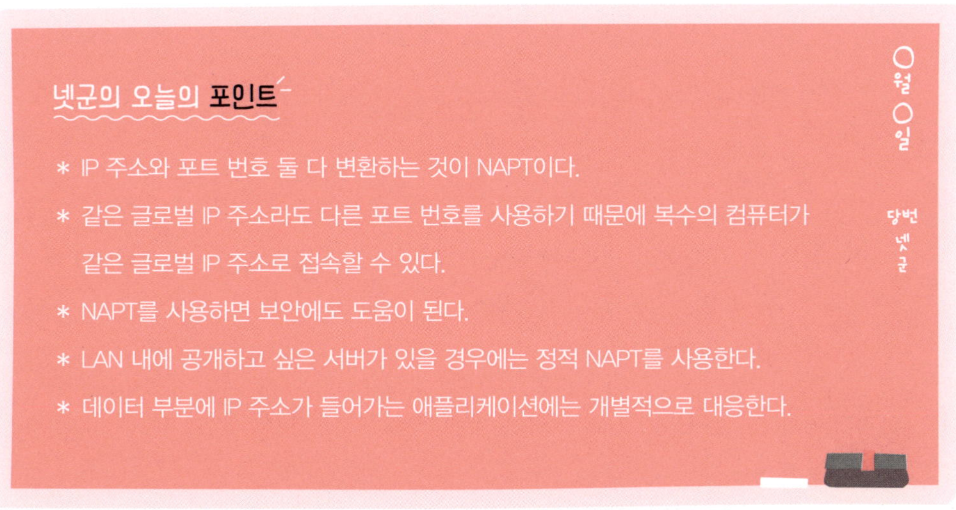

＊ 5계층: 세션계층

자, 이 장에서는 4계층과 NAT/NAPT를 설명하고 있는데 이번 회에서는 나머지 5, 6, 7계층에 대해서 설명하자. 그럼 넷군, 4계층까지를 간단하게 설명해 봐라.

1계층에서 '케이블에 신호를 전달'하고, 2계층에서 '네트워크 내에서 데이터를 주고받고', 3계층에서 '네트워크 간의 데이터를 주고받는다'고 했어요. 그래서 데이터가 수신처 컴퓨터에 도달하게 됩니다.

4계층에서는 '어떻게 하면 확실하게 데이터를 전달하는가에 대한 구조'와 '애플리케이션 식별'에 대한 거고. 나머지 5~7계층은 TCP/IP모델에서는 한 개의 계층으로 취급되고 있다.

그랬죠. '애플리케이션 층'이라고 했었죠? HTTP라든지 FTP같은 프로토콜이었어요(P70 참조).

그래. 5, 6, 7계층은 TCP/IP의 경우 **통합해서 하나의 프로토콜이 된 경우**가 많아. 말하자면, HTTP 등은 한 개의 프로토콜로 5, 6, 7계층의 역할을 수행한다고 생각하면 돼. 그럼 각각의 계층 역할을 설명하자. 먼저 5계층이다. 5계층은 세션계층이라고 부르는데, 넷군, 세션(Session)의 의미는?

밴드에서 말하는 세션인가요? 사전에서는 '의논', '협의', '회의', '학기'라고 하네요.

 음…, **의논**이 좋겠다. **애플리케이션 간의 의논의 관리**가 세션계층의 역할이라는 거야. 여기에서는 먼저 세션이라는 의미를 이해하는 것부터 시작해 보자. 예를 들면 FTP는 2개의 커넥션을 사용해서 파일을 주고받는다. 2개의 커넥션에 의해 사용자 인증부터 시작해서 디렉토리 정보, 파일교환, 교환 후의 디렉토리 정보, 그리고 다시 파일교환… 이런 식으로 필요한 만큼의 파일교환이 이루어지는 거야. (그림43-1)

 FTP에 관한 자세한 내용은 "3분 DNS 기초강좌"에 잘 설명되어 있죠?

 그래, 또 선전해줘서 고맙다. 즉 2개의 커넥션에서 '패스워드를 보낸다', '데이터 전송 준비를 한다'는 등의 '말'을 주고받고 있는 거지. 이 말을 주고받음으로써 파일전송을 한다는 '대화'를 성립시키는 셈이 되는 거야.

그러면 데이터 1개 주고받기라는 '말'을 반복해서 '대화'를 한다는 건가요? 이러한 대화를 관리하는 것이 세션층의 주고받기라는 거네요. 그런데 관리는 뭘 하는 건가요?

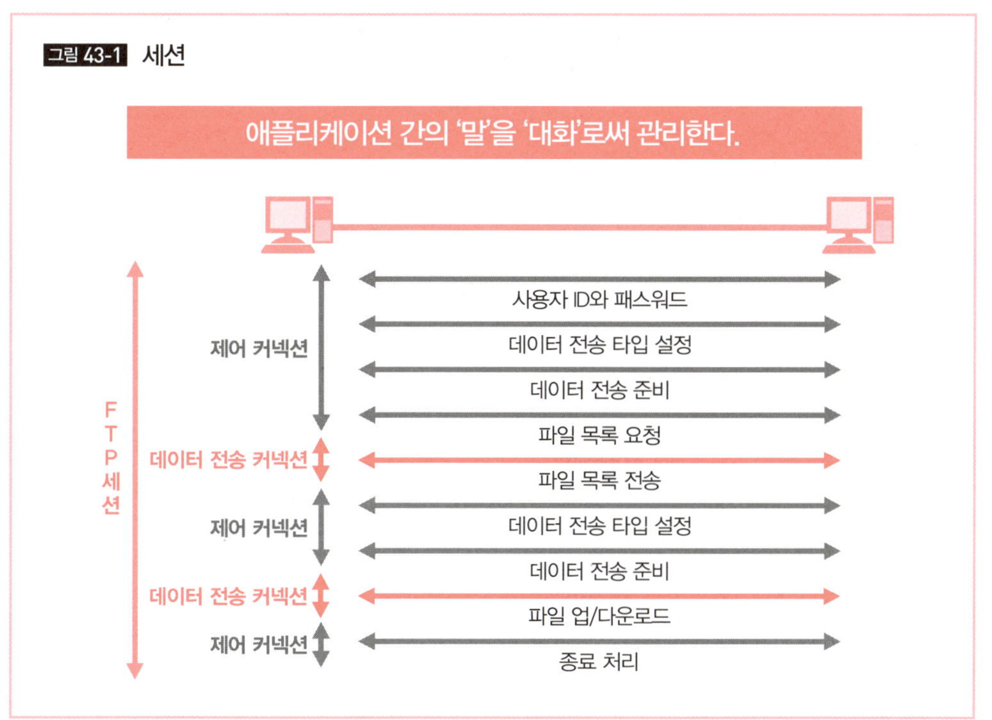

그림 43-1 세션

 간단하게 말하면 대화가 성립하도록 제어를 하는 거지. 이것을 **다이얼로그 제어(Dialog Control)**라고 한다. (그림43–2)

 '이번에는 이쪽이 말할 차례 · 들을 차례' 같은 것을 정한다는 거군요. 그렇게 하면 '대화'가 성립되겠네요.

✳ 6계층: 표현계층

 다음은 6계층인 표현계층이다. TCP/IP에는 다양한 애플리케이션이 존재하는데 각각의 목적에 맞는 데이터 형식이 있어.

애플리케이션 목적에 맞는 데이터 형식이라고 하면 문자라든지, 영상, 동영상, 음성 같은 건가요?

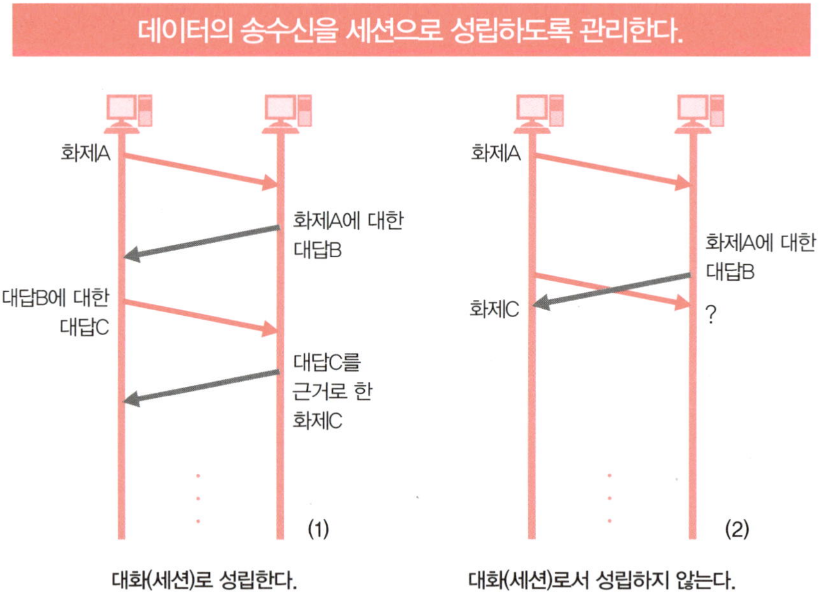

그래. 문자를 가지고 생각해 보자. 문자는 ASCII[3]라는 데이터 형식이 가장 일반적이다. 반면, IBM 범용기에서 사용되고 있는 EBCDIC[4]라는 데이터 형식도 있지. 예를 들어 숫자 '1'을 비트로 나타내면 ASCII에서는 '0110001', EBCDIC에서는 '11110001'이 된다.

어, 전혀 다르네요. 비트 나열도 다르고, 게다가 ASCII는 7비트인데, EBCDIC는 8비트인데요.

맞아. 그래서 ASCII를 사용하는 컴퓨터와 EBCDIC를 사용하는 컴퓨터 사이에서는 문자를 보낼 수 없게 되는 거야. 그래서 이 **6계층에서 변환을 해서 하드웨어랑 OS에 따른 차이를 없앤 데이터 교환**이 가능하게 되는 거야. (그림43–3)

3 ASCII(American Standard Code for Information Interchange): 읽는 방법은 '아스키'. 국제규격 ISO–646, ISO–8859가 표준.

4 EBCDIC(Extended Binary Coded Decimal Interchange Code): EBCDIC은 확장 2진화 10진수 교환부호. 읽는 방법은 '엡시딕'.

그림 43-3 문자 변경

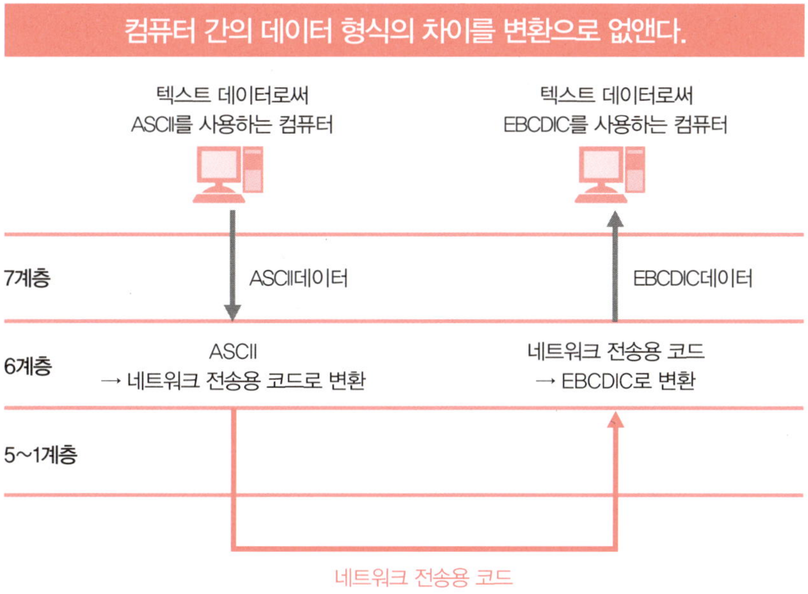

아~그렇구나. 일단 네트워크에서 전송하는 코드로 변환하고, 그것을 수신측에서 자신이 사용하는 문자 비트로 변환한다는 거네요. 그러면 정말 기기가 달라도 상관없겠네요.

그 밖에도 6계층에서는 **압축이나 암호화를 수행**할 수도 있어. 이렇게 **애플리케이션과는 동떨어진 데이터 형식의 전송을 위한** 변환이 바로 6계층이 하는 역할이다.

✳ 7계층: 응용계층

마지막으로 7계층인 응용계층이다. 지금까지의 계층은 위에 다른 계층이 있어서 상위 계층을 위해 움직였지만, 7계층은 위에 애플리케이션 밖에 없어.

그럼 7계층은 상위 계층을 위해서가 아니라 애플리케이션을 위해 움직이는 계층이라는 말인가요?

이런, 꽤 눈치가 빠르군. 애플리케이션의 목적에 따라 **네트워크 서비스를 제공**하는 계층이라는 거지. 7계층에는 각각의 **목적에 따른 프로토콜이 준비되어 있어.** (그림43-4)

그러면, 애플리케이션이 각각의 목적에 따라 사용할 프로토콜을 결정하고 있다는 거네요. 홈페이지 열람은 HTTP, 파일전송은 FTP, 이런 식으로요.

그런거지. 각각의 프로토콜에 따라 송수신하는 데이터의 형식이나 순서 등이 정해져 있는 거다. 애플리케이션에 있어 네트워크의 입구가 된다고 할 수 있지.

그렇구나. 각각의 프로토콜에 관한 설명은 "3분 DNS", "3분 HTTP&메일 프로토콜 기초강좌*"가 설명도 자세하고 좋은 거 맞죠?

그래그래, 또 선전해줘서 고맙군. 아무튼, 5, 6, 7계층에 의해 '데이터 송수신 관리', '데이터 형식', '네트워크 서비스'가 결정된다는 거다.

이것으로 모든 계층에 대한 설명을 다한 거네요.

---

* 역자주: '3분 HTTP&메일 프로토콜 기초강좌(3分間HTTP&メールプロトコル基礎講座)' 도서는 이 책의 저자 '아미노 에이지'의 '3분 네트워킹 시리즈' 도서 중의 하나이다.

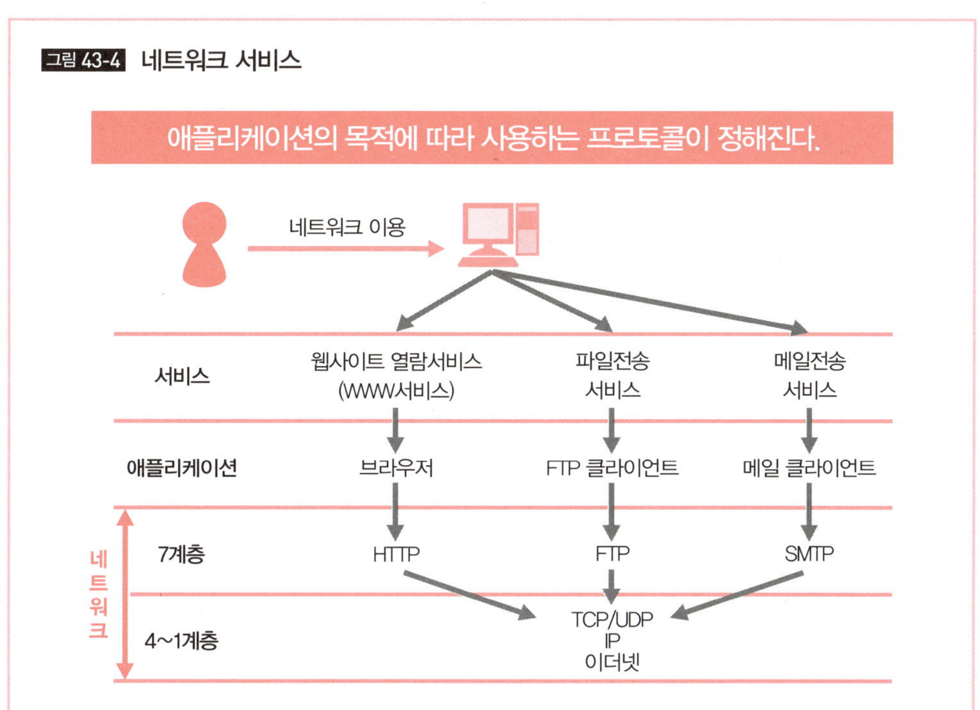

 그렇지. 그럼 다음 회에서는 모든 계층의 역할에 대해서 복습하자. 그럼 여기까지.

 넵. 하루 3분 네트워크 교실이었습니다~ ♪

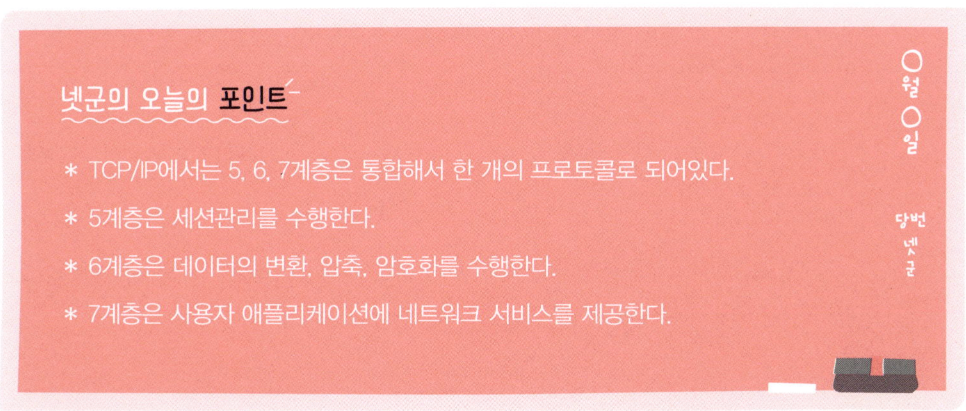

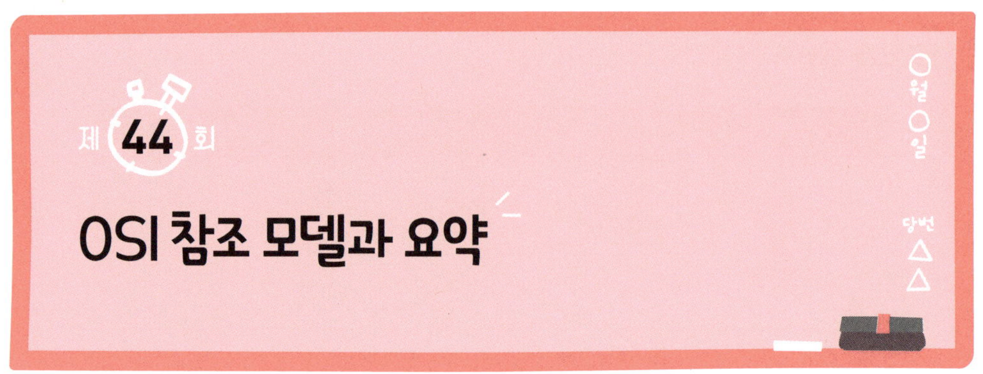

＊ OSI 참조 모델

자, 이렇게 해서 1~7계층까지의 모든 설명이 끝났는데, 한번 더 기초로 돌아가볼까. 넷 군, OSI 모델의 특징을 말해 볼래?

그게…, **7개의 계층으로 나뉘어 있고, 각각의 계층은 독립되어 있어요.**

그렇지. 따라서 **각 계층은 독립해서 생각할 수 있는 거고.** 한번 더 간단하게 각 계층의 역할에 대해 설명해 보자.

＊ 각 계층의 역할

지금까지 말한 것처럼 **각 계층은 그 하위 계층의 상황은 전혀 생각하지 않는다.** 종종 '네트워크란 어렵다'는 말을 자주 듣는데, 그렇게 말하는 사람은 뭐든지 뒤죽박죽 생각하는 경향이 있어서 그런 거야.

'편지지에 편지를 쓴다'든지 '우체국 직원이 분류한다'같은 전혀 다른 것도 같은 레벨에서 생각하는 사람을 말하는 거죠?

그래. 반드시 **순서와 기능**을 전제로 구분해서 생각할 필요가 있어. 흔한 예로 '케이블은 연결되어 있는데 데이터가 안 와!'라고 외치는 사람 말이지.

'물리적으로 케이블이 연결되어 있다'는 것과 '데이터를 주고받을 수 있다'는 것은 별개의 문제라는 거네요?

 그렇지. '신호를 주고받는' 기능과 '데이터를 주고받는' 기능은 별개의 문제이고, 각각의 기능을 제대로 실현하지 않으면 올바르게 데이터를 주고받을 수 없다는 것을 이해하지 못한 경우에 일어날 수 있는 일인 거지.

 그렇군요. 신호가 전해진다고 해서 데이터가 제대로 도달한다고 단정할 수는 없다는 거네요.

 자, 그럼 상위 계층부터 순서대로 복습해 보자. 먼저 5~7계층. (그림44-1)

 5~7계층은 **4계층 이하의 기능에서 애플리케이션별로 도달한 데이터를 처리**하는 거였죠?

 그래. 5~7계층은 실제로 상대에게 데이터를 전달하는 역할은 아니다. 5~7계층은 4계층 이하에서 수행하는 처리에 따라 애플리케이션에 수신한·송신할 데이터에 대한 처리를 수행하는 거다.

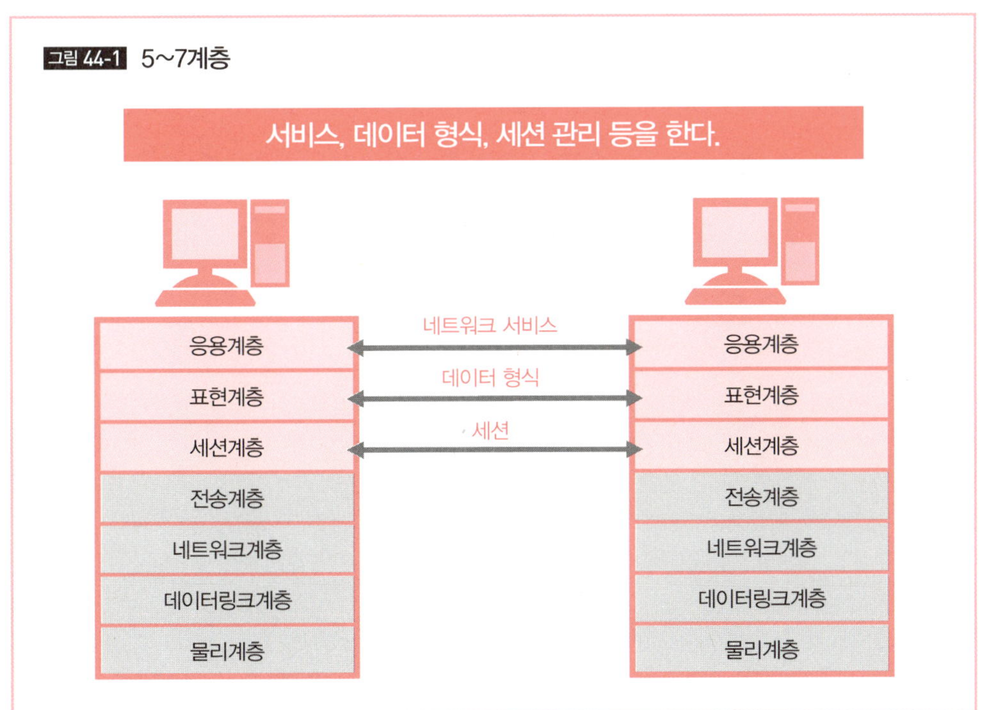

그림 44-1 5~7계층

 7계층이 **네트워크 서비스를 실시**하고, 6계층이 **데이터 형식을 변환**하고, 5계층이 **세션을 관리**하는 거였어요.

 그래. 이들은 TCP/IP에서는 동일 프로토콜로 처리된다. 다음은 4계층. (그림44-2)

 4계층이라고 하면 TCP · UDP네요. '정확 · 확실'한 TCP하고, '고속'의 UDP가 있어요.

 4계층은 **3계층 이하의 기능으로 컴퓨터에 도달한 데이터**에 대해 **신뢰성이 높은 데이터 통신**을 5계층에게 제공하는데, 애플리케이션을 식별하고, 각각에 대해 **신뢰성이 있다 · 없다**를 제공하는 거다.

통신 애플리케이션의 식별이란 **포트 번호**죠? 그래서 TCP 아니면 UDP 어느 쪽을 사용하느냐가 신뢰성이 있다 · 없다를 결정하는 거예요.

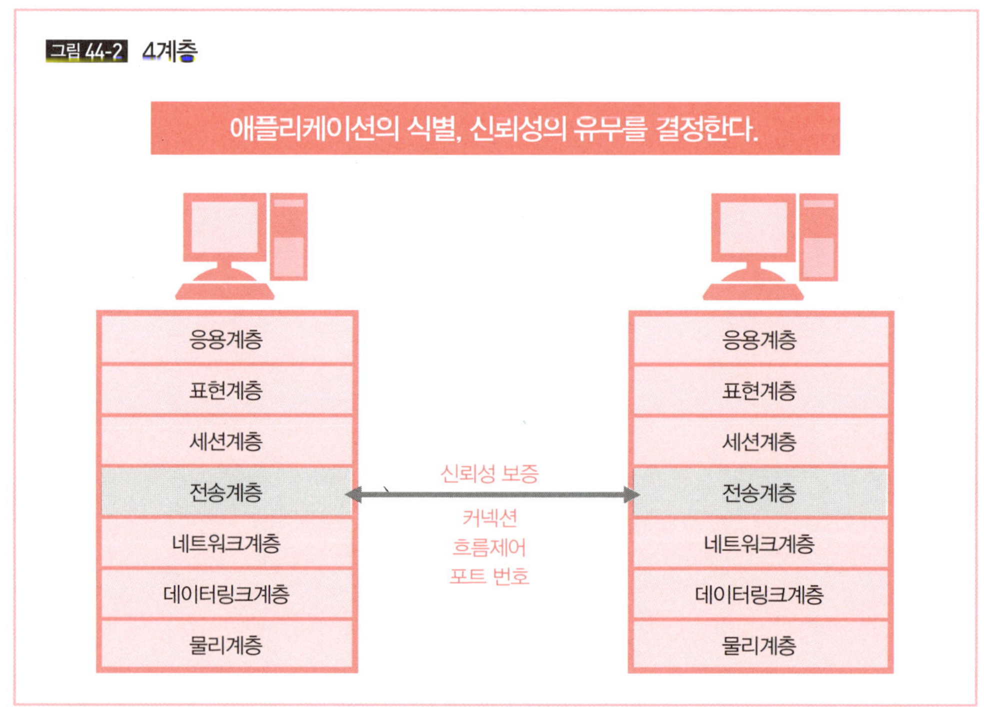

 그 하위의 3계층은 **2계층 이하의 기능에서 케이블에 접속된 기기 간의 데이터 통신**을 사용해 **다른 네트워크 간의 접속**을 4계층에게 제공한다. (그림44-3)

 **인터넷 작업**이네요.

 그렇지. 현재의 TCP/IP 네트워크에서의 핵심이라 말해도 좋은 계층이다. 3계층에서는 다른 네트워크 간의 데이터 전송, 즉 **인터넷 작업을 수행**하는 것이 그 역할이야.

 **IP 주소**나 **라우팅** 같은 거네요.

 그래. 4계층은 3계층에 의해 서로 다른 네트워크 간에서도 데이터 전송이 가능하게 되는 거고, 반대로 3계층은 2계층 네트워크 내에서의 기기 간 데이터 전송을 통해서 네트워크 간의 접속을 수행하는 거다. (그림44-4)

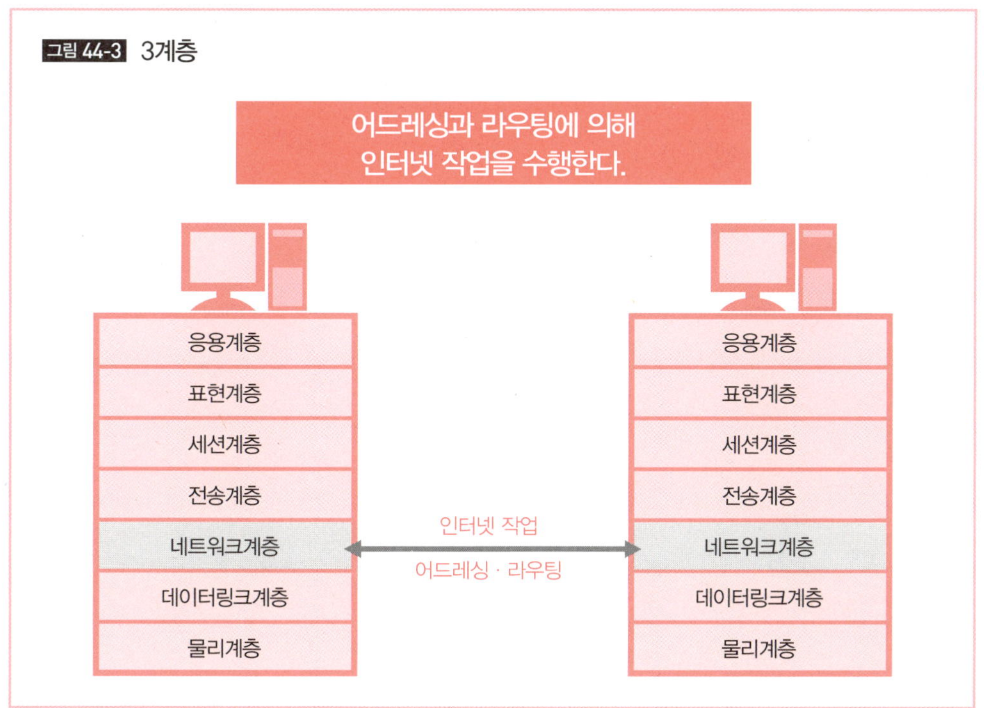

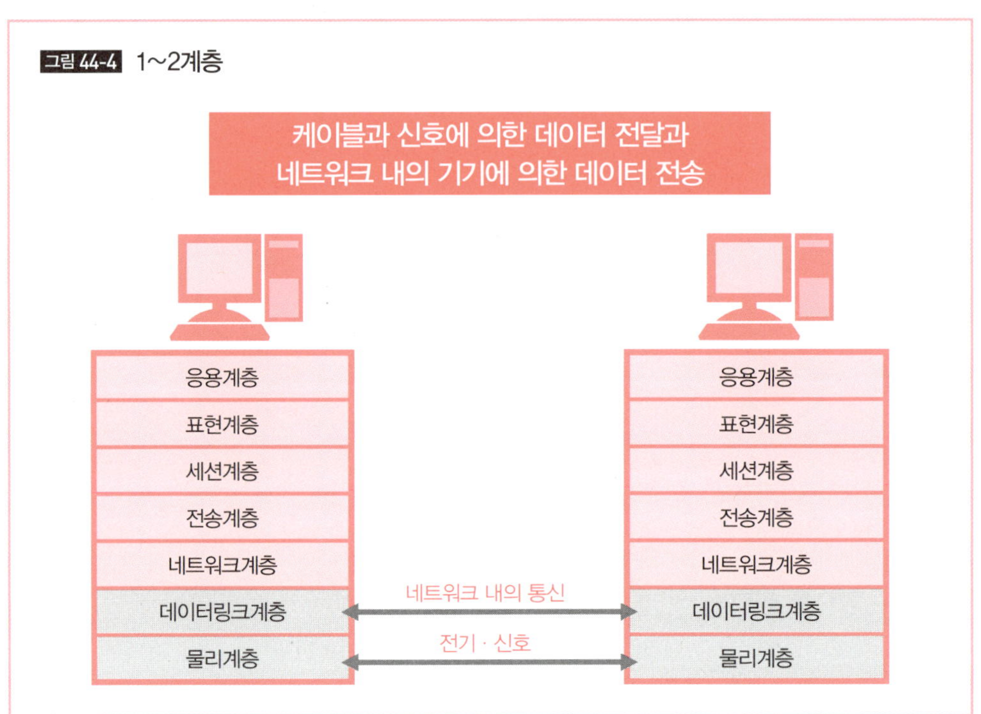

 2계층은 **1계층의 기능에서의 전기적인 데이터를 사용**해서 **서로 다른 기기의 데이터 송수신**을 3계층에 제공한다.

 2계층 하면 **이더넷**이죠?

 실제로는 이더넷은 1계층과 2계층이 통합한 범위를 규정하고 있기는 한데…, 넷군 말도 맞아. 2계층은 **직접적인 데이터 전송**을 수행하는 계층이지. 실질적인 데이터의 송수신과 제어를 담당하는 거다.

 제어라고 하는 것은 **CSMA/CD**인가요?

 그래. 1계층의 전기신호 흐름에 있어서 **충돌이 발생하지 않게 효율적**으로 운영하고, 네트워크 내의 데이터 전송을 3계층에 제공한다.

 전기신호는 단순히 흘러갈 뿐이니까요.

 반면 1계층은 **전기와 신호를 담당한다.** 즉, **케이블과 신호**를 2계층에 제공하는 거지.

 결국, 정말로 데이터를 흐르게 하는 것은 1계층이라는 말이네요.

 그런 셈이지. 데이터를 전기신호로 상대에게 보낸다기보다는 **신호를 흘려 보낸다**는 표현이 맞겠군.

 신호를 흐르게 한다는 말인가요? 확실히 '보낸다.'보다는 '흐르게 한다.'일지도 모르겠네요.

 그렇지. 정리하는 의미에서 이번 설명은 **상위 계층에 제공**하는 기능면에 중점을 두었다. 즉, 하위 계층은 상위 계층에게 기능을 제공하고 데이터 전송을 수행하는 환경을 만들어 간다고 할 수 있다. 그리고 최종적으로 7계층이 **애플리케이션에게 네트워크 서비스 그 자체**를 제공하는 셈이 되는 거고.

 우편으로 비유하자면, '우편배달부'→ '우체국'→ '우체통'→ '봉투'→ '편지내용'같은 거네요. 최종적으로 편지를 사용한 '의사소통'이 가능하게 되는 것처럼 말이죠.

 그렇지. 이것으로 전부 다 정리한 셈이군.

 넵. 박사님!! 수고 많으셨습니다. 하루 3분 네트워크 교실이었습니다~!!
여러분 또 만나요~ ♪

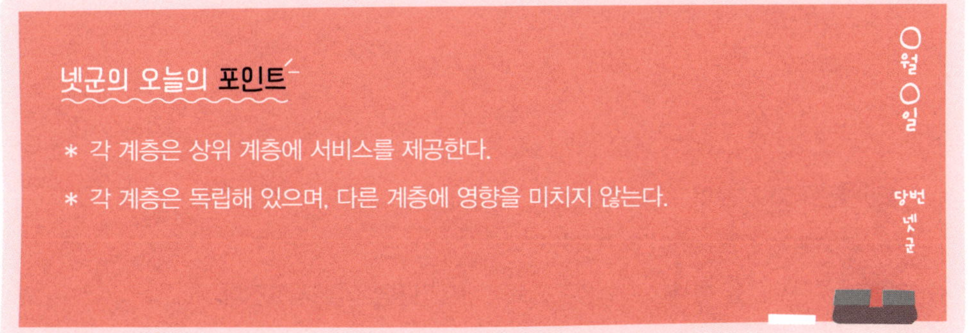

데이터 통신의 하드웨어와 소프트웨어

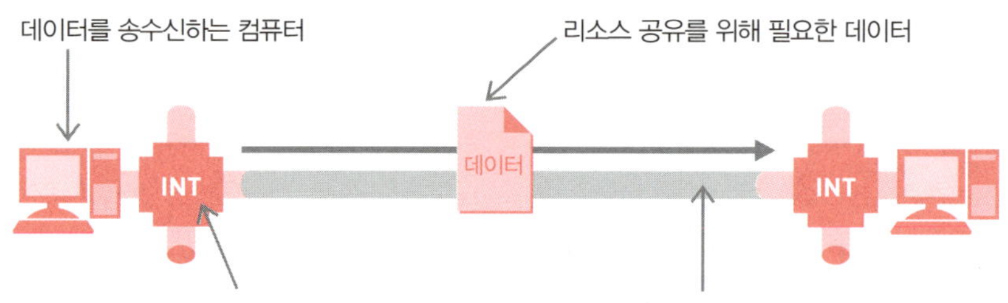

제7계층	응용계층	사용자에게 네트워크 서비스를 제공한다.	내용표현
제6계층	표현계층	데이터 형식을 제공한다.	
제5계층	세션계층	데이터를 주고받는 순서 등을 관리한다.	
제4계층	전송계층	신뢰성이 높은(에러가 적은) 전송을 수행한다.	전송물
제3계층	네트워크계층	전송 경로나 수신처를 결정한다.	
제2계층	데이터링크계층	근접한 기기에 데이터 전송을 제어한다.	전송
제1계층	물리계층	전기·기계적인 부분의 전송을 수행한다.	

* 데이터 통신

- 리소스 공유를 위해 데이터를 주고받는다.
- 하드웨어로써 컴퓨터, 인터페이스, 통신 매체가 있다.

* OSI 참조 모델

- 통신의 순서와 단계의 '설계도'이다.
- 각각의 계층에 프로토콜이 마련되어 있다.
- 계층이 프로토콜을 순서대로 실행함으로써 데이터 통신이 가능해진다.

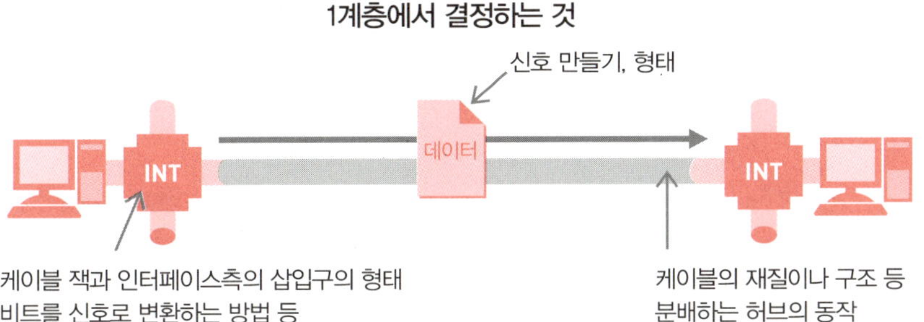

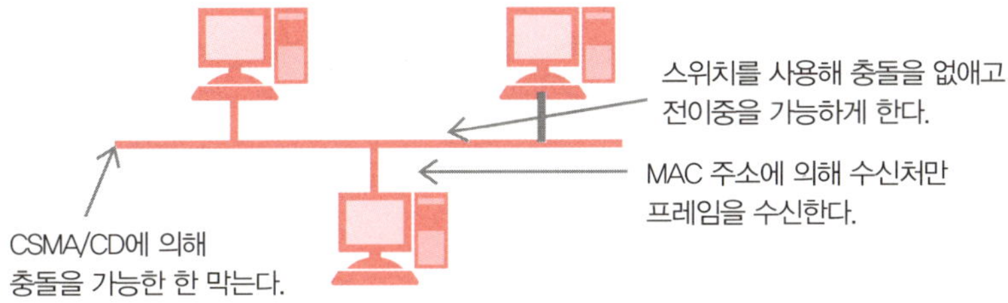

* 1계층

- 통신 매체로 접속되어 있는 컴퓨터 간의 신호를 주고받는다.

  - 통신 매체의 현황, 사용하는 신호, 인터페이스의 방식이나 잭.

  - 허브를 사용함으로써 케이블을 분배하고, 많은 컴퓨터 간의 송수신을 가능하게 한다.

* 2계층

- 허브 · 스위치로 접속되어 있는 컴퓨터 간의 신호를 송수신하기 위한 순서.

  - MAC 주소에 의해 수신처를 지정한다.

  - CSMA/CD 또는 스위치를 사용한 전이중 이더넷에 의해 충돌을 막고, 수신처까지
    프레임을 보낸다.

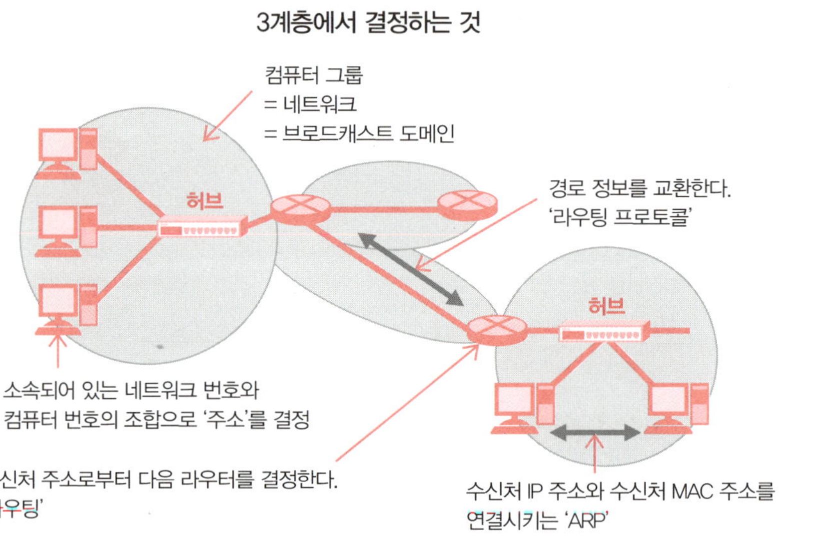

✻ 3계층

- 네트워크 사이에서 패킷을 송수신하기 위한 순서

- IP 주소

  – 네트워크 번호와 호스트 번호의 조합.

  – 서브네트워크화 해서 계층화할 수 있다.

  – MAC 주소와 IP 주소의 대응을 수행하기 위해 ARP를 실행한다.

- 라우팅

  – 네트워크 경계상에 있는 라우터가 수신처 IP 주소로부터 다음 송신처를 결정하고,

    네트워크를 통해서 수신처까지 도달한다.

  – 각각의 컴퓨터는 소속되어 있는 네트워크의 출입구로써 라우터를 설정한다.

  – 라우터는 라우터 사이에서 가지고 있는 네트워크 정보를 라우팅 프로토콜에서 교환한다.

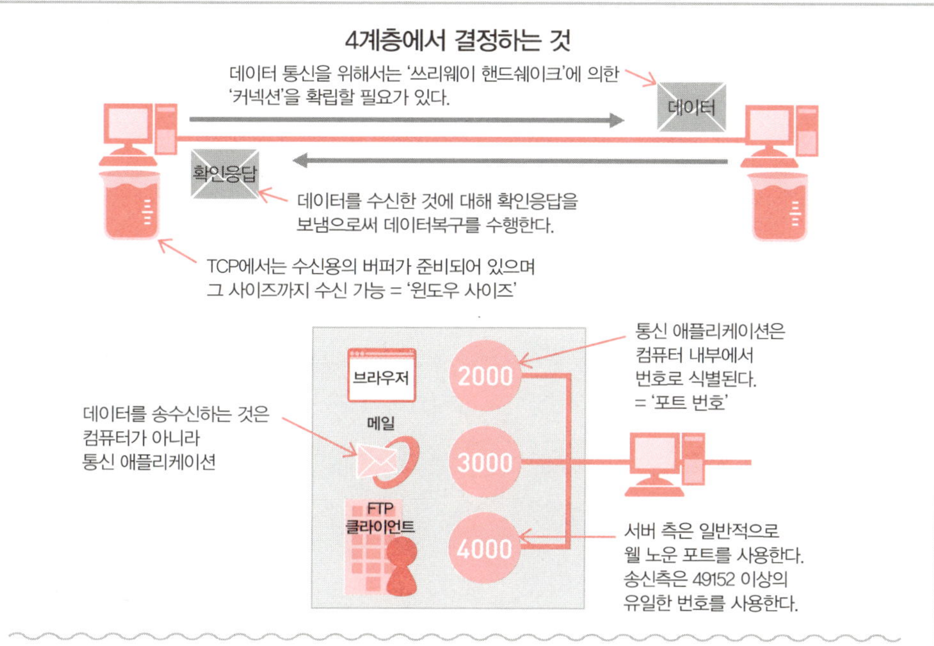

*** 4계층**

• 에러 복구 등을 수행하며, 신뢰성이 높은 통신을 보증한다.

• TCP

 – 에러 복구, 윈도우 제어, 커넥션에 의해 세그먼트의 손실 등을 막으며,

   신뢰성이 높은 통신을 수행한다.

• UDP

 – 복잡한 제어를 수행하지 않기 때문에 고속의 통신, 멀티캐스트, 브로드캐스트 통신을

   가능하게 한다.

• 포트 번호

 – 통신하는 애플리케이션을 지정하는 번호.

INDEX

MEMO

MEMO

하루 3분 네트워크 교실

1판 1쇄 발행 2016년 8월 30일
1판 4쇄 발행 2021년 3월 5일

저   자 | 아미노 에이지
역   자 | 김현주
발 행 인 | 김길수
발 행 처 | (주)영진닷컴
주   소 | (우)08507 서울특별시 금천구 가산디지털1로 128
              STX-V 타워 4층 401호

등   록 | 2007. 4. 27. 제16-4189호

ⓒ2016., 2021. (주)영진닷컴
ISBN | 978-89-314-5472-7

YoungJin.com **Y.**
영진닷컴